明治維新の意味

北岡伸一

新潮選書

明治維新の意味　目次

終　章　明治革命の終わり

明治維新の意味

序章　明治維新はどう論じられてきたか

はじめに

一九一二年七月三〇日、明治天皇の崩御によって明治が終わり、大正が始まった。その機会に、多くの人が、明治という時代はどういう時代だったのだろうかと振り返り、論じた。当時二八歳の無名のジャーナリストだった石橋湛山《たんざん》は、一九一二年九月、次のように述べている。

多くの人は、明治時代を帝国主義的発展の時代だったと見るだろう。しかし自分はそうは考えない。これらの戦争は、時勢上やむを得ず行ったものである。その成果は一時的なものであって、時勢が変われぱその意義を失ってしまう。

そして石橋は、明治時代の最大の事業は、戦争の勝利や植民地の発展ではなく、「政治、法律、社会の万般の制度および思想に、デモクラチックの改革を行ったことにあると考えたい」と述べている（『東洋時論』一九一二年九月号、松尾尊兊編『石橋湛山評論集』所収）。

私は石橋の議論に強く共感するものである。日清戦争、日露戦争は、周辺国との関係からやむなく行った戦争であった。とくに日露戦争は、もう少し関係国が賢明であれば避けられたかもしれない戦争であった。死傷者の多さ、膨大な軍事費、積み重なった外債の大きさ、その後に残した周辺国との摩擦の大きさなどを考えれば、できれば避けたい戦争だった。

日露戦争に参謀総長として、陸軍の大御所として、また元老として関与した山県有朋《やまがたありとも》は、日露戦争における日本の勝利は、決して「有色人」が「白色人」より強いことを証明したものではなく、「寧《むし》ろ欧州文明の勢力偉大にして善く之《よこ》れを学び得たる有色人が文明の潮流に後《おく》れたる白色人に打勝ち得ることを証明するものに外ならず」と、驕《おご》りを戒《いまし》めた〈山県有朋「対清政策所見」〈明治四〇年一月二五日〉、大山梓編『山縣有朋意見書』、三〇四頁〉。

しかし、日露戦争が薄氷を踏む勝利だったことは忘れられ、日本人の力と勇気は過剰に強調され、伝えられた。また日露戦争で獲得した満洲権益などは神聖不可侵の戦果と考えられ、また実態以上のものとして記憶され、その結果、外交の柔軟性は失われてしまった。昭和の敗戦は、このような日露戦争の神話化と驕りの中に胚胎《はいたい》していた(1)。

偉大であったのは、日清日露の勝利というよりも、勝利できるような国力を蓄えたことである。王政復古から日清戦争勝利までわずか二七年、日露戦争勝利まで三七年で、そのような力をつけたことである。石橋の言葉は明治時代全体についてのものであるが、明治維新について、よりよくあてはまる。明治維新をいつからいつまでとするか、諸説あるし、私の説はのちに述べるが、明治維新が解放した力が明治という時代を貫いていたことは間違いない。

民主化と人材登用

さて、石橋のいう「デモクラチックの改革」という観点から、明治期を概観してみよう。「デモクラチックの改革」とは、言い換えれば、政治参加の拡大を意味していた。さらに言い換えれば、伝統的な制約からの解放であり、自由化であった。そしてその最も重要な鍵は、西洋文明の導入であり、学問と言論の自由であった。

まず政治参加についてみてみよう。江戸時代、国政に携わったのは将軍と幕閣《ばっかく》であり、幕閣を構成していたのは譜代《ふだい》大名であった。譜代大名は概ね数万石の小藩であり、外様《とざま》や親藩《しんぱん》の大藩は、国政から排除されていた。

しかし、ペリー来航（一八五三年）以来、雄藩の国政参加の動きが高まり、また朝廷も意思を表明するようになって、国政への参加者が著しく増えることとなった。

雄藩の政治的台頭を支えたのは、しばしば下級武士（下士）であった。そして有能な下士をよく利用できた薩摩と長州が、幕末期の政治をリードし、人材登用に遅れをとった幕府を倒し、天皇を頂点とする新政府を樹立することに成功した。

二六〇年続いた幕府が倒れたのはたしかに大事件であるが、それだけであれば、徳川から島津・毛利への政権交代に過ぎなかった。

ところが、新政府の中枢を握った、概して下士出身の官僚は、一八七一年、王政復古からわずか三年余で、倒幕の主力であった薩摩と長州を含むすべての藩を廃止して、中央集権制度を実現した。

さらに、それからわずか五年で、新政府は武士身分そのものを廃止してしまった。

一八七七年、旧武士による最大の反乱、西南戦争が終わると、今度は自由民権運動が始まった。

武力による反乱はもはや不可能だとわかったところで、反政府エネルギーは自由民権運動に一元化されていった。そこには、武士でない豪農層からの政治参加も可能となったし、かつて朝敵とされた東北などからの参加も可能となった。これも、重要な参加の拡大だった。

一八八五年、内閣制度が樹立されたとき、初代内閣総理大臣に起用されたのは伊藤博文《ひろぶみ》だった。伊藤はがんらい農民の子であり、父が武家奉公人になり、さらに足軽《あしがる》になったため、自身も足軽となったのであった。江戸時代には政治について発言することすら到底許されない身分の出であった。

一八九〇年、議会が始まると、信越東北の地域からも議員が選ばれ、薩長と同じ立場で国政の議論に参加できるようになった。

藩閥政府と政党との関係は、対立一辺倒から、政策と権力をめぐる妥協・取引へと変化していった。そうした妥協・取引によって、政党の主張は国政に反映されていった。

議会を開き、定着させるということは、現代でも、容易なことではない。政治が行き詰まったとき、憲法停止、クーデタとなる国が少なくない。しかし日本では、議会開設からわずか八年で政党内閣が成立した。日本のモデルとされたドイツよりずっと早く、政党の力は伸長したのである。

そして一九〇〇年には元老の伊藤博文が旧自由党を率いる立憲政友会が成立した。さらに政友会は日露戦争の講和条約反対運動に距離を置くことで、統治の党としての信頼を得て、一九〇六年、第一次西園寺《さいおんじ》（公望《きんもち》）内閣を成立させ、体制の正統的な一員となっていく。

それからさらに一二年経過して、一九一八年には維新の敗者である東北から、総理大臣が登場することになる。原敬《はらたかし》である。

要するに維新から内閣制度の創設、憲法の制定、議会の開設に至る変革は、既得権益を持つ特権層を打破し、様々な制約を取り除いた民主化革命、自由化革命であり、人材登用革命であった。そしてその趨勢《すうせい》は、明治憲法体制の中で、長く取れば、明治末から大正まで続いたのである。

本書では詳述しないが、経済、社会等の分野での改革も著しかった。中世以来の石高《こくだか》制は廃止され、田畑の耕作や売買の自由が認められ、地租《ちそ》改正が行われた。職業選択が自由とされ、貿易は自由化されて飛躍的に拡大した。また、身分を超えた義務教育制度が導入された。

あわせて、西洋の最新の産業や技術や学問が導入された。その熱意を象徴するのが、一八七一年、政府中枢の要人多数を含む一〇〇人を超える一行が、最長一年九ヶ月をかけて欧米を視察した岩倉使節団であった。

ただ、彼らは西洋文明を無批判に受け入れたわけではない。啓蒙思想の第一人者とみなされたのは、何と言っても福沢諭吉《ゆきち》だったが、その『学問のすゝめ』の第一五編、「事物を疑って取捨を断ずる事」において、福沢は西洋かぶれを戒め、日本の方が西洋より優れている例を、現在の文庫本にして三ページにわたって、猛烈な勢いで書き連ねている。福沢を皮相な西洋かぶれというう人は、『学問のすゝめ』すらきちんと読んでいない人なのである。

要するに、明治の偉大さは、民主化、自由化にあった。また開国して西洋の事物に向き合い、これに対応するために、多くの制度を変革し、日本文化の根底を損なうことなく、国民の自由なエネルギーの発揮を可能ならしめたことにあった。

明治維新論の変遷

ところで、明治維新について、これまでどのように論じられてきたかを、次に検討したい。

明治維新は当初、「復古」であるとされた。新政府がそういう言葉を使ったのは、これまでの幕府による政治は不当なものであり、天皇中心の正しい政治に戻すのだという主張から来ていた。明治維新が当初、Meiji Restoration と英訳されたのは、この考え方から来ている。

しかし、明治維新が復古でないことは、事実に照らしてあまりに明らかであった。維新の字義のとおり、日々新たな大きな変革が次々と起こったのである。

他方で、一般民衆は、御一新《ごいっしん》という言葉を使った。とくに新政府による西洋文明の導入を、このように呼んだ。維新（ishin）と一新（isshin）は発音が似ている。実態は、明治維新は復古というフィクションを用いた大変革であって、この点について争いはない。一般国民も、これが一大変革であることは、よく理解していた。

歴史は勝者によって書かれることが多い。したがって、復古史観は勤王史観と結びついていた。これは、天皇に対する忠義で人物をはかる史観であり、「某《なにがし》は、生来勤王の志が篤《あつ》かった」という評価がしばらく用いられた。こうした勤王史観は、復古史観とともに消えていった。

その後は、田口卯吉《うきち》（一八五五～一九〇五）が弱冠二二歳で刊行した『日本開化小史』（一八七七～一八八二）、竹越与三郎《たけこしよさぶろう》（一八六五～一九五〇）が二六歳で刊行した『新日本史』（一八九一～一八九二）は、いずれも勤王史観を離れ、明治維新そのものを高く評価している。福沢諭吉の『文明論之概略』（一八七五）も、維新を論じた歴史書という面も持っている。在野史学は、基本的に明治維新を高く評価していた。

講座派史観

ところが、その後、昭和の初めから、明治維新に対する否定的な評価が定着するようになった。正統的な歴史学は、近い過去を研究テーマとすべきではない、史実が確定しないうちは歴史学の対象とすべきではないという考えで、近代の研究に消極的だった。他方で、マルクス主義経済学者の間で明治維新研究が進み、彼らによる『日本資本主義発達史講座』全七巻（一九三二年五月～三三年八月）が刊行され、これが一つのスタンダードとなった。これに依拠する学者を講座派と呼んだ。

彼らは明治維新を絶対主義の確立と捉えた。他の一群のマルクス主義経済学者は、雑誌『労農』に依拠したゆえに、労農派と呼ばれたが、彼らは明治維新をむしろブルジョア革命であると捉えた。当然、講座派の方が明治維新や日本近代史の遅れた、暗い側面を、労農派の方が、明るい、進んだ側面を強調する傾向があった。学界で多数派を占めたのは講座派であった。それは、彼らがコミンテルンと深い結びつきをもち、そのお墨付きを得ていたからである。

講座派の影響力は、日本では丸山真男（一九一四〜一九九六）のような政治学者や、外国ではハーバート・ノーマン（E. Herbert Norman, 1909-1957）のような日本史学者にも及んでいた。

今からおよそ五〇年前、一九六八年に佐藤栄作内閣が明治維新一〇〇周年を祝っていたころ、学界で明治維新を高く評価する人は少なかった。フランス革命やロシア革命に比べ、明治維新は不徹底な革命だという人が多数派だった。

講座派と労農派の共通の問題点は、明治維新と近代史を、マルクス主義の枠組みだけで見ていたことである。したがって、革命といえば、絶対主義の確立か、ブルジョア革命か、そして次にくるプロレタリア革命か、その三つしかなかった。はたしてそれ以外に革命はないのだろうか。

ナショナリズムの革命

明治維新を研究し始めたもう一つのグループは政治史の学者たちであった。東京帝国大学法学部で政治史を担当していた吉野作造（一八七八〜一九三三）は、資料の散逸《さんいつ》をふせぐため、一九二〇年ごろから本格的な資料収集を開始し、生存者からの聞き取りに努めた。

吉野の継承者である岡義武《おかよしたけ》（一九〇二〜一九九〇）は、明治維新は以上のマルクス主義のカテゴリーにはあてはまらない民族革命であるという主張を行った。(2) すなわち、明治維新は、西洋の脅威に直面した日本が、近代化を遂げなければ独立を維持できないと考えて行った革命であった。

筆者もこの立場をとる。そして尊王攘夷という言葉は、次のような意味に解すべきだと考えている。すなわち、尊王とは、大名分国制《だいみょうぶんこくせい》を廃し、統一された国家としなければ列強と対抗できないという理解が、その根底にあり、また攘夷とは、西洋諸国と並び立つ国になりたいという感情を基礎としていた。尊王攘夷という言葉は、このように中央集権と対外的独立という、ナショナリズムの内外の両側面を直截に示す言葉であったがゆえに、当時の人心に強くアピールしたのであると考えている（北岡伸一『増補版　日本政治史――外交と権力』、二三頁）。

中途半端な革命？

ところで、講座派は明治維新について、不徹底な革命という見方をしていた。革命とはある階級を他の階級が打倒することであり、徹底した流血を伴うものでなければならない。明治維新のように流血が少なく、敗者に寛大な変革は革命ではないという人が少なくなかった。しかも維新前も維新後も、支配者は武士であって、階級的変化はなかったという人が多かった。

しかし、流血が少ないことは、それ自体好ましいことである。明治維新の犠牲者の数は、西南戦争まで含めて三万人あまりだと思われるが、フランス革命はナポレオン戦争を含めればその一〇〇倍、ロシア革命に至っては、スターリン独裁下の恐怖政治を含めれば、一〇〇〇倍の犠牲者がいたかもしれない[3]。さらに中国革命では、国共内戦、大躍進、文化大革命まで含めれば、ロシア革命を優に上回る数の犠牲が出たことは間違いない。多大な流血と破壊を伴う変革はしばしば巨大な反動をもたらす。また、巨大な破壊後に生じた体制を維持するためには、恐怖政治が必要となる。それがいかにおぞましいものであるか、あらためて言うまでもないだろう。

もう一つ、維新についてのシニカルなコメントに、維新の前も後も所詮武士の支配だったというものがある。いわゆる民衆史観から見ればそのとおりだが、維新前の支配者は上士《じょうし》であり、維新後の変革の主力は下級武士であった。のちに述べるように、両者の間には決定的な差があることを、この見方は見逃していた。

アメリカを中心として主に一九六〇年代に登場した近代化論者と言われた人々、たとえばエドウィン・ライシャワー（Edwin O. Reischauer, 1910–1990）やマリウス・ジャンセン（Marius B. Jansen, 1922–2000）は、このような明治維新のプラスの側面を強調した。また、経済学者からは、ケネス・ボールディング（Kenneth E. Boulding, 1910–1993）のように、コストが小さくて持続的な成長をもたらした、つまりもっとも成功した革命は、アメリカ独立革命と明治維新であるという見方も提示され、今では多数派となっていると言ってよいだろう（Boulding, Kenneth, *A Primer on Social Dynamics: History as Dialectics and Development*, Free Press, 1970）。

スターリン体制の実態が知られ、中国の文化大革命に対する失望が広がるとともに、大きな革命がよいことだとする考えは、徐々になくなっていった。

しかし、マルクス主義の影響力が地に落ちた今でも、講座派的な発想はなくなっていない。それは、歴史を少数の（邪悪な）権力者と多数の（善良な）民衆の対立から考える発想がまだ続いているからではないかと、私は考えている。

アメリカでもノーマンのあとにジョン・ダワー（John W. Dower, 1938–）が登場し、日本でも左派の歴史学者や政治学者は依然として多数存在している。

たしかに、世界のどこでも、権力者は少数だが強力であり、被治者は多数だが無力である。しかし、国家は国際関係の中に存在する。世界のなかで、よくその国の舵取りを行う有能な権力者と、そうでない権力者がいる。またその国家をよりよく発展させる権力と、そうでない権力とがある。こうした権力の質を論じることが、実は政治史研究の中心的課題である。それは、権力は下部構造によって基本的に規定されるとするマルクス主義と対極にある考え方である。現実的内在的政治史分析が、階級史観を基礎とする講座派やマルクス主義と対極的な明治維新論を生み出したのは当然のことなのである。

もう一つ、戦後に明治維新に対する否定的な評価が生き延びた理由の一つは、戦後の平和主義にある。敗戦後の日本において全ての戦争は否定されるようになった。たしかにいかなる戦争も悲惨であり、できるだけ避けるべきものである。しかし、世の中にはよりマシな戦争、より止むを得ない戦争というものもある。一九三〇年代の中国にとって、日本の侵略に対して、戦うほかはなかった。したがって中国は英雄的な自衛のための戦いがありうるとしている。それは世界の大多数の国で、同様である。日本のようにすべての戦争に対して否定的な見方をする国は、ほとんどない。すべての戦争が悪であるとする考えは、実は、たとえば日本の侵略と中国の抵抗も同じように悪いとする、危険な議論である。

そうした戦後的な価値観からすれば、台湾出兵も日清戦争も日露戦争も、ひとしく悪いものであったことになる。それは戦争の性格を見極めないことになってしまう。

明治維新におけるリアリズムを評価するためには、戦争に対するリアリスティックな評価が不可欠である。戦後の平和主義が、彫りの深い明治維新論を生み出し得なかった理由の一つはそこにある。

明治維新の範囲

さて、明治維新というとき、いつからいつまでを取り上げるべきだろうか。一つの答えは、徳川氏の支配が終わって、天皇をいただく新しい政府ができたところまで、である。しかし、それでは明治維新を論じたことにならない。長期の政権が倒れただけでなく、そのあとに中央集権の新しい政府ができたことが重要だからである。その意味で、王政復古から廃藩置県まで、あるいは西南戦争までを明治維新と呼んでいる人が少なくない。

私はさらに進んで、政治参加の拡大という観点から捉えて、明治一四年政変、自由民権運動、憲法制定までを対象とし、それが実際にテストされた時期として、初期議会から日清戦争を経て、立憲政友会の成立や日露戦争あたりまでを視野に入れたいと思う。そうしてこそ、明治維新という巨大なエネルギーの解放を捉えることができると思う。そして、日露以後、なぜ明治維新のエネルギーが衰えていったのかを論じたいと思う。

さて、石橋湛山は先の論文の中で、明治の意義は、未曾有の東西文明の接触の時期にあたって、開国と民主化を進めたところにあるとして、その意義を世界に広めるために、明治天皇を記念する明治賞金を作ろうと提唱していた。

たしかに、明治維新は、世界史的な意義を持つものである。

私はかつて国連大使として国連で世界の紛争に関する議論に参加し、現在、ＪＩＣＡ（国際協力機構）の理事長として、途上国の発展に関わっている。その度に痛感させられることは途上国の発展の難しさである。国民統合を維持し、経済的、社会的、政治的に発展していくことがいかに難しいかということである。経済発展まではできても、そこから民主主義へと発展していくことがいかに難しいことか。

したがって、多くの途上国にとって、非西洋から先進国となり、伝統と近代を両立させている日本という国は、まぶしいようなすごい国なのである。いつか日本のようになりたいと思っている国は数多いのである。

本書は、以上のように、現代の世界の途上国が直面する課題を念頭に置きつつ、明治維新とは何だったのかを、世界史的な文脈の中で考えようというものである。

以下、明治五年末までは旧暦を用い、以後は太陽暦とする。かなり詳しく年月日を記すのは、それを記憶していただきたいからではなく、事態の動きのスピードを感じていただきたいからである。また、当時の文書をときに引用するのは、当時の人々の思考を直接に感得していただきたいからである。したがって、原文は新字新かな表記を基本とし、適宜《てきぎ》、句読点やふりがなを付し、読み下し文にする。さらに、ときに現代文で要約もしたいと考える。

（1）　日露戦争後に日本が満洲において獲得した権益は、ロシアが清国から獲得していた権益を継承したもので、①遼東半島先端部の旅順・大連を含む三三六七平方キロ（鳥取県よりやや狭い）の租借権、②旅順・大連から長春（寛城子）に至る鉄道の経営に関する権利およびこれに付随する鉱山採掘等の権利が主なものだった。日本は①については関東州を置き、②については南満洲鉄道株式会社を設立して経営した。

　つまり日本の満洲権益は、南満洲における点と線であった。せいぜい、満鉄の近くにこれと並行して走る鉄道を建設しないという、他国の投資を妨げる一種の優先権があっただけだった。しかし、その後、中国に対する六国借款団の設立（一九一二年）に至る過程で、日本の投資優先権は、曖昧な形ではあるが、南満洲および東部内蒙古に広がった（北岡伸一『日本陸軍と大陸政策』、第一章）。

　しかし日本の権益は期限付きであって、とくに①は、ロシアが清国から租借した一八九八年から二五年間の残りの期間、つまり一九二三年までであった。このような期限を延長することが、加藤高明外務大臣が対華二一カ条要求を提出した（一九一五年）主な理由であった。この目的は達成されたが、それは対中、対米関係の悪化というコストを伴った（北岡伸一『門戸開放政策と日本』、第一章）。

　外交評論家の清沢洌《きよさわきよし》は、一九二四年に初めて満洲を訪問し、「内地においては事情に通ぜざる者は、日本領土の延長ぐらいに思って居る満洲における日本人の経済的勢力が、満鉄を外にしては、甚だ薄弱であることに喫驚した」と述べている。清沢は移民としてアメリカで青年時代を過ごしたが、日本政府から何ら支援を受けていない在米日本人移民に比べ、満洲における日本人の経済活動の根底は弱いと感じた（北岡伸一『増補版　清沢洌——外交評論の運命』、六一—六四頁）。

　よく知られているとおり、「満蒙は日本の生命線」という言葉は、一九三一年の議会で当時野党の政友会の議員であった松岡洋右が初めて使った言葉である。つまり、すでに誇張して理解されていた満洲権益は、さらに誇張して理解されるようになったのである。こうしたイメージと実態のギャップは、同時に日本のイメージと外国のイメージのギャップでもあり、それが満洲事変以後の日本の外交を危ういものにしたのである。
（2）　岡義武『近代日本の形成』（弘文堂、一九四七年）は、それまでの講義内容に手を加えたものである。それがさらに改訂されて『近代日本政治史』1（創文社、一九六二年）となった。現在、『明治政治史』上（岩波文庫、二〇一九年）として入手できる。
（3）　明治維新について多くの研究を発表してきた三谷博は、近著『日本史のなかの「普遍」——比較から考える「明治維新」』（東京大学出版会、二〇二〇年）において、明治維新の犠牲者（政治的死者）の数について、幕末における小規模な戦争・衝突・暗殺による反徳川側の犠牲者が約二五〇〇（徳川側は不明）、戊辰戦争における犠牲者が約一万三六〇〇、西南戦争における犠牲者が約一万一五〇〇、合計二万七六〇〇プラス・アルファとして、全体で三万人前後としている。他方で三谷はフランス革命の犠牲者の数を一五五万人としているが、これはナポレオン戦争におけるフランス側の犠牲者は数えているが、他国の犠牲者は含めていない（一〇頁）。したがって私の三万数千人、三〇〇万人と、ほぼ同じである。

第1章　江戸時代の遺産

明治維新を理解するためには、江戸時代を理解しなければならない。明治維新がいかに画期的な変革であったか、二六〇年を超える盤石と見えた幕府がなぜ倒れたのか、また、そこから何故、新しい政権が速やかに樹立されたのか。そのような関心を持って、江戸時代の特質を素描してみよう。

政治体制

まず政治体制である。

江戸時代の政治は幕藩体制と呼ばれる。これは中央政治を幕府が担当し、地方には二〇〇ないし三〇〇の藩があって、それぞれの地域の政治を担当していたからである。これは一見したところ、鎌倉時代やヨーロッパ中世の封建制に似ていた。しかし、江戸時代における中央政府の権力は、あとで見るように、通常の封建制よりもはるかに大きかった。大名は、中央の許可なしに婚姻も相続も大規模な普請《ふしん》も、行うことができなかった。アメリカでは、幕藩体制を中央集権化された封建制（centralized feudalism）という人もいる。

なお、政治体制には、封建制以外に家産制というものもあって、国全体が一つの家のように観念されるものである。江戸時代の政治制度は、家産制度と似たところがある。幕藩体制は、封建制と家産制の中間のような制度である。

ところで、幕府という言葉が使われるようになったのは江戸時代の後期、とくに水戸学によってである。そこには幕府の存在を相対化する思考がある。天皇に従属する武士の政府というニュアンスがある。江戸初期の「幕府」はもっと巨大なものであり、公儀《こうぎ》あるいは大公儀と言った。また、朝廷という言葉も、江戸後期のもので、古くは禁裏《きんり》と言った。公儀と禁裏と言えば、公儀の絶対的な強力さと、禁裏のひっそりとした性格が、より明らかになる。それが、幕末期に幕府と朝廷という言葉に変わったとき、朝廷の優位が含意されるようになっていた（渡辺浩『東アジアの王権と思想』、一―七頁）。ただし、本書では、江戸後期ないし末期を扱うので、従来どおり朝廷、幕府という言い方で通すことにする。

藩

次に幕府に対する藩についてである。

大名が支配する領域とその支配機構を藩と呼ぶ。江戸初期には二〇〇あまり、江戸末期には二六六の藩が存在した(1)。

藩という言葉も、江戸時代には公式の用語ではなく、慶応四年（一八六八年）の府藩県の設置から明治四年（一八七一年）の廃藩置県まで使われたに過ぎない。つまり、慶応四年（明治元年）に旧大名領地を藩と言うこととなり、これを廃するという決定が、廃藩置県であった。江戸初期には、家中《かちゅう》とか、領知《りょうち》とか言った。

藩には、よく知られているとおり、親藩、譜代、外様の三種類があった。親藩には、尾張、紀州、水戸の御三家のほか、いくつかの御家門《ごかもん》があった。

譜代は関ヶ原以前からの徳川の家臣で一万石以上のものを指し、外様は関ヶ原以後に徳川に従ったものである。その中でも、戦国大名あるいはそれ以前からの古い家柄のものと、織田、豊臣に取り立てられた相対的に新しいものが区別できた。

これらのうち、譜代は最大で彦根井伊家の三〇万石、ほとんどは一〇万石以下で、小さいものが多かった。他方で、外様には大きな藩がある。親藩もかなり大きい。しかし徳川幕閣を形成するのは譜代である。それは、外様や親藩の大きな藩が中央の政治を担当すると、強力になりすぎるからであった。そして、親藩と譜代は、潜在的な脅威である薩摩や長州が江戸に攻め上るのを防ぐ位置に配置されていた。

なお、藩の中心は、初期には藩主個人であり、家臣の忠誠も藩主に向けられていた。それゆえ、藩主が死ぬと重臣が殉死することが珍しくなかった。しかし、やがて藩それ自体が中心となる。それゆえ、殉死は禁止される。有能な家臣が一斉にいなくなっては、藩の経営に差し支えるからである。また、藩主が無能で、藩の存続に悪影響があるような場合は、藩主を隠居せしめることが珍しくなくなった。藩は独立した経営体となっていったのである。

石高

ところで、大きな大名といい、小さな大名というが、それは石高についての大小である。江戸時代には、人間一人が一日に食べるコメは、三合とされた。すると一年ではおよそ一〇〇〇合、つまり一石である。加賀一〇〇万石といわれるのは、一〇〇万石（玄米）を生産する土地を持っているということであり、一〇〇万人を養える領地を持っているということである。土地を、面積でも金銭価値でもなく、米の生産高で定義する興味深い方式である。[2] たとえば将軍が大名に領地を与えるときも、〇〇万石という言い方をした。

ただし、石高には表高《おもてだか》と内高ないし実高があった。

一六一七年に大坂の役等の論功行賞が終わった時点で、石高が決定された。これが表高であり、幕末までほとんど変わることがなかった。それはまた大名の格式の基礎となり、参勤交代、手伝《てつだい》普請などの形で負担すべき軍役の算出基準となった。しかし、その後、各藩では新田開発や検地の徹底によって、実際の年貢《ねんぐ》賦課《ふか》の基準とする実質の石高と言える内高との格差は広がる一方だった。

江戸時代の地方とそれ以前の地方の最大の違いは、武士が土着しているかどうかであった。すなわち、大部分の藩で、大名（諸侯と言った）は、城下町を建設して、原則として武士をここに住まわせた。古代以来、武士は平時には農業に従事し、そのかたわらに兵事に従事した。つまり土地と密着した存在であったが、ここに、一部の例外をのぞいて、武士は大名の身近に、城下町に住むことになった。大名に対する地方からの反乱の可能性は、農民の一揆をのぞいて、なくなってしまったのである。そして、武士は消費者となって、商品経済が城下町を中心にして発展したのである。

ここでも例外はある。武士の身分のまま農業に従事したものや、武士の待遇を受けていた農民もいた。彼らはしばしば郷士《ごうし》といわれた。

土佐藩においては、関ヶ原以前に四国を支配していた長宗我部《ちょうそかべ》家の旧臣を懐柔するために郷士に取り立てている。土佐では郷士に対する差別が強く、幕府や藩の権威が衰えたとき、郷士から尊王攘夷運動に加わるものが多かった。坂本龍馬、中島信行《なかじまのぶゆき》、武市瑞山《たけちずいざん》などがいる。

薩摩では、城下士（城下町に住む武士）以外に、かつて島津氏が九州一円で受け入れた武士が多かった。彼らは郷士となったが、土佐ほど差別は強くなかった。

ところで、倒幕の主役となった薩摩と長州であるが、その石高について触れておきたい。

長州藩は表高三七万石であった。もともと一二〇万石あった毛利の領土を、関ヶ原の戦いの結果、三七万石にまで減らされたのである。ただし、実際には五四万石あったが、敗軍の長には多すぎるとして、三七万石を表高としたと言われている。その後、さらに実高を増やしており、幕末には九九万石ほどあったと言われている。

他方で薩摩は、表高が七三万石であったが、通常とは反対に、シラス台地で土地は痩せていたので、実高の方が少なく、三五万石程度だったと言われている。ただ、これに薩摩が支配していた琉球の一二万石が加えられる。

また、薩摩の島津も中世以来の家であり、多くの武士を抱えていた。城下士以外に多くの郷士がおり、広い意味の士分は、士族が二七％、足軽以下の卒族が一二％で、全人口の四〇％弱を占めていた（明治初年、全国では武士の比率は六％）。

さて、藩の中の武士は、上士と下士に分かれていた。中津藩出身の福沢諭吉によれば、中津藩にはおよそ四〇〇人弱の上士と一一〇〇人強の下士がいたという。両者の間には大きな差異があり、両者が出会うときは、下士は丁重な礼をし、上士はぞんざいな口をきくという風で、言葉遣いも違っていた。両者の間には、通婚もまれであり、農民から下士になるものはあっても、下士から上士に上がるものはほとんどなかった（福沢諭吉「旧藩情」、『福沢諭吉選集』第一二巻所収）。要するに下級士族は給与だけでは生活できない庶民であって、上士は常に従者を伴う存在だった。

幕府

ついで幕府についてである。徳川氏は、全国三〇〇〇万石といわれる石高、領地のうち、四〇〇万石余を持ち、旗本の合計二百数十万石をあわせて七〇〇万石を持っていた（八〇〇万石と公称した）。また、大坂、京都のような重要な都市を直接支配下に置き、重要な鉱山を支配下に置いて、他の大名に比べて断然大きな力を持っていた。

幕府を運営したのは、数名の老中および若年寄などからなる幕閣であった。老中になれるのは譜代大名、すなわち関ヶ原において徳川氏が全国支配を確立する以前からの家臣で、おおむね二万五〇〇〇石以上のものだった。

幕閣の大名に対する統制権は強力で、婚姻や相続を管理する権利を持った。みずから婚姻や後継者の決定を行えないということは、真の独立した政治体とはいえず、通常の封建領主とはいえないといっても過言ではない。しかも後継者がいない場合には、改易《かいえき》（取り潰し）されることが、江戸初期には少なくなかった。もっとも、改易すると藩士が職を失い、浪人となって社会が不安定化する恐れがあるから、幕府もそれほど自由に改易はできなかった。そのため、江戸中期以後には、改易は減っている。

また何らかのルール違反があった場合は、転封《てんぽう》（領地替え）が行われた。ルール違反がないかどうか、幕府の監視は厳しかった。

また大名は武備のレベルも厳重に監視された。城は一つとされ、自由に改築することは許されなかった。大きな船の建造は禁止されていた。

大名は定期的に江戸と国許を往復し、正室、後嗣は江戸に住むことを義務付けられた。いわば人質である。それはまた、諸侯に費用を浪費させる方策でもあった。参勤交代をするための経費は遠方の大名ほど高く、一概には言えないが、藩支出の三%前後で、江戸藩邸の費用を含めれば三〇%以上を占めていたと思われる。また藩の支出といっても、約半分は藩士の俸禄であって、これは削れないから、実質的には参勤交代の費用は藩の支出の五%を超え、参勤交代と江戸藩邸の維持費の合計は、藩の支出の六〇%前後に達したと推測できる(3)。

幕府に対する潜在的な脅威の力は極度に押さえつけられた。

その第一は朝廷である。古来、朝廷はしばしば政治的混乱の中枢であった。それゆえ幕府は禁《きん》中《ちゅう》並《ならびに》公家《くげ》諸法度《しょはっと》を定め（一六一五年）、宮中の経済的活動を縮小し、非政治的な学問芸術に専念することを義務付けた。

それは必ずしも容易なことではなかった。徳川家康が関ヶ原で勝利をおさめたとき、天皇は後《ご》陽成《ようぜい》天皇であった（一五七一～一六一七、在位一五八六～一六一一）。後陽成天皇の即位の直後、一五八八年には、足利義昭が征夷大将軍を辞して、室町幕府が正式に消滅した。実権を掌握していたのは豊臣秀吉だったが、秀吉は幕府を開かず、一五八五年には関白となっており、それゆえに天皇の地位を重視する姿勢を見せていた。ところが徳川家康はそうではなく、幕府を設けて可能な限りその権力を強化しようとした。

後陽成天皇は譲位後、大坂冬の陣において和平を勧告するなど、独自の動きをしたが、家康はこれを好まなかった。またそれ以前に後陽成天皇が譲位して上皇になることを希望したときも、何度もこれを阻止している。こうした境遇に、後陽成天皇は、「ただなきに（泣きに）なき候《そうろう》、なにとなりともにて候」と、激しい怒りと悲嘆を書き記している（藤田覚『江戸時代の天皇』、五一頁）。

その後の後水尾《ごみずのお》天皇（一五九六～一六八〇、在位一六一一～一六二九）も二代将軍秀忠と対立したが、やがて徳川氏の優位を受け入れていった。後水尾天皇には、徳川秀忠の娘、和子が入内《じゅだい》し、その子、女一宮《おんないちのみや》興子《おきこ》が明正《めいしょう》天皇となった（一六二四～一六九六、在位一六二九～一六四三）。久しぶりの女帝であり、将軍の孫ということで、徳川氏の優位は圧倒的だった。

経済的には、天皇は三万石程度の大名と同じであった（同前、四三頁）。かつて天皇も公家も巨大な荘園から収入を得ていたが、多くは失われた。ただ、朝廷や公卿は、大名との交際などを通じて、ある程度の収入や影響力を持っていた。

しかし下級公家の生活は貧しく、古書の筆写や加留多《かるた》の地紙《じがみ》張りの類の内職で生計をたてていた。甚だしきに至っては、岩倉具視《ともみ》の場合、公家屋敷が治外法権であることを利用して、屋敷を賭博場として開放し、その寺銭《てらせん》で暮らしをたてていたといわれている（ドナルド・キーン『明治天皇』上、一一六頁）。

また、禁中並公家諸法度は、天皇の役割は学問であると定め、また和歌の道に勤しむことを勧めた。宮中を非政治化するためであった。しかし、それは両義的だった。学問に専念することにより、やがて後代の天皇は、かつての朝廷は自らの朝廷よりもはるかに強力であることを知り、現状を批判する視点を身につけるようになったからである。

第二の潜在的脅威は宗教であった。徳川氏の全国制覇の最大の障害になったのは、一向宗《いっこうしゅう》であり、キリスト教であった。しかし幕府は宗門人別改帳《しゅうもんにんべつあらためちょう》によって国民を登録させ、宗教の政治的活動を取り締まった。政治性を持ったキリスト教に対してはとくに弾圧を加えた。最後の反乱である島原の乱は、一六三七年のことであった。また、宗教勢力の侵入を恐れて、徐々に外国との交際を閉ざし、一六三九年には南蛮船入港禁止を打ち出した。

第三の潜在的脅威は外国であった。一六四四年、明が滅び、異民族の清が取って替わったとき、幕府は緊張した。それはやはり異民族の王朝であった元の再来かと思われ、元寇の再現があるかもしれないと思われた。とくに明の遺臣で日本人の母を持つ鄭成功《ていせいこう》が台湾を支配し、清国に対する抵抗のために日本との提携を求めたときには、緊張が走った。しかし、やがて清国との関係も安定した。

朝鮮との関係は、秀吉の侵攻によって極度に悪化したが、やがて安定し、対馬の宗氏を媒介として、一六〇七年、江戸時代最初の通信使が日本に派遣され、通信（外交）関係が成立した。朝鮮からは、将軍の代替わりごとに通信使という使いが派遣された。彼らの狙いは、また文禄慶長の役（一五九二～九三、一五九七～九八）のようなことが起こらないか、様子を見ることだった。日本側は通信使が行列となって江戸に向かうのを歓迎し、各地で通信使を歓待して、交流を持った。[4]

釜山《プサン》には、一六七八年、新しい倭館《わかん》として草梁《そうりょう》倭館が建設され、面積は一〇万坪余であって、これは長崎における唐人屋敷の一〇倍、出島の二五倍に相当する広さであった。ここには外交拠点として対馬藩士が常駐し、貿易の他に通信使に関する連絡や情報収集にあたった。[5]

正統性の問題

ただ、権力については、その実力とともに正統性の問題が重要である。

まず大名について言えば、幕府の強烈な統制力の前に、自らが自立した権力であると考える傾向は徐々に弱まっていった。むしろ幕府の任命によってその地方を治める役人であるという観念を持つ藩が少なくなかった。かつては自力で勝ち得た土地は、一所懸命の地であったが、そういう観念は薄らぎ、「我らは当分の領主、田畑《でんぱた》は公儀のものに候」(6)という考え方を持つ大名が、とくに経済的な困窮とともに増えていった。

これと対照的に、自らの支配の正統性を確信する藩もあった。中世以来の伝統を持ち、関ヶ原で敗者となったがゆえに徳川の支配を受け入れざるを得なかった長州（毛利）や薩摩（島津）はそうであった。

なお彼らは、関ヶ原の敗戦の後も、家臣の削減は最小限度にとどめた。それゆえ、彼らは、いざとなれば動員できる家臣の数は多く、貧困の時期が長かったため、困難に耐える力も持ち続けた。また薩摩には琉球貿易などの特別の収入があったため、幕府を脅かすものがあれば薩摩や長州であると思われていた。

幕府の正統性にも問題があった。幕府の正統性の根拠は、征夷大将軍という古代以来の官職であって、それは朝廷から与えられるものであった。また官位は朝廷から与えられるが、それは大名も同じであって、その点からは、将軍と大名の間には大差はないということもいえた。

それゆえ、何人かのすぐれた儒者、たとえば荻生徂徠《おぎゅうそらい》は、将軍は独自の正統性を持つべきだと考えたが、実現はされなかった。(7)

むしろ、その逆の動きが、江戸時代を通じて起こっていた。

また皮肉なことに、徳川氏を中心とする盤石の体制ができたために、それ以上に幕府の力を強化する必要がなくなってしまったのである。社会学者のロバート・ベラーは、このことを、All dressed up with nowhere to go. と卓抜な表現で呼んでいる（Robert N. Bellah, *Tokugawa Religion: The Values of Pre-Industrial Japan*, 1957. 邦訳：ロバート・N・ベラー『徳川時代の宗教』）。頭のてっぺんからつま先まで完全にドレスアップしたのに、出かけるところがない、というわけである。

西洋においては、絶えざる戦争が、より強大な軍備を必要とし、それを支えるために収入が必要となり、ブルジョアジーに対する課税となり、そのためにブルジョアジーの政治参加を認め、議会が成立する、という流れがあった。それは日本には起こらなかったのである。

平和の配当

江戸時代、とくにその前期において、経済は発展した。それは何よりも人口増加に表れていた。鬼頭宏によれば、一六〇〇年の日本の人口は一二二七万人、一七二一年には三一二八万人であった（鬼頭宏『人口から読む日本の歴史』）。また明治政府は一八七三年に全国調査を行っており、その結果は三三三〇万人であった。幕府ができたのは一六〇三年であるから、そのころから、徳川吉宗による享保の改革の初期である一七二一年までの一二一年の間に、人口は二五五％となっている。増加率は年二％を超える大変な伸び率である。

ところがそれから明治六年（一八七三年）まで、一五二年の間に、人口は一〇六％になったに過ぎない。増加率は、ほぼゼロである。なぜこれほど極端な違いができたのだろうか。

まず、前期の著しい成長についてみてみよう。

初期の発展の原因は、一言で言えば平和の配当である。戦争がなくなったので、戦争のために作物を供出させられることはなくなった。農民は働けば自分のものになるので、せっせと働くようになった。これを速水融《はやみあきら》は、産業革命ならぬ勤勉革命（Industrious Revolution）と呼んでいる（速水融編『歴史のなかの江戸時代』、序章）。領主は開墾、灌漑《かんがい》を進めて耕地面積が増えた。少し余裕ができた農民は、鉄製農機具を使うようになり、肥料を使うようになった。

商業も発展した。城下町ができて、武士が都市に住むようになり、消費経済が発展した。大坂を中心とする商業が広がり、全国マーケットが成立した。

交通も発展した。戦争のない時代になったため、敵の侵入を恐れる必要は低下して、橋がかけられ、道路が整備された。大名を統制する仕組みであった参勤交代は、全国の流通を促し、全国に江戸の文化を広げた。

平和の配当でもう一つ挙げておけば、識字率の上昇である。江戸時代末期には、武士の中で多数は字の読み書きができた。成人男子の四〇ないし五〇％、成人女子の二〇ないし三〇％が読み書きできたという。これは前近代では驚くべき高さである。人口の一〇％に読み書き能力があれば、文書行政が可能だと言われる。そうすれば、より複雑なことを正確に、速やかに知らせることができるのである。江戸時代の初期において、読み書きできない武士はざらにいた。しかし幕末において、読み書きのできない武士はほとんどいなかった(8)。

参勤交代がもたらした意図せざる結果は、江戸において大名同士の交際が活発になったことである。幕末に雄藩の大名が相互に交流したのは、江戸に住んでいたからである。そして、江戸の文化は国許に持ち帰られ、全国に広がった。

平和の中で、とくに都市において、ユニークな文化が栄えた。歌舞伎と浮世絵が代表的なものである。これらは、中産階級の芸術である。武士は、その身分を隠して見に行った。中産階級の芸術という点で、これはシェークスピアの演劇に似ていた。

しかし、江戸時代の経済は、農業、とくに米作を中心としていた。農業だけの発展、対外貿易をほぼゼロとした経済には、限界があった。後期の人口の停滞はそれを物語っている。(9)

平和の代償

平和というコインの裏側は、軍事技術の衰退だった。幕末の長州征討に従った譜代大名の家臣は、大坂夏の陣とほとんど同じ武器を携えていたという。幕府は、がんらい最強の封建領主だったが、その優位は、幕末に西洋列強から新しい軍事技術が導入されると、たちまち失われてしまった。

戦国末期、日本にあった鉄砲の数は世界のどの国よりも多く、いわば日本は世界一の軍事大国であった（ノエル・ペリン『鉄砲を捨てた日本人――日本史に学ぶ軍縮』、六三―六四頁）。しかし、そのころの火縄銃から、日本はほとんど進歩していなかった。

西洋では、一六七七年にフランスでゲヴェール銃が発明され、一八世紀に広がっていた。それは、フリントロック式（燧石式《すいせき》）あるいは雷管式であったが、先込め（前装）で銃身内部に条（ライフル）はなく、火縄銃と大差はなかった。火縄銃もゲヴェール銃も、マスケット銃（ないしマスケット）の一種であった。

しかし、一八四九年にフランスでミニエ銃が発明されると、たちまち広がった。それは銃身の内部に施条《しじょう》して、弾を回転させるものであった。弾は遠くまで正確に飛び、破壊力も強かった。その有効射程は三〇〇ヤード（二七〇メートル）で、マスケット銃（ゲヴェール銃）の三ないし六倍あったという。

また、同じく施条されたエンフィールド銃は、一八五三年の発明で、先込め、有効射程九〇〇メートルだった。

さらには、元込め（後装）の銃が発展した。ちょうど幕末のころ、スナイドル銃が発明され、イギリス軍で一八六六年に採用された。有効射程九〇〇メートルで、後装のため効率がよかった。一方、フランスでは、シャスポー銃が一八六七年から作られ、有効射程一二〇〇メートルと、当時、断然優秀だった。ナポレオン三世から幕府に贈られたが、戦争には間に合わず、戦場で使われた形跡はない(10)。

また、鉄砲の発展の停止とともに、航海技術が衰退した。かつて南蛮貿易に従事して東南アジアとの間を往復することができたのに、江戸時代には、日本の沿岸航路を行くだけになってしまった。日本が黒船に衝撃を受けたのは、彼らが天候にかかわらず外洋に乗り出すのを見たときであった。

幕府の失敗は、勃興する商業に対する効果的な課税制度を導入できなかったことである。西洋では、ブルジョアジーに対する課税の強化、ブルジョアジーの自己主張の強まり、彼らに対する政治的権利の付与、そして議会の成立へと進んだのだが、そのような発展は起こらなかった。また、学問の自由は、十分ではなかった。政治を批判することは許されなかった。医学のような実用的な学問においては、蘭学は細々と受容されたが、対外関係についての知識となると、きびしい取り締まりを受けることが多かった。人々は迷信を信じ、貧困と不衛生がはびこっていた。いろいろな意味で、江戸時代は前期に大きな発展を遂げていたが、その後停滞に移り、後期には確実に行き詰まっていた。米本位、武士中心、農民中心のシステムは、行き詰まりつつあった。

国学とナショナリズムの発展

江戸時代には朱子学が正統とされたが、その実態は中国とは程遠いものであった。まず科挙がなかった。中国古典に通じているかどうかを尺度とする人材登用制度がなかったのである。それが本当に朱子学を奉じる体制であるかどうか、疑問であった。

また日本自身の歴史への関心が高まった。長い江戸時代に、日本と中国との差異を考える学者が現れた。そして、日本が中国に対し優位であるのは、不敗の伝統と、天皇の存在であると考えるものが出てきた。

中国では天命が改まり、革命が起こる。しかし日本では起こっていない。それは日本の国体が優れているからではないか。そのエッセンスとして、天皇が注目されるようになった。

外を見る目

アジア諸国の欧米に対する見方でもっとも重要なのは、まず、日本が中華文明の辺境にあったことである。日本人にとって、日本よりも優れた文明が存在することは、自明だった。他方で、中国人にとっては、中国より優れた文明があるとは思えなかった。

第二に重要なのは、リーダーが武士だったことである。当時、武士はすでに相当サラリーマン化していたが、それでも軍事的な視点は失われていなかった。次の章で述べるとおり、ペリーやプチャーチンを見て、日本の侍は、日本は勝てないことをただちに理解した。敵ながらあっぱれ、という感覚すら持った。あるべき武士の姿についての考え方は失われておらず、危機にあたって、理論よりも行動が重要だと考えられていた。

しかし、清国や朝鮮においては、指導者は文官であった。文化の領域においては、夷狄《いてき》はどこまでも夷狄であって、倫理的に許されない存在だった。軍事エリートの場合のように、軍事力という客観的尺度を通じた、敵ながらあっぱれというような評価は、生まれ得なかった。日本で言えば、京都の朝廷や公家においては、西洋人を夷狄として遠ざけたいという考えは強かった。それと同様のことが、清国、朝鮮についてみられたのである。

（1）　将軍家綱が全大名に領知宛行状と領知目録を渡した寛文四年（一六六四年）の寛文印知の時点では、約二四〇家だった（藤田達生『藩とは何か――「江戸の泰平」はいかに誕生したか』、中公新書、二〇一九年、iii頁）。

（2）江戸以前には、土地を金銭価値で示すときもあった。○○村は××両というように。しかし、貨幣価値が安定的でなかったため、これは広がらず、米本位制度がとられたのである。
（3）山本博文『参勤交代』（講談社現代新書、一九九八年）によれば、松江藩の場合、藩の支出の四五％が家臣の俸禄であり、その次が江戸の経費で三〇％、国許の費用が二〇％、京坂入用が二％、道中銀が三％であったという。道中銀の割合は一見したところ大きくないが、江戸の経費と合計すると三三％に達する。また、家臣の俸禄は削れないから、これを除いた部分のうち、道中銀は五・五％、道中銀＋江戸経費は、六〇％に達していた。なお、もっとも遠い薩摩藩については詳しい研究があり、参勤交代には平均して上りが五七日、最長で一六一日かかったという。また下りは平均五二日、最長で一三一日かかったという。薩摩のような大藩にとっても、大変な負担であったに違いない（上野堯史『薩摩藩の参観交替――江戸まで何日かかったか』、ラグーナ出版、二〇一九年）。
（4）江戸期における最初の通信使は、一六〇七年、国交回復を求めた日本からの国書に対する回答および文禄慶長の役で拉致された朝鮮人の返還をめぐるものであり、名称もその目的どおり、回答兼刷還使であった。この名称は第二回と第三回にも引き継がれたが、目的は異なっており、第二回（一六一七年）は徳川の大坂平定と全国統一に対する祝賀であり、第三回（一六二四年）は将軍家光の襲職に対する祝賀であった。以後、正式の名称も通信使となり、第五回は将軍嫡男誕生への祝賀、第六回から一二回までは、いずれも将軍襲職に対する祝賀が目的であった。
　ところが、日本から朝鮮へは、このような使節は送られなかった。通信使の将軍への謁見は、極めて丁重な（朝鮮側から見れば屈辱的な）儀式で行われた。これらの点から見て、事実上は朝鮮の日本に対する朝貢であったと、石平は指摘する（石平『朝鮮通信使の真実――江戸から現代まで続く侮日・反日の原点』、ワック、二〇一九年）。北方に女真族（のち後金、さらに清）との不安定な関係を抱えた朝鮮は、南方、日本との関係の安定を求めざるを得なかった。朝鮮通信使は、格下のはずの日本に朝貢せざるを得ないことをはなはだ不快とし、しかも江戸時代の日本が繁栄していることを見て、さらに不快であった。通信使が日本で歓待されたにもかかわらず、その記録の中で日本に対する罵詈雑言を書き連ねているのは、彼らの悔しさゆえであると石平は述べている。

（5）田代和生『倭館――鎖国時代の日本人町』（文春新書、二〇〇二年）および同『新・倭館――鎖国時代の日本人町』（ゆまに書房、二〇一一年）参照。
（6）「太祖遺訓」（藤堂高虎が子息・高次に与えた遺訓）、藤田達生前掲書、二九頁。
（7）福地源一郎（桜痴）は、荻生徂徠が、幕府は別にその官位・礼服を定めて京都の官位を乞うことをやめるべきだとしたことを、卓見だと評価している（福地『幕府衰亡論』、七頁）。
（8）ロナルド・ドーアは、『江戸時代の教育』（岩波書店、一九七〇年）で日本の識字率の高さを指摘し、さらに『学歴社会　新しい文明病』（岩波書店、一九七八年）において、一八七〇年ごろには、各年齢層の男子の四〇～四五％、女子の一五％が、日本語の読み書き算数を一応こなし、自国の歴史、地理を多少はわきまえていたと推測している。またハーバート・パッシンは『日本近代化と教育――その特質の史的解明』（サイマル出版会、一九八〇年）において、寺子屋への就学率の高さに加えて、家庭内の教育も考慮すれば、男子の読み書き能力は四〇～五〇％と推定している。
これに対してリチャード・ルビンジャーは『日本人のリテラシー――1600―1900年』（柏書房、二〇〇八年）において、明治時代の徴兵関係書類の調査から、ドーアやパッシンの推定は高すぎると批判している。かなりの程度、識字率の定義によるのであるが、初歩的な読み書き能力とすれば、ドーアやパッシンの数値はなお意味があるように思われる。
（9）開拓、干拓が限界に到達したのみならず、米栽培は、肥料においても限界に到達していた。また、大坂の市場で高く売れる米の生産を重視した結果、東北などでも寒さに強い米よりも高く売れる米を多く栽培するようになり、冷害に襲われたとき飢饉になりやすくなった（武井弘一『江戸日本の転換点――水田の激増は何をもたらしたか』、NHK出版、二〇一五年、第五章）。
（10）保谷徹『戊辰戦争』、吉川弘文館、二〇〇七年、二六―二八頁。

第2章　開国と幕府の崩壊

嘉永六年（一八五三年）六月のペリー来航から、幕府の崩壊までの政治過程は、よく知られている。これを、すでに述べた江戸時代の政治構造が、西洋との出会いによって変質する過程として、述べてみよう。

ロシアとの接触

そもそも日本周辺にオランダ以外の西洋諸国が現れたのは、ペリー来航よりはるかに前のことだった。ロシアは陸伝いに東進し、一六三九年にはオホーツク海に到達し、一七〇六年にはカムチャツカ半島を領有した。そして南方で港を得ることを欲し、また物資補給のため、日本との交易を欲した。こうして元文年間（一七三六〜四一）には、ロシアの船が日本近海に現れ、寛政四年（一七九二年）にはロシア使節ラックスマンが根室に来て通商を求め、文化元年（一八〇四年）には、ロシア使節レザノフが長崎に来て貿易を開くことを要求した。

日本人漂流民との接触から日本に関心を持ったロシアでは、一七〇五年、ピョートル一世がサンクトペテルブルクに日本語学習所を作った。エカテリーナ二世の時代には、イルクーツクに一七六四年に日本航海学校、一七六八年に日本語学校が設立されている。ロシアの動きについては、日本側でも、工藤平助『赤蝦夷風説考《あかえぞふうせつこう》』（一七八一年ごろ）のように、北の脅威として指摘する論者が登場した。

レザノフなどの動きを受けて、幕府は文化三年（一八〇六年）、薪水給与令《しんすいきゅうよれい》（文化の薪水給与令）を出し、穏便に退去させる方針を取った。しかし、同じ年にレザノフの部下が樺太の松前藩の番所を襲ったりした（文化露寇）ため、この薪水給与令は一年ほどで廃止された。

イギリスとの接触――フェートン号事件

次いで、イギリスとの接触があった。

文化五年（一八〇八年）八月、ナポレオン戦争のさなか、フランスと戦っていたイギリスのフェートン号は、フランスの支配下にあったオランダの艦船を追い、偽ってオランダの国旗を掲げて長崎に入り、これを自国の船と誤認して訪れたオランダ人を拉致した。そしてイギリス国旗を掲げ、オランダ船を求めて港内を捜索し、水と食料を要求した。オランダ商館は人質の安全のため戦闘回避を望んだが、長崎奉行所はこれを焼き討ちまたは抑留しようとした。しかし当時、長崎警衛担当であった肥前鍋島藩は経費節減のため兵力を規定の一〇分の一の一〇〇名に減らしており、打つ手がなかった。奉行所はやむなく、イギリスの要求に一部応えつつ、近隣の大村藩に兵力派遣を求めた。しかし準備が整う前の八月一七日、フェートン号は出て行ってしまった。

この事件により、長崎奉行松平康英《やすひで》は国威を辱めたとして切腹、警備を怠っていた鍋島藩では数名の家老が切腹し、藩主鍋島斉直《なりなお》は一〇〇日の閉門ということとなった。なお、鍋島藩は次の藩主鍋島直正のときより軍備近代化に取り組んだが、その起点はこのフェートン号事件であった。

フェートン号事件以後にも、文政七年（一八二四年）五月、イギリスの捕鯨船二隻が水戸藩領の大津（現・茨城県北茨城市大津町）の浜に現れ、イギリス人一二人が上陸し、水戸藩によって捕らえられたのち、六月に釈放されるという事態が発生した（大津浜事件）。野菜を求めての行動であった。

同年、イギリスの捕鯨船員が薩摩の宝島（鹿児島県吐噶喇《とから》列島南部）に上陸して牛を強奪しようとした宝島事件が起こっている。

これらを契機に、文政八年（一八二五年）、異国船打払令（無二念《むにねん》打払令）が出されることとなった。

なお、水戸の儒学者・藤田幽谷《ゆうこく》は、大津浜事件に関する藩の対応を非難し、これが、のちの攘夷運動につながっていく。また宝島事件は、薩摩を敏感にさせた。前記の鍋島藩を加え、幕末に活発な動きを見せる雄藩は、実際に西洋との出会いの難しさを経験していたのである。

モリソン号事件とアヘン戦争

天保八年（一八三七年）にはモリソン号事件が起こっている。浦賀沖ついで鹿児島沖に現れたアメリカの商船モリソン号に対し、異国船打払令に基づき、浦賀奉行および薩摩藩は砲撃を行った。モリソン号は、マカオで保護されていた音吉ら七人の漂流民を送還する目的で、あわせて通商、布教などを目的としていた。しかも非武装であった。そのことは一年後にようやくわかった。このことは、日本の対外政策の無策を露呈したものであった。そしてこの対応の不適切を批判した渡辺崋山《かざん》、高野長英《ちょうえい》らが逮捕されるという事件、蛮社《ばんしゃ》の獄《ごく》（一八三九年）が起こっている。幕府の政策はリアリズムの正反対を向いていていたのである。

しかし、さすがの幕府も、アヘン戦争（一八四〇〜四二年）において清国が、はなはだ不正義と言うしかないイギリスを相手にしての戦争において完敗を喫したことには衝撃を受けた。

この報に接して、幕府の政策は転換せざるをえなかった。イギリスなどと戦うことが容易でないことを理解した幕府は、異国船打払令をあらため、薪水供与を再び方針とした（一八四二年）。

ペリー来航

そして一八五三年にはペリーが来航した。

一八四八年、米墨《べいぼく》戦争によってカリフォルニアを獲得したアメリカは、太平洋航路によってヨーロッパより早くアジアに行ける可能性に気づいていた。しかも、当時、アメリカでは捕鯨が盛んであった。アジアへの通商のため、また捕鯨のため、給水拠点、そして石炭補給基地を獲得したいと考えた。

ペリーの来航は、前年にオランダから知らされていたし、幕閣ではこれに対する対応策を検討していた。しかし幕府はとくに何もしなかった。

ペリーが浦賀にやってきたのは、嘉永六年（一八五三年）六月三日の午後五時ごろだった。幕府は長崎以外での接触を拒否し、大統領親書の受け取りを拒否したが、ペリーは浦賀における接触を要求した。

ペリー艦隊は四隻（蒸気船二隻、帆船二隻）で、それぞれの船に一〇門から二十数門の大砲を積んでいた。当時のトン数で、最新鋭のサスケハナが二四五〇トン（排水量三八二四トン）、ミシシッピが一六九二トン（同三二二〇トン）、帆船がそれぞれ九八九トンと八八二トンであった。当時、日本で最大の船が千石船で、排水量で二〇〇トン程度だったから、排水量だけで比較すれば、サスケハナは千石船の一九倍、ミシシッピは一六倍あったわけである。

大砲についてみれば、ペリー艦隊の大砲は全部で一〇〇門近く、そのうち破壊力の大きな大砲は六三門、射程は二〇〇〇ないし三五〇〇メートルあった。日本側にこれに匹敵するような巨砲は、ほとんどなかった。

巨大な実力差を感じた幕府は、六月九日、ペリーの久里浜上陸を許し、親書を受け取ることとなった。

その後、ペリーは翌年の再訪を予告して、立ち去ることを告げた。そして江戸湾奥深く入り、示威行動を行ったのち、六月一二日、江戸を離れた。

その直後の七月、長崎にロシアのプチャーチンがやってきて、貿易を求めたが、幕府に拒否され一〇月に立ち去った。

日本の対応の特質

黒船来航の報が伝わるや否や、多くの人が浦賀に殺到した。その中には佐久間象山《しょうざん》がいた。象山が浦賀についたのは六月四日夜であった。また吉田松陰《しょういん》はそれより一日遅れて浦賀にやってきた。黒船来航のニュースは、また日本中にひろがった。

日本の対応の特色は、全国的な危機感の共有であった。ペリー来航がナショナルな危機として捉えられたことであった。日本人の好奇心と、日本における情報の伝達速度の速さは驚くべきものであった。

このような対応は、清国や朝鮮の場合と大きく異なっていた。日本の場合、黒船は地理的に江戸に近いところまで接近できた。清国においては、アヘン戦争は南方の問題であり、政府は真剣な危機意識をもたなかった。夷狄と接触するくらいなら、少しくらい遠くで譲歩してもかまわないという判断であった。朝鮮においては、首都はやや内陸にあり、黒船は直接首都を脅かすことはなかった。日本では沿岸航路が発達して全国的な商業ネットワークを形成しており、黒船の登場はただちに全国に影響を及ぼすこととなった。清国や朝鮮にはそのような条件はなかった。

もう一つ重要なのは、日本のリーダーが武士であったことである。当時の武士は、大部分サラリーマン化していた。しかし原初の理想は忘れられてはいなかった。「我らは変の役人」すなわち、危機にあって対応するのが武士の義務と考えられていた。彼らはがんらい戦士であったから、重要なのはどちらが強いか、であった（「敵を知り己《おのれ》を知らば百戦して危うからず」）。

ペリーやその直後に日本を訪れたロシアのプチャーチンと接触した幕府の役人は、はるばる地球のかなたからやってきて、何年も国に帰ることなく、嵐の中をものともせず出航する彼らを見て、真の豪傑だと感じ入った。幕末の開明官僚でプチャーチンの応接で名をあげた川路聖謨《かわじとしあきら》は、クリミヤ戦争のさなか、敵方の英仏に対し、劣勢にもかかわらず挑みかかろうとするプチャーチンについて、とても及ばない大豪傑だと賛嘆している（佐藤誠三郎「川路聖謨」、佐藤『「死の跳躍」を越えて――西洋の衝撃と日本』所収）。

こうした敵ながらあっぱれとして、その実力を評価する態度は、中国や朝鮮には見られなかった。夷狄は文化的に異質であって、排除すべきものであり、それが可能かどうか、彼我の実力差などは問題にならなかった。日本でこれと似た対応をしたのは、武からもっとも遠い京都の宮中、公家であった。夷人は夷人、嫌なものは嫌、という態度であった。

さらに日本の対応で、何よりも重要なのは、日本人の間に原初的な国民的一体感が存在したことである。多くの国において、政府に批判的な勢力は、外敵の到来を歓迎することが少なくない。侵略は、しばしば、内部の不満分子と外敵が通じるところから起こる。しかし日本では、むしろ幕府への期待が高まった。その理由の一つは、多くの藩は財政的に破綻しており、軍備強化の余裕がなかったからである。

しかしやがて、幕府がその期待に応えることができないことが明らかになったとき、失望は深まり、反幕府勢力の台頭を招くことになるのである。

幕府の対応

ペリー来航のとき、幕府の対応の最高責任者は阿部正弘《まさひろ》（一八一九～一八五七）であった。阿部は一八四三年、二五歳で老中となり、二年後の一八四五年に老中首座となっていた（1）。

幕府の対応でもっとも注目すべきは、朝廷にペリー来訪について知らせるとともに、外様大名を含む諸大名から、さらに市井《しせい》からも意見を求めたことである。幕府開設以来、国政は幕府が独裁的に行うところであって、広く意見を聞くのは初めてであった。幕府は、多数の意見（衆議）によって、鎖国という古くからの重要な原則（祖法）を変更し、開国やむなしという方向に進めたかった。しかし、鎖国継続のためには戦争やむなしという意見が意外に多かった。幕府の本音は、戦争だけは回避したいということであり、諸侯の意見は、財政事情から自ら戦う能力もないままに、強硬論を衒《てら》っただけのものであって、いずれも責任ある議論ではなかった（福地源一郎『幕府衰亡論』、三〇頁）。

阿部はアメリカのビドルの来航（一八四六年）のときには、通商を拒絶したが、おそらく開国の不可避を理解していた。それゆえ、阿部は以下に述べるように、江川英龍《ひでたつ》、勝安房《かつあわ》（海舟《かいしゅう》）、大久保忠寛《ただひろ》、永井尚志《なおゆき》、高島秋帆《しゅうはん》ら、多くの開明官僚を抜擢し、海防の強化など、外国に備えた改革を行っている。

ただ、阿部は同時に穏健な人柄の聴き上手で、コンセンサスを作ることに意を用いた。ペリー来航に際しても、従来の場合よりもさらに一歩を進めて、多数の意見によって重要な政策変更を行おうとしたのである。しかし、その際、対外的な危機意識は強いが攘夷論者の徳川斉昭《なりあき》を海防参与に任命して取り込もうとしたため、開国論者の反対を招いたり、斉昭自身、日米和親条約（一八五四年）の締結に反対して参与を辞職したりして、かえって幕府の権威を弱めることとなった。

また阿部は、薩摩の島津斉彬《なりあきら》が傑出した人物であることを知っていた。しかし斉彬はその父、斉興《なりおき》との争いで容易に藩主になれなかった。阿部はこの内紛、お由羅《ゆら》騒動に介入して、斉彬の藩主就任を実現させた。嘉永四年（一八五一年）のことである。

のちに徳富蘇峰《とくとみそほう》は阿部のことを八方美人であるとして、批判している（徳富蘇峰『近世日本国民史』）。阿部はおそらく平時ならば有能な老中だったに違いない。しかし、もはや平時ではなかった。しかも、阿部はわずか一一万石の藩主で、国許には一度しか帰ったことのない幕府官僚であった。幕閣を従来と異なる方向に動かすことは、とても不可能だったと思われる。いきおい、コンセンサスを志向することになったのであろう。彼の能力というよりは、譜代大名が国政を担当するというシステムに内在する欠点であったと考えるべきだろう。

和親条約から通商条約へ――一八五四～五八年

幕府が何ら明確な決定を行えないうちに、ペリーは最初の来航からわずか半年後、嘉永七年（一八五四年）一月、ふたたび日本にやってきた。プチャーチンの動きを警戒したため、日本側の予想より早く戻ってきたのである。そして幕府は三月、日米和親条約を結んだ。八月には日英和親条約、一二月には日露和親条約が結ばれた。

しかし、これらの和親条約は、鎖国を全面的に転換したというほどのものではなかった。緊急時に保護を与えること、その場所として下田と箱館の二港を追加したということは、鎖国の例外を定めたものだと言うこともできた。

しかし、和親条約の結果、安政三年（一八五六年）七月、アメリカから総領事ハリスがやってきて、下田に駐在することとなった。ハリスは通商条約の交渉のため江戸に行くことを求め、幕府はこれに抵抗して、交渉は一年に及んだ。しかし翌安政四年一〇月、ついに江戸城に登城したハリスは、将軍に大統領親書を提出し、老中堀田正睦《ほったまさよし》（一八一〇〜六四）と会い、通商の必要を説いた。

これより前、安政二年（一八五五年）一〇月、老中首座阿部正弘は堀田を老中に再任して、首座の地位を堀田に譲っていた。堀田は蘭癖《らんぺき》と呼ばれるほど蘭学奨励で知られ、開国派であった。阿部もまた堀田を支持していたが、安政四年六月に死去している。

安政五年（一八五八年）一月一二日、通商条約の交渉は妥結した。当時、アロー戦争が進行中であり、清国は英仏の前に敗北を重ねていた。その情勢が幕府の判断に影響したことは間違いない。ただ、幕府は朝廷の勅許を得るために猶予を求め、老中首座堀田正睦は京都に上った。勅許は簡単に得られるだろうと思われていた。しかし、京都には攘夷の気分が強く、また全国の攘夷派が朝廷に働きかけ、三月一二日には堂上公家八八人が参内して、条約案の撤回を求めて抗議の座り込みを行うという事態となった。

しかも、当時、最大の問題の一つは、実は将軍継嗣問題であって、これが条約勅許問題と結びつくこととなった。将軍家定《いえさだ》は病弱で、継嗣も長命も期待できなかった。後継者に誰を推すかは大問題だった。血筋から言えば、紀州の徳川慶福《よしとみ》が有力だったが、ペリー来航時でまだ七歳だった。もう一人は徳川（一橋《ひとつばし》）慶喜《よしのぶ》で、その能力は高く評価されていたが、水戸の前藩主徳川斉昭の子であり、斉昭は過激な攘夷論者で、幕閣とくに大奥で激しく嫌われていた。平時であれば慶福だったろうが、非常時のため、慶喜を将軍とすべきだというものが少なくなかった。開明派の松平慶永《よしなが》、島津斉彬など、みなその意見だった。

ペリー来航以来の政治過程は、近代化と開国と将軍継嗣の問題で、開明派と保守派が対立する構図になっていた。しかしそれは激しい対立というわけではなく、ゆるやかなものであり、全体として、阿部、堀田のもとで開国、近代化の方向に進んでいた。それが、条約勅許問題によって、激しい政治対立を引き起こすことになった。一橋派の中には、攘夷のためには有能な将軍が必要だと論じるものもあった。

この中で、朝廷は条約勅許を拒んだ。がんらい攘夷志向の強い朝廷は、この過程で、大勢は攘夷と考えた節がある。

井伊直弼の登場と安政の大獄

四月二〇日、条約についての勅許を得られないまま江戸に戻った堀田は、事態を打開するため、松平慶永を大老にするよう主張したが、容れられず、将軍家定の意向もあって、井伊直弼《なおすけ》を大老に任命することとなった。四月二三日である。

井伊家は三〇万石という譜代大名としては最大の石高を持ち、大老を出す数少ない家柄であった。直弼は一四男に生まれたが、兄が次々と死去したりして、ほとんど奇跡的に井伊家の当主となった。長い部屋住みの間の苦労は相当なものだった。生まれながらに大名となるべくしてなった通常の大名とは違っていた。また長野主膳《しゅぜん》という有力な腹心を持っていた。

ただ、その方向は、幕府の権威をもう一度確立することであり、これに反対するものは厳しく弾圧するということであった。

井伊直弼は、勅許なしの調印を避けようとしたが、結局ハリスの主張を受け入れ、六月一九日、勅許を待たずに条約に調印した。また家定の継嗣問題では、同月二五日、徳川慶福を後継と決定した。慶福は名を家茂《いえもち》とあらためて、一二月一日、征夷大将軍の宣下を受けた。

これに対し、安政五年六月二四日、前水戸藩主の徳川斉昭は、現藩主徳川慶篤《よしあつ》、尾張藩主徳川慶勝《よしかつ》、福井藩主松平慶永らと組んで、無勅許調印は不敬として直弼を詰問したが、直弼はこれは不時登城であるとして、七月五日、彼らを隠居、謹慎などに処した。これが安政の大獄の始まりである。

処分されたものは膨大な数に上り、斬罪が橋本左内、吉田松陰、頼三樹三郎《らいみきさぶろう》ら七名、獄死が梅田雲浜《うんぴん》など六、切腹が一、隠居・謹慎が徳川慶喜、松平慶永、徳川慶篤、徳川慶勝、伊達宗城《むねなり》（宇和島）、山内豊信《とよしげ》（容堂《ようどう》。土佐）、堀田正睦など八藩主、幕臣の中で川路聖謨、大久保忠寛ら、隠居・差控および御役御免・差控が板倉勝静《かつきよ》ら、永蟄居《えいちっきょ》が徳川斉昭、岩瀬忠震《ただなり》、永井尚志、譴責《けんせき》が松平頼胤《よりたね》（高松）、松平頼誠《よりのぶ》（守山）ら三藩主等々で、さらに朝廷でも近衛忠熙《このえただひろ》左大臣が辞官・落飾（出家）、鷹司輔熙《たかつかさすけひろ》右大臣が辞官・落飾・謹慎などの処分を受けた。

身分によって処罰が違うのが、当時の考え方である。それにしても、政府と意見が違い、方針が違っただけで、橋本左内など二五歳で死罪とは、まことに惜しいことであった。

この有様を見て、島津斉彬は兵を率いて京都に出て大勢を挽回しようとして、訓練中、急死した。安政五年（一八五八年）七月一六日のことだった。毒殺された可能性も否定できない。こうして一橋派を中心とする開明派は逼塞《ひっそく》することになった。

幕府の近代化努力

ここで、開国するにせよ攘夷するにせよ、西洋の脅威に対抗する上で必要不可欠な改革について、幕府の政策を見ておきたい。

〈海防掛〉

まず海防掛《かいぼうがかり》である。海防掛は、最初は海辺御備御用懸と言い、寛政四年（一七九二年）に設置された。当時は常設ではなかったが、弘化二年（一八四五年）から常設とされた。ペリー来航以後、阿部正弘は従来海防掛であった川路聖謨、松平近直《ちかなお》のほか、岩瀬忠震、永井尚志、大久保忠寛などを抜擢し、また従来諮問機関であったものを、行政機関へと変えた。その後も、多くの開国派の俊才を起用した。

安政五年（一八五八年）、日米修好通商条約が結ばれると、海防掛は廃止され、外国奉行が置かれ、永井、井上清直、岩瀬ら五人が外国奉行に任ぜられた。

〈洋学所〉

次に、その基礎となる外国に関する情報蒐集や研究としては、安政二年（一八五五年）、天文方《てんもんかた》蕃書和解御用《ばんしょわげごよう》を拡充する形で、洋学所が設置された。しかし開設直後の安政の大地震で建物が崩壊したため、業務の開始は翌安政三年となり、同時に蕃書調所《しらべしょ》と改称された。洋学教育にも力を入れ、当初は幕臣の子弟を対象にしたが、安政五年からは藩士の子弟も入学を認め、蘭学を中心に英学を加えた洋学教育を行った。文久二年（一八六二年）には昌平黌《しょうへいこう》と同格の幕府官立学校となり、蕃書の名前を変更して洋書調所となった。さらにその翌年、開成所となり、のちに東京大学の一部となった。

それにしても、出発がペリー以後とは、遅いと言わざるを得ない。ロシアの日本語研究と比べるとその差ははなはだしい。安政六年（一八五九年）、福沢諭吉が英学を志したとき、江戸には英語を話すものが森山多吉郎と中浜万次郎の二人しかいなかったというが、官に時代の必要をリードする姿勢がなかったのだろう。(2)

〈講武所〉

軍事については、ペリーの第二回来航があった嘉永七年（一八五四年）の五月、現在の浜離宮の南側に操練場が作られた。その後、安政の大地震などで遅れ、安政三年（一八五六年）、講武所として発足した。四月一三日、将軍家定が立ち寄り、二五日の開場式は盛大に行われた。

ところが、この講武所の内容であるが、剣術、槍術、弓術、柔術、砲術が列挙され、それぞれの大家が師範役に抜擢された。砲術には、江川太郎左衛門（英敏。英龍の子）、高島浅五郎《あさごろう》（秋帆の子）、勝安房（海舟）などがあったが、他方で、和流砲術の家柄もあって、内部に対立を抱えていた。また訓練の実際も、旗本の多くは怠惰になっており、訓練は甚だ効果が少なかった。

安政七年（一八六〇年）、講武所は神田小川町に移転した。現在の日本大学法学部のあたりである。二月には開所式が行われ、大老井伊直弼が出席した。内容は井伊の好みを反映して、伝統的な武芸が中心であった。

しかも、西洋式の砲術の訓練を開始したときに導入されたのはゲヴェール銃であって、まもなく導入されるミニエ銃よりはるかに性能の劣るものであった。

本格的な新式の軍隊の建設が始まったのは、文久二年（一八六二年）のことであった。この年一二月、親衛常備軍の創設のため、歩兵人員差出しの命令が全旗本知行地に出された。旗本の知行高に応じて、一定の割合で兵士を出すことを求めた。金納も許された。しかし、旗本にはやる気がなく、募集は遅々として進まなかった。それに、身分制と近代的陸軍との根本的矛盾が明らかになり始めていた。身分の高い武士は騎乗し、鉄砲を持たない。持つのは徒歩の兵士である。こちらが軍の主力である。つまり、旗本は近代陸軍の主力にはなれないのである。結局、資金によって浪人や農民を動員する方向に進まざるを得なかった。こうして陸軍の近代化が始まったのは、ペリー来航から九年後のことだった。しかも、まだまだ抵抗は大きく、近代化はついに幕府の主流にはなれなかった（野口武彦『幕府歩兵隊――幕末を駆けぬけた兵士集団』、五〇―六三頁）。

〈海軍伝習所〉

さて、もっとも緊急と考えられたのは海軍である。幕府はオランダの協力を求め、西洋式軍艦の購入を決め、オランダ商館長の勧めにより、海軍士官を養成するための組織を設立することを決めた。オランダ海軍からの教師派遣が約束され、ペルス・ライケン（のち海軍大臣）らの第一次教師団、ヴィレム・ホイセン・ファン・カッテンディーケ（のち海軍大臣となり、一時は外務大臣を兼任）らの第二次教師団が派遣され、また練習艦として蒸気船、観光丸の寄贈を受けた。さらに幕府の注文によって建造された咸臨丸、朝陽丸も使われ、帆船、鵬翔丸も購入された。

安政二年（一八五五年）、幕府伝習生三七名が入校した。同年一二月からは、諸藩の伝習生一二八名（薩摩一六、佐賀四七、肥後五、長州一五、筑前二八、津一二、福山四、掛川一）が伝習を受けた。さらに、翌安政三年、長崎地役人などからなる幕府伝習生一二名が追加された。その後、第三期生として、若手子弟中心の二六名が入校した。

安政四年四月、築地の講武所に軍艦教授所が新設され（のち元治元年に軍艦操練所と改称）、総監永井尚志が率いる多数の幕府伝習生は築地に教員として移動し、長崎伝習生は四五名ほどとなった。財政負担の問題から、安政六年、長崎海軍伝習所は閉鎖され、オランダ人教官は本国へ引き上げた。(3)

以上のように、幕府の近代化は、なかったわけではないが、はなはだ遅かった。海軍はともかく、陸軍において、とくにそうであった。その理由は既得権益層と化した旗本の存在だった。

桜田門外の変と公武合体路線

井伊直弼の弾圧は、強引すぎて、反発を招くことになった。直弼は安政七年（一八六〇年）三月三日、桜田門外において、水戸浪士に襲撃され、殺された。これははなはだ不名誉なことであった。幕府の権威は著しく失墜した。

直弼を、開国を決断した人物と評価するものもあるが、講武所その他の開国のために不可欠な装置を後退させている。開国派であれば、ありえないことである（田辺太一『幕末外交談』一、一一〇―一一一頁）。直弼はしたがって、幕府の権力権威の再確立を最大の目標としていたと考えるべきだろう。直弼の方法は、幕府全盛時代なら、あるいは成功したかもしれない。しかしすでに幕府は傾いており、ましてや阿部・堀田の時代に雄藩の活動は活発化しており、朝廷の地位も向上していた。その状況にあっては、時代錯誤的な方策だったというべきだろう。

桜田門外の変ののち改元がなされ、万延元年（一八六〇年）三月、安藤信正、久世《くぜ》広周《ひろちか》が老中として、公武合体路線に舵を切った。朝廷と同一の立場にあることを強調して、幕府の権威を維持しようとしたのである。そのため、安政の大獄で処刑されたものの名誉を回復するなどした。それは、幕府独裁の伝統を否定するものであって、一層権威を弱めることとなった。

彼らの努力の中心は、孝明天皇の妹、和宮を将軍家茂の夫人とする、いわゆる和宮降嫁問題であった。多くの困難の末、文久二年（一八六二年）二月に実現した。しかし、安藤は降嫁実現の直前、一月に、坂下門外で襲撃されて負傷し（坂下門外の変）、四月に辞職した。

雄藩の国事周旋

この公武合体路線は、雄藩の政治参加をうながすこととなった。

長州の直目付《じきめつけ》、長井雅楽《うた》は、航海遠略策を唱え、国を閉ざすのではなく、外に打って出て、外国人を追い払うという論を提起した。これは長州の藩論となり、公武合体論者にも歓迎された。文久元年（一八六一年）一二月、長井は藩主毛利敬親《たかちか》とともに江戸に入り、老中安藤・久世と会見している。翌月、正式に同策を建白して、公武の周旋を依頼されている。

しかし、長州藩内では吉田松陰の影響を受けた急進派が台頭し、長井は孤立し、文久二年には罷免されている。

次に動いたのが薩摩であった。薩摩では、島津斉彬の死後、弟・久光の子、忠義が当主となったが、久光が国父として実権を掌握していた。

久光は文久二年（一八六二年）四月一六日、一〇〇〇名の大兵を率いて入京した。そして朝廷に対し、幕府の人的陣容の改革を建白し、開国か鎖国かの問題は「天下之公論」によって決するよう進言した。これは、長州の行動が、朝廷の幕府への協力を意味していたのと異なり、幕府の朝廷への協力（朝主幕従）を意味していた。なお久光は開国論者であったが、それはここでは主張しなかった。

ただ、その際、過激化した動きは雄藩の動きの障害となることがある。こういう観点から、精忠組（藩内若手有志の組織）の過激分子を、久光は冷酷に排除している。伏見寺田屋事件がそれであった（文久二年四月二三日）。

なお薩摩では、斉彬の影響下に台頭した精忠組には、西郷吉之助（のち隆盛）のように久光に遠ざけられ、反感を持つものが少なくなく、一部は大久保一蔵（のち利通《としみち》）のように久光に接近したが、多くは過激化していた。もし大久保のような存在がいなければ、薩摩は中心を失い、大兵力を動かす雄藩としての力を持ち得なかったであろう。幕末を左右したのは、結局、数千の兵力を動かすことのできる雄藩の力であって、過激な言論ではなかった。

ただ、雄藩を動かすに至った思想やエネルギーは、越前の橋本左内にせよ、あるいは佐久間象山にせよ、福沢諭吉にせよ、下から噴出したものであった。革命は、辺境から起こるものである。

さて、久光の進言は朝廷の容れるところとなり、文久二年五月、公家の大原重徳《しげとみ》を勅使とし、これを久光が護衛して江戸に赴かせ、久光の進言を含む朝廷の要望を幕府に伝えさせた。これに対し、幕府は、同年七月、徳川慶喜を将軍後見職、松平慶永を政事総裁職に任命し、京都守護職を置くこととなった。さらに、参勤交代の緩和、洋学研究の推進、幕府軍の設置なども、ここに始まった。ともあれ、大名の父であるが、大名でもなく無位無官の久光が、このような行動に出たことは、驚くべきことであり、幕府の権威の失墜は甚だしいものであった。

他方で、薩摩の台頭を見た長州藩は、すでに方針を転換しつつあったが、文久二年七月、破約攘夷を唱えるに至った。藩主毛利敬親がこの立場に立って朝廷に働きかけると、攘夷勢力は勢いづき、朝廷内外に攘夷論が沸騰するようになった。

公武合体は高くついた。朝廷の意を迎えるために、幕府は心ならずも攘夷にコミットしなくてはならなかった。朝廷は将軍の上洛を求め、攘夷の約束を求めた。それに応じて将軍家茂が上京したのは文久三年（一八六三年）三月のことであった。将軍の上洛は三代・家光以来のことであり、そのときは三〇万の大軍をもって朝廷を威圧したものであった。それに比べ、今回は呼びつけられ、指示を受ける立場であった。そして朝廷の度重なる催促により、家茂は四月二〇日、攘夷の期限を五月一〇日とした。ただ、外国から攻撃されたら反撃せよという指示を出し、こちらからは手を出さぬように指示した。

下関戦争と薩英戦争

ところが、これを実行に移したのが長州藩であった。

文久三年五月、長州藩は幕府の指示を無視して、アメリカ船、フランス船、オランダ船を次々と攻撃した。西洋諸国はこの砲撃に激怒して、それぞれ軍艦を派遣して長州を攻撃した。その結果、長州は惨敗し、砲台は破壊された。

ほぼ同じころ、同年七月二日、薩英戦争が起こっている。これは、よく知られているように、その前年八月、江戸から引き上げる島津久光の行列を侵したという理由で、薩摩藩士が英人を殺傷したこと（生麦事件）に端を発している。

これは日本の国法では正当な行為であった。しかしイギリスはこれを許さず、強硬に抗議し、謝罪、責任者の処罰、賠償を求めてきた。幕府としては、巨額の賠償を受け入れることは苦痛であった。といって、それを拒めば、日本の正統なる指導者としての立場が危うくなる。薩摩としては、国父の行列を侵したものに謝罪する謂《いわ》れはない、ということであった。

その結果、幕府は引き延ばしたあげく、翌年五月に四四万ドルという巨額の賠償金を支払った。この外交に関係した福沢は、のちに回顧して、あのような巨額の賠償金を求めることは、ずいぶんひどいとイギリスを批判すると同時に、肝心のときに幕府の指導者がみな病気として出仕せず、責任ある態度を取ろうとしなかったことに呆れている（福沢諭吉『福翁自伝』、一七四―一七五、一八九頁）。

そのような次第で、イギリスは幕府との交渉ののち、薩摩の責任を追及し、文久三年七月になって薩摩に艦隊を進めたのである。薩摩は善戦し、準備不足だったイギリス艦隊に打撃を与えたが、鹿児島の街は焼き払われた。

なお、イギリスを驚かせたのは、休戦交渉に現れた薩摩が、ただちにイギリスからの武器の購入を求めたことである。これまでの幕府との長々しい交渉と無責任な態度に業をにやしていたイギリスは、薩摩の過去の経緯にとらわれない迅速で大胆な意思決定に感銘を受けた。また薩摩の求めているのは攘夷ではなく通商であることが明らかになった。ここにイギリスはそれまでの幕府支持から、薩摩支持へと方針を転換していくのである。

八月一八日の政変と参預会議

そのころ、京都では相変わらず攘夷が燃え盛っていた。その中で、天皇の大和行幸、攘夷祈願が計画された。文久三年九月初めに、それは実行されることになっていた。

この事態を憂慮した薩摩藩は、京都守護職の会津藩と組んで、長州を追放することを計画し、文久三年八月一八日の政変を断行した（一八六三年九月三〇日）。三条実美《さねとみ》ら七人の攘夷派の公家は、翌日、長州に落ち延びた。

ここに、幕府と薩摩などの雄藩の間に、反攘夷派による提携が成立した。

その年の末、一二月三〇日、朝廷は徳川慶喜（将軍後見職）、松平容保《かたもり》（京都守護職）、松平慶永（越前）、山内豊信（土佐）、伊達宗城（宇和島）の五名を参預に任命した。さらに翌文久四年（一八六四年）一月一三日、島津久光をも任命した。藩主でない久光の任命は異例であった。それだけ実力が重視されたのである。開国ないし反攘夷に向けた幕府雄藩連合体制が成立するかに見えた。

しかしこの参預会議は機能不全に陥り、三月九日までに全員が辞職してしまった。

その理由は、慶喜と薩摩の対立であった。幕府は貿易の独占を求め、また幕府の権力を再建しようとした。それに対し、薩摩は貿易の拡大を求め、権力への参画を求めた。

しかも慶喜は朝廷の意を迎えるため、横浜鎖港を持ち出していた。文久三年一二月、横浜鎖港を目指して池田筑後守長発《ながおき》を代表とする使節団をパリに派遣していた。パリで交渉ののち、鎖港の要求は拒絶され、さらに下関海峡通航・輸入税の引き下げを定めたパリ協定に元治元年（一八六四年）五月に調印したほか、なんらの成果もなく、七月、帰国した。(4)

岡義武は、『近代日本政治史』の中で、文久三年八月の政変ののちに、幕府が雄藩とともに開国の不可避を論じれば、朝廷を説得することができたかもしれないと述べているが、これは学問的に禁欲的な立場を貫いた岡としては珍しく率直な幕府批判であった（前掲、岡『明治政治史』上、八〇頁）。

第一次長州征討

こうして京都における参預会議体制は崩壊したが、その枠組みはまだしばらく続いた。

八月一八日の政変で京都を追われた長州攘夷派は、幕府や薩摩と同じ手法で朝廷を奪還しようと、翌元治元年（一八六四年）、来島又兵衛に率いられて京都に攻め上り、幕軍と鳥羽・伏見・蛤《はまぐり》御門《ごもん》・堺町御門などで交戦したが、戦術的なミスもあって、七月一九日、敗れた（禁門《きんもん》の変）。御所を死守し、天皇を守ったのは会津と薩摩などであった。ここでも、組織された軍事力の行使が、決定的だったのである。なお、大名同士が畿内で交戦したのは大坂夏の陣以来のことで、京都で焼失した家屋は三万戸に上ったという。

長州の行動は、天皇に向かって弓を引く行為だとされた（ただ、それは長州が敗れたからであって、勝っていたら評価は変わっていただろう）。七月二三日、禁裏守衛総督徳川慶喜に対し、萩藩追討の朝命が伝達され、幕府は二四日、西国二一藩に出兵を命じた。第一次長州征討である。

これが実施される前、八月五日、英米仏蘭の四国連合艦隊の下関攻撃が起こっている。前年の外国船への砲撃に対する報復として行われたものである。戦闘は四国側の圧勝で、六日、陸戦隊が上陸し、下関付近の砲台を破壊した。八日、講和交渉が始まり、一四日、講和条約が成立した。

ここで長州藩も攘夷の不可能を痛感した。したがって、問題は幕府との関係だけとなった。列強の力を痛感しただけ、前年における薩摩藩と同様、列強に対する柔軟な政策が以後可能となった。

ともあれ、長州征討については、長州は幕府に対して恭順の意を表し、禁門の変の責任者として、三家老切腹、四参謀斬首などの条件を受け入れた。一一月一一日のことだった。

【コラム】一会桑

文久三年（一八六三年）三月、将軍が上洛したことは、国政の中心が江戸から京都に大きく傾いたことを示したものであった。

京都における幕府系の勢力を、一会桑《いちかいそう》と言うことがある。一橋、会津、そして桑名である。

文久二年閏八月、会津藩主松平容保が新しく設けられたポストである京都守護職に任命された。テロを含め、過激化する京都を抑えるには、強力な藩のコミットが必要だった。会津藩は二三万石といわれたが、それ以外に五万石の領地があり、実質は二八万石であったが、それでは御三家の水戸藩を超えてしまうので、二三万石という建前を維持していたといわれる。しかも、実高は四〇万石に達していたといわれている。御三家を除けば、幕府側ではもっとも有力な藩の一つだった。ただ、東北に位置し、海に面しておらず、西洋の学問、知識の導入では遅れをとっていた。

会津藩も、この職務の困難さはよく理解していた。藩内には反対して、なんとか辞退すべきだというものが多かった（実際、会津藩は幕末にいったん滅亡してしまう）。しかし、会津松平家の初代は、徳川家康の孫であり徳川家光の異母弟であった保科正之《ほしなまさゆき》であり、徳川宗家への忠義を遺訓としていたため、この任務を引き受けることに決したのである。容保が京都に入ったのは同年一二月のことであった。

ついで、元治元年（一八六四年）三月、徳川慶喜は将軍後見職を辞し、禁裏守衛総督・摂海防御指揮なる地位についた。ただ、慶喜は個人として優れた能力の持ち主だったが、一橋家は、御三卿という将軍候補をプールする家であって、直属の家臣はほとんどおらず、幕府からの出向者だけであった。どうしても慶喜の個人的な能力に頼らざるをえなかった。

そして四月には京都所司代に桑名藩主松平定敬《さだあき》が任命された。桑名藩は表高一一万石、実高一四万石（越後の飛地五万石余を含む）であった。やはり困難は目に見えていたが、地理的にも近く、藩主の定敬は尾張の徳川慶勝や松平容保の兄弟であって、受けざるをえなかった。

しかし、なお、実力的には不十分だったかもしれない。これを補う役割を果たしたのが新選組だった。新選組は、がんらい文久二年、将軍上洛の警護のために募集された浪人集団だった。その後、文久三年八月一八日の政変における働きを評価され、元治元年には池田屋事件と禁門の変において活躍した。当初二〇名あまり、最盛期に二〇〇名を超える集団で、伝統的な組織には属さず、京都守護職預かりという形だった。現代風に言えば、非正規のカウンターテロリズム組織だったと言ってよいだろう。

このように、京都における幕府の勢力は、幕府の命令のみならず、血縁などによって補強され、非正規の軍事組織を動員したものであった。それだけ、幕府の威光は衰え、伝統的な制度は役に立たなくなっていた。

一会桑は、京都における市街戦などには力を発揮したが、近代的装備には劣っており、のちの鳥羽伏見の戦いのような野戦には力を発揮できなかった。

第二次長州征討の挫折

いったんは恭順の意を表したものの、長州内部では、恭順論に対して、主戦論が台頭した。高杉晋作の行動をきっかけに藩内で内戦が起こり、元治二年（一八六五年）三月、長州藩は武備恭順を藩論に定めた。長州藩の降伏は、ごく短期間のことであった。

そして慶応元年（＝元治二年。四月七日、慶応に改元。一八六五年）六月、西郷隆盛は長州藩の意向を受け、薩摩藩の名義で武器購入に協力することを約している。約束は早速実行に移され、伊藤博文、井上馨《かおる》は、坂本龍馬の斡旋により、長崎のグラバー商会から銃砲を購入している。薩長同盟成立は、その翌年、慶応二年（一八六六年）一月のことと言われているが、武器購入の斡旋はそれと同等あるいはそれ以上の行動であった。しかも、このころ、武器はミニエ銃となっていて、それまでに普及していたゲヴェール銃とは射程等において大きな差があったので、その購入は決定的に重要だった。

このような長州の動きに対し、慶応元年九月二一日、将軍は参内して、長州再征の勅許を与えられた。

それより数日前の九月一六日、英米仏蘭四国代表は連合艦隊を率いて兵庫沖に来航し、兵庫開港と条約勅許を要求した。

幕府は必死に朝廷と交渉し、一〇月五日、条約は勅許、兵庫開港は不可という勅書を得た。

その後、幕府は長州問題に取り組み、第二次征討を行うことを定めた。慶応二年六月七日、幕府軍艦の砲撃で第二次長州征討が始まった。

しかし、第一次と比べ、情勢は大きく転換していた。長州藩内には対決論が強まり、奇兵隊のような身分の枠を超えた勢力が形成されていた。また第一次に敗れた長州は、人材登用を進め、その中には武士ですらない医者出身の村田蔵六もいた。村田は緒方洪庵《こうあん》の適塾《てき》で学んだ天才で、やがて大村益次郎と改名し、山陰口を指揮してめざましい成果をあげた。

薩摩は、今回は公然と参加を拒否していた。

その結果、戦闘は幕府側の敗北であった。新たに組織された歩兵隊は善戦したが、効果的に使用されず、伝統的な武士団は戦意にとぼしく、小倉口、山陰口で劣勢だった。七月一八日、広島藩主浅野茂長《もちなが》、岡山藩主池田茂政《もちまさ》、徳島藩主蜂須賀斉裕《はちすかなりひろ》は、征長軍解兵を進言した。

その直後、将軍家茂は七月二〇日、大坂城で没した。喪はしばらく伏せられ、八月二〇日、発表され、徳川慶喜の宗家相続が発表された。その間に、小倉口で幕府軍は敗北し、八月一日、小倉城は陥落する有様だった。

慶喜は徳川宗家を継いだが、将軍職については、しばらくこれを辞退していた。そして戦闘を継続しようとした。一度勝利してから和平に持ち込もうとしたのである。しかし、八月の発喪直前、戦争継続を断念し、九月二日、幕府と長州とは休戦となった。そののち、一二月になって、慶喜は征夷大将軍、内大臣に就任したのであった(一八六七年一月)。

第二次長州征討から大政奉還まで

第二次長州征討に失敗し、幕府の権威は地に落ちたが、その直後から、将軍に就任した慶喜のもとで、幕府はめざましい動きを始めている。

それより前、元治元年(一八六四年)三月、レオン・ロッシュ(Michel Jules Marie Léon Roches. 1809–1900)がフランスの駐日公使として着任していた。ロッシュはアルジェリア経営に経験の豊富な外交官で、当初は下関航行問題などで他の列強と協力していたが、やがて独自に幕府に接近するようになった。

同年一一月、ロッシュは幕府から製鉄所と造船所の建設斡旋を依頼された。これは翌年一月、約定書提出となり、九月、工事が始まった。同年三月には、横浜仏語伝習所が設立されている。

また、ロッシュはパリ万博への参加を勧め、七月、幕府はこれを受け入れた。さらに、翌慶応二年（一八六六年）、経済使節団が来日し、六〇〇万ドルの対日借款の提案、武器契約売り込みを行なっている。そして、同年一二月、軍事顧問団が来日し、訓練を開始している。

すでに横浜鎖港問題で幕府側が渡仏したとき、フランスは、攘夷派弾圧に手を貸す考えを示していた。

また、慶応二年から、慶喜による慶応の改革が始まっている。

慶応三年五月、陸軍総裁、海軍総裁、会計総裁、国内事務総裁、外国事務総裁に老中をあて、老中首座・板倉勝静が無任所で全体を統括するという改革が行われた。これは事実上の内閣制度の導入で、従来の幕閣において老中などの権限が不明確だったことと比べて、はるかに機能的な制度であった。

ただ、慶喜にとっての大きな痛手は、慶応二年一二月二五日（一八六七年一月三〇日）の孝明天皇の崩御であった。孝明天皇は攘夷論者であったが、徳川を信じること厚かった。もし孝明天皇が亡くなっていなければ、慶喜の飛躍の可能性はさらに大きかったであろう。この崩御については、毒殺説等があるが、決定的な証拠は出てきていないし、今後とも出てこないだろう。

こうした幕府の動きに薩長は警戒を強めた。成立しつつあった薩長連合を強化し、幕府を実力で打倒しなければ、慶喜のもとで強化された幕府によって打倒されてしまうと考えた。

第三の道を提示したのは土佐であった。従来あった、幕府と雄藩の連合体制構想を実現する好機だと考えた。それは土佐の発言権を増すことでもあった。この構想は、公議政体論と呼ばれた。

公議政体と王政復古

慶応三年（一八六七年）一〇月一四日、慶喜は朝廷に政権の返上を申し出た。大政奉還である。大多数の大名は、公議政体論だった。

しかし、そうなれば、単独で四〇〇万石、旗本を加えると七〇〇万石の石高を持ち、近代化に向けて多くの人材を抱え、徳川慶喜という有能なリーダーを持ち、フランスの支持を得た徳川がリーダーシップを取るのは明らかだった。

したがって、薩長としては、幕府を廃止するだけでなく、徳川に一大打撃を与える必要があった。公議政体論ではなく、王政復古でなくてはならなかった。

実際、薩摩の大久保利通、長州の品川弥二郎、公家の岩倉具視らは、一〇月六日、王政復古について協議しており、一〇月一三日には、岩倉は薩摩藩主父子宛ての討幕の詔書を大久保に、長州藩主宛ての同藩主父子の官位復旧の宣旨を長州の広沢真臣《さねおみ》に、それぞれ手渡している。慶喜の大政奉還の前日のことであった。

しかし一〇月一五日、朝廷は慶喜に対して大政奉還を勅許し、二二日、しばらく庶政を委任するとの御沙汰書を出した。

事態は大政奉還の方向に動いているように見えた。

しかし、一二月九日（一八六八年一月三日）、薩摩等の警護する宮中で、王政復古派の公家が集まる中で、王政復古の大号令が発出された。そしてその夜、小御所会議において、慶喜に辞官納地を命ずることが決定された。土佐の山内容堂（豊信）は慶喜のいないところでの決定に反対し、また辞官納地にも反対したが、大久保らが暗殺の可能性を示唆して脅迫したため、やむなくことを黙認した(5)。

それでも、まだ辞官納地の範囲をめぐって交渉の余地はあった。薩長としてはぜひとも徳川に一撃を加えたかった。

そこで薩摩がとった戦術が、関東攪乱であった。江戸の薩摩藩邸に匿われていた浪士が、一一月下旬以後、江戸や関東各地で豪商や豪農を襲撃し、江戸市中取り締まりに当たっていた庄内藩の屯所に発砲した。その直前、一二月二三日には、天璋院《てんしょういん》（薩摩から一三代将軍家定に嫁した篤姫《あつひめ》）が住む江戸城二の丸が全焼した。これも天璋院を奪おうとした薩摩藩邸の浪士の仕業と思われた。庄内藩から幕府に対し、薩摩藩邸への尋問が求められ、庄内藩と幕府歩兵隊に浪士逮捕の命令が出た。その結果、庄内藩兵らは薩摩藩に浪士引き渡しを求め、これが拒否されると、薩摩藩邸を焼き討ちするに至ったのである。一二月二五日のことである。

この関東攪乱は、かつて西郷の計画によるものとされていたが、最近の研究では、直前には西郷は消極論になっていたらしい（家近良樹『西郷隆盛――人を相手にせず、天を相手にせよ』、三〇三頁）。いずれにせよ、この計画を立てたのは西郷であって、革命家としての西郷のすごさを示す一例である。なお、直前に消極論となっていた理由が、人道的なものなのか、それとも大義名分上避けたいと思ったのか、それはわからない。

こうして、幕府と薩長との間に戦闘気分が盛り上がり、慶応四年一月三日（一八六八年一月二七日）から四日にかけて、京都の南で戦闘が勃発した。鳥羽伏見の戦いである。この時、薩長は、もし敗れたら天皇を擁して西下することを考えており、徹底して戦った。他方で幕府は、薩摩を問いただすために入京するということで、戦闘の準備において不十分だった。それが、緒戦に遅れをとった理由である。

かつて佐久間象山は、元治元年（一八六四年）三月、天皇を掌握することが決定的に重要だとして、天皇を彦根に移し、さらに江戸に遷都することを提唱したことがあった（松本健一『開国・維新　１８５３～１８７１』、二五一―二五二頁）。しかしそのような大胆な策を、慶喜は考えなかった。他方で大久保は考えていた。慶応三年（一八六七年）九月一八日の日記に、「禁闕《きんけつ》（朝廷）奉護の所、実に大事の事にて、玉《ぎょく》を奪われ候ては、実に致し方無き事」と書いている（日本史籍協会編『大久保利通日記』上、三九五頁）。それだけの決意を持つか持たぬかが、勝敗を分けたのである。

しかし、まだ緒戦であった。徳川側はまだまだ戦うつもりであった。ところが、一月八日、慶喜が突然大坂を出帆し、一二日には江戸に帰着した。以後、謹慎を表明して、組織的な抵抗を一切放棄したのである。一月一九日、江戸城を訪問して再起を勧めたロッシュに対しても、慶喜はこれを拒んだ。

慶喜の行動については、様々なことが言われている。水戸において、朝廷に歯向かうことはあってはならないと教わって育ったというのは、やはり重要な要素であろう。慶喜は、天皇の側にいる時には強気であったが、天皇に歯向かうと見られることには極度に臆病だった。天皇も所詮は「玉」であって、政治的に使いこなすべき手段であるという、大久保に見られるようなマキアヴェリスティックな発想を、慶喜は持たなかった。天皇を擁して圧倒的な力を示し、相手が屈服するように仕向け、失敗したらあっさり降りるというのが、現実に慶喜がしたことであった。

鳥羽伏見の戦いから、新政府は軍を進め、江戸に迫った。そして三月一三日、一四日、西郷隆盛（大総督府参謀）と勝安房（勝海舟。旧幕府陸軍総裁）が薩摩藩邸で会談し、無血開城で合意したことはよく知られている。

この点についても、西郷が武力討伐派だったか、無血開城派だったかは、見方の分かれるところである。なぜなら、西郷の残した書簡は、いずれも強硬論であるからである。ただ、強硬論で味方陣営を取りまとめ、相手を圧倒し、相手が柔軟になったときには、柔軟に対応するというのは、西郷がこれまでもやったところである。慶喜が抵抗しないことを見て取った以上、江戸という大都市を混乱に陥れる理由はなかった。

それ以外に重要であったのは、イギリス公使ハリー・パークスの介入である。貿易の利益を求めるパークスは、慶喜が恭順を示しているのに朝廷側が攻撃を加え、江戸を火の海にすることに反対だった。それゆえ、もし西郷が強硬策をとるなら、軍事的介入も辞さないと恫喝した。

また、勝も、もし朝廷側が強硬策に出る場合には、一種の焦土作戦を行う準備をしていた。その意図はパークスに伝わっていた。焦土作戦が行われた場合、どのようなことになったか、われわれは近年の中東におけるアメリカの苦戦やIS（「イスラム国」）の執拗な抵抗から、想像は可能である。

全体的に考えて、慶喜の勤王思想、イギリスの介入、朝廷側と徳川側でリーダーシップが確立していたこと、国民の多くが長年の平和に慣れて、戦争を好まなかったこと、敗者に対して寛大に取り扱うべきだとする伝統があったことなどがあいまって、無血開城を可能とした。

江戸では、開城に不満な旗本などが、上野に立てこもり、抵抗する準備をしていた。しかし、上野彰義隊は、長州の大村益次郎の大砲を用いた巧みな戦術によって、一日で壊滅した。

奥羽越列藩同盟と箱館戦争

しかし、慶応四年（一八六八年）五月三日、奥羽の二五藩は奥羽列藩同盟を結成、さらに長岡など六藩が参加して奥羽越列藩同盟となり、抵抗を続けた。徳川方の中心であった輪王寺宮《りんのうじのみや》は北に逃れ、この中に加わった。

しかし、中越の長岡における激戦はあったが、朝廷軍は優位に戦闘を進め、九月二二日には会津若松城が降伏、開城した。京都守護職として反幕府勢力を取り締まった会津の降伏によって、大勢は決した。

これより前、八月一九日、恭順を不満として榎本武揚《たけあき》（旧幕府海軍副総裁）が軍艦八隻を率い、脱走した。そして北海道箱館に拠《よ》って、新国家を作って抵抗しようとした。しかし、事故による艦艇の喪失などもあって、明治二年（一八六九年）五月一八日、五稜郭《ごりょうかく》開城となり、榎本武揚以下は降伏し、戊辰戦争は終わった。

北越、東北における戦闘も、避けられたかもしれない戦争だった。奥羽越列藩同盟も、大勢を挽回できるとは思っていなかった。よりましな条件による講和を求めただけであった。

しかし、朝廷側にリーダーシップが確立していなかった。新政府の首脳は、すでに新しい政権の運営に没頭しており、北越、奥羽に派遣されたのは二流の指導者であった。まだ十分活躍していなかった彼らにとって、功績をあげる最後のチャンスだった。いきおい、血気に逸《はや》り、大局観に欠け、無駄な戦争になることが多かった。また江戸開城で効果的だった外国の調停もなかった。すでに大勢は決したと彼らは考えていた。逆に、最後の武器売り込みのチャンスとして、死の商人の活躍は加速していた。

最後まで戦った榎本武揚の檄文は象徴的である。自分たちは新政府に反対ではない、しかし、それが本当に民意を代表しているかどうか、疑義があると述べていた。いったん新政府が確立されたとき、彼らはさらなる抵抗をする理由に乏しかった。また、よく知られているとおり、榎本はのちに赦免されて政府に起用され、駐露公使として千島樺太交換条約を締結し、海軍卿、外務大臣として活躍した。

さて、幕府と薩長の勝敗を分けたのは、能力主義であった。

雄藩の中には、薩摩藩のように、有能な下士を取り立てて力を発揮させる藩が増えてきた。幕府との戦いで存亡の危機に立った長州藩は、武士でない蘭学者の大村益次郎を軍指導者に起用し、武士以外の有志をつのって奇兵隊を組織した。そうした柔軟性を持った藩が、結局優位をしめた。

鳥羽伏見の戦いの際、徳川慶喜は、我が陣営に西郷吉之助のごとき、大久保一蔵のごときものがあるか、と述べて、幕府側の人材の欠如を嘆いたという（渋沢栄一『徳川慶喜公伝』四、一七五頁）。たしかに、幕府における慶喜側近は譜代大名や旗本であり、お殿様であった。しかも一橋家は普通の藩ではなく、自前の家臣はいなかった。相当の規模の藩においては、主君に忠義の藩士がいた。しかし一橋家にはいなかった。西郷や大久保や大村のような、身分は低いが有能な人物を抜擢し得た薩摩や長州とは、人材の豊かさと抜擢の自由度において、大きな差があったのである。

公議輿論

幕末にしばしば登場した言葉は、公議輿論《よろん》である。

これは今日の世論調査のようなものではまったくない。有志を参加させよという主張である。公の問題について、堂々たる意見を持つものを参加させるということである。英語における public opinion にせよ、ドイツ語における öffentliche meinung にせよ、公という性格が強く出ている。匿名の意見の多数を問う、現代の世論調査とは根本的に違った観念である。

ウォルター・リップマンの『世論』（Public Opinion）も、実はこうした匿名の意見、好き、嫌いなどの声が、大きな影響を持ち始めたころに書かれたものである（一九二二年刊行）。

天下の大問題に自分の意見を持ち、機会があればそれを実行に移す覚悟を持ち、批判するときは対案を持って批判し、相手の批判にも耳を傾けて堂々と議論する、そういう覚悟を持つ有志の声を、ここでは問題にしている。そういう声は、身分にかかわらず尊重しなければならない。したがって、橋本左内から大久保利通まで、身分は低くても有志の声は尊重されることとなり、ついには最終決定においてものをいうことになったのである。

(1) ただし、阿部の年譜には老中首座に任じられたという記事はなく、事実上の老中首座であった(大江志乃夫『徳川慶喜評伝』、立風書房、一九九八年、九三頁)。

(2) このうち、中浜万次郎は遭難してアメリカ船に助けられて渡米し、その後、送り返された人物であり、また森山多吉郎は、日本に密入国したカナダ出身のマクドナルドが長崎で牢に入れられていたとき、英語を教わったものである。いずれにせよ、日本の英語学習に対する態度は、著しく受動的であった。

(3) 長崎海軍伝習所の当時の様子については、カッテンディーケ『長崎海軍伝習所の日々』(東洋文庫、一九六四年)参照。

(4) 尾佐竹猛『幕末遣外使節物語――夷狄《いてき》の国へ』(講談社学術文庫、一九八九年、原刊は一九二九年)は、この使節は多くの幕末の遣外使節の中でももっとも失敗したものであり、がんらい、朝廷と世間に対して一時を糊塗するために派遣されたもので、失敗することは最初から明らかだったとしている。なお、一つだけ、この使節団で有名なものは、一行がスフィンクスの下で撮った写真である。

(5) この時、土佐の山内容堂が、慶喜召致を主張して、「恐らくは幼冲《ようちゅう》(幼少)の天子を擁して権柄《けんぺい》(権勢)を窃取せんと欲するの意に非《あ》らざるか」と激しくクーデタを批判したところ、岩倉はただちに反撃して容堂を叱責し、「聖上は不出世の英材を以て大政維新の鴻業《こうげふ》を建《た》て給ふ、今日の挙は悉《ことごと》く宸断《しんだん》に出《い》づ、幼冲の天子を擁し権柄を窃取せんとの言を作《な》す、何ぞ其れ亡礼の甚だしきや」と論破したところ、たちまち容堂は恐懼《きょうく》して、失言の罪を謝して沈黙した、という話が伝えられている。しかし、これは、事件から三八年後に、岩倉を顕彰するために編纂された『岩倉公実記』に初めて登場する「神話」である(坂本一登『岩倉具視――幕末維新期の調停者』、山川出版社、二〇一八年、四一―四三頁)。

第3章　新政府の成立

五箇条の御誓文

江戸において西郷隆盛と勝安房が江戸城無血開城に関して合意した慶応四年三月一四日（一八六八年四月六日）、京都では御所紫宸殿《ししんでん》において、明治天皇が天地神明に誓う形式で、公卿や諸侯に対して明治政府の基本方針を示した。五箇条の御誓文《ごせいもん》（または、たんに「御誓文」という）である（『明治天皇紀』第一巻、六四七―六五五頁）。

その内容は以下のとおりである。

1. 広く会議を興《おこ》し万機《ばんき》公論《こうろん》に決すべし。
2. 上下《しょうか》心を一《いつ》にして盛んに経綸《けいりん》を行うべし。
3. 官武一途庶民に至る迄各其志を遂げ人心をして倦《う》まざらしめん事を要す。
4. 旧来の陋習《ろうしゅう》を破り天地の公道に基づくべし。
5. 智識を世界に求め大《おおい》に皇基《こうき》を振起《しんき》すべし。

この五箇条を、天皇臨席のもと、列席の公卿諸侯の前で、議定《ぎじょう》兼副総裁の三条実美が読み上げたのち、さらに天皇の勅語を読み上げ、これに対して公卿諸侯が応答するという形がとられた。誓う主体は天皇でなければならず、誓うには相手がなければならなかった。それは臨席する諸侯ではありえず、西洋ならキリスト教の神であろうが、そうはいかず、仏でも特定の神でもなく、以下のとおり、「天地神明」ということになった。それを三条の代読としたのである。

勅語は、以下のとおりである。

我国未曾有の変革を為《なさ》んとし、朕《ちん》、躬《み》を以て衆に先んじ天地神明に誓い、大にこの国是を定め、万民保全の道を立《たて》んとす。衆またこの旨趣《ししゅ》に基き協心《きょうしん》努力せよ。

これに対し、公卿諸侯は次の奉答書に署名した。署名者は後日署名した者を含め、七六七名にのぼった。

勅意宏遠《こうえん》、誠に以て感銘に堪《た》えず。今日の急務、永世の基礎、この他に出《いず》べからず。臣等《しんら》謹んで叡旨《えいし》を奉戴《ほうたい》し死を誓い、黽勉従事《びんべんことにしたがい》、冀《ねがわ》くは以て宸襟《しんきん》を安《やす》じ奉らん。

御誓文は慶応四年一月、福井藩出身の参与由利公正《ゆりきみまさ》が「議事之体大意《ぎじのていたいい》」を起草し、土佐の制度事務掛参与の福岡孝弟《たかちか》が修正し、しばらくそのままとなっていたのを、三月、参与木戸孝允《たかよし》が加筆し、同じく参与の東久世通禧《ひがしくぜみちとみ》を通じて議定兼副総裁の岩倉具視に提出した。

新政府幹部の中で、御誓文の作成にとくに大きな役割を果たしたのは木戸であった。形式についても、当初は天皇と諸侯が一緒に誓う形式が考えられたが、それでは天皇と諸侯が対等になってしまうとして、木戸の案により、天皇が諸侯を引き連れて天地神明に誓い、その場にいる全員が署名するという形をとり、これを国是として打ち出した。木戸はのちに回顧して、「天下の侯《こう》伯《はく》と誓い、億兆の向かうところを知らしめ、藩主をして其責《そのせき》に任ぜんと欲し」た、と述べている（松尾正人『木戸孝允』、二五頁）。

しかし木戸はしばらくこのことを忘れていたらしい。明治五年（一八七二年）四月から五月にかけて岩倉使節団の一行としてワシントンに滞在中、御誓文が話題になったとき、「なるほど左様なことがあった。その御誓文を今覚えておるか」と問うたという。そして御誓文の写しを受け取った木戸は、「かの御誓文は昨夜反復熟読したが、実によくできておる。この御主意は決して変易してはならぬ。自分が眼の黒い間は死を賭しても之を支持する」と語ったという（久米邦武『久米博士九十年回顧録』下、二五九頁）。

起草過程における重要な変化は、第一条が由利公正の当初案（由利の案では第五条）では、「万機公論に決し、私に論ずるなかれ」となっていた。これが福岡孝弟によって「列侯会議を興し、万機公論に決すべし」とされた。当初は、諸侯会議が最も重要だと考えられていた。当時、まだ新政府は発足したばかりであり、西日本を押さえた程度だった。したがって、諸侯、各藩の意見を広く聞くという姿勢を示し、以て広い支持を集めようとしたものであった。

他方で、すでに述べたとおり、幕末の激しい権力闘争は、身分の低い、しかし有能な下級士族の発言力の増大につながっていた。小御所会議には天皇、総裁（有栖川宮熾仁《たるひと》親王）、議定（皇族、公家、諸侯〈元前藩主、世子〉）に加え、参与として、岩倉具視などの公家、大久保や西郷などの藩士まで参加していた。発言権は、力のある下級公家、下級士族にまでひろがっていた。

それゆえ、福岡案からさらに進んで、「広く会議を興し万機公論に決すべし」となったのである。ただ、そのときも、主として想定されていたのは諸藩であって、福岡も平民まで含めることは考えておらず、「一般庶民は強《あなが》ち之を軽んずるという訳でもないが政治上の一要素とは見なかったのである」と述べている（福岡「五箇条御誓文と政体書の由来に就いて」、国家学会編刊『明治憲政経済史論』、一九一九年、一四頁）。

なお、途中で消えてしまったが、由利案にあった「私に論ずるなかれ」という言葉も重要である。すでに述べたとおり、自らの都合や利害ではなく、天下国家のための議論が公論だったのである。

「旧来の陋習を破り天地の公道に基づくべし」は木戸によって加えられたもので、原案は「旧来の陋習を破り宇内《うだい》（天下）の通義に従うべし」だった。通義は、福沢の『学問のすゝめ』にも登場する言葉で、普遍的な原理を指している。今日では不思議ではないだろうが、江戸時代が身分制によって組織された社会であり、身分によって権利義務が異なっていたことを考えると、その重要性が理解される（安政の大獄で処罰が身分によって違っていたことを想起せよ）。

「智識を世界に求め大《おおい》に皇基を振起すべし」は、開国進取と天皇中心の国家建設の両立を説いている。尊王攘夷ではなく、尊王開国であった。

なお、すでに述べたとおり、御誓文の示された翌日、三月一五日には、江戸城総攻撃が予定されていた。武力攻撃はギリギリのところで回避されるが、その知らせはまだ京都に届いていない。一大決戦が切迫していると思われていた。そうした状況で、新政府の方針と正統性を打ち出したのが御誓文だったのである。

政体書

この御誓文と密接に関係していたのが政体書である。

慶応三年（一八六八年）一二月九日、王政復古のクーデタの結果、統治機構は一時的になくなっていた。新政府はただちに、幕府、征夷大将軍、摂政、関白に代わるものとして、総裁、議定、参与の三職を置くこととし、総裁に有栖川宮熾仁親王、議定に皇族二名、公卿六名、薩摩、尾張、越前、広島、土佐、宇和島の各現・元藩主の合計一四名、参与に公卿六名、武家は八藩（薩摩、土佐、尾張、広島、越前、高徳、肥後、柳川）より二二名の合計二八名を任命した（数字は同年一二月二八日のもの）。

三職は、古代の太政官《だいじょうかん》制度をモデルとするものであった。王政復古だったので、当然であろう。しかし実質的には、これは親幕派の公家を排除してそれ以外の公家を集め、有力藩主を集め、さらにそれぞれの有力藩の有力な士族（西郷や大久保）を集めたものであった。下級身分の実力者を加えた革命権力であった。

しかし全国統治をこのような少数の集団だけでできるわけはない。最小限度の機能分化が必要である。それゆえ一ヶ月あまりのちの慶応四年一月一七日、三職の下に神祇、内国、外国、海陸軍、会計、刑法、制度の七科を置いて三職七科とした。内国は内務省、外国は外務省、会計は大蔵省、刑法は司法省プラス裁判所に相当する。翌二月には、科を局として、新たに総裁局を置き、三職八局とした。総裁局には副総裁を置き、議定の岩倉具視と三条実美を任命した。

そして慶応四年閏四月二一日（一八六八年六月一一日）、まとまった統治機構が示された。これが政体書である。コンスティテューションの直訳である。

政体書の冒頭には、五箇条の御誓文が掲げられている。すなわち、この政府の基本方針と一体のものとして、政治体制が打ち出されたのである。そして権力分立、官吏公選、府藩県三治制などについて規定している。さらに、官吏は一等から九等に分かれるとされている。

全体は一五条に分かれており、政権は太政官《だじょうかん》に集中しているが、そのもとに議政官、行政官、神祇官、会計官、軍務官、外国官、刑法官の合計七官を置き、三権分立の主義から、議政官に立法を、刑法官に司法を、他の五官に行政を担当させることを明らかにしている。

また諸官とも四年ごとの公選制によるとされた。議政官は上局と下局に分けられ、議事を立て公議輿論をとることを明らかにしている。

こうして、一応三権分立の体制となったが、実際には議政官に行政各官の責任者が入っていたり、刑法官が行政官の下にあったりと、権力分立は不十分だった。

とはいえ、三権分立の思想が取り入れられていることは注目に値する。政体書は、幕府の機構にも、古代の太政官制にも似ていない。むしろアメリカ合衆国を思い起こさせるところがある。

もちろん、アメリカは大統領制であり、連邦制であり、これを天皇制の日本に持ち込むのは無理がある。その大きな違いの割には、権力分立の思想は色濃く取り入れられた。そこにはアメリカ憲法がモデルとなっており、慶応二年から刊行された福沢諭吉の『西洋事情』がヒントとなっている。福沢は、のちに『西洋事情』を外国紹介の知識の切り売りと謙遜しているが、『西洋事情』におけるアメリカの思想の紹介は実に鋭いものである。松沢弘陽《ひろあき》は、『西洋事情』におけるアメリカの独立宣言とアメリカ憲法の翻訳を、日本の翻訳史に残る傑作であると激賞している(1)。

このころ、まだ新政府の支配地域は十分ではなかった。イギリス公使パークスが外国使臣として最初の信任状を奉呈し、新政府を承認したのは、慶応四年閏四月一日のことだった。奥羽列藩同盟が成立するのは五月三日のことであり、彰義隊の上野戦争は五月一五日のことである。

新政府の関心は、依然としてより広く支持を集め、政権基盤を確立することであった。新政府は公議シンボルによって支持基盤を拡大することと、効果的な中央集権化を進めることの間で、揺れ動いていた。しかし、五箇条の御誓文の第一項に、諸侯や公卿のみならず、さらなる参加の拡大の可能性が組み込まれていたのである。

東京遷都

さて、新政府の支配が広がるにつれ、統治は次の段階に進まざるを得なくなった。その一つは、遷都であった。天皇をいただくのはよい、しかしそのために古色蒼然たる公家の力を借りたことの危うさは、かつて「玉」を抱いて政治工作に奔走した新政府のよく知るところだった。

大久保利通は早くも慶応四年一月一七日（一八六八年二月一〇日）、天皇が大坂に行幸し、そのまま止まることを提言した。朝廷の旧習を一新して外交を進め、海軍陸軍を整備することを考えた。また一月二三日には、太政官の会議において、浪華《なにわ》（大坂）遷都の建白書を提出し、「数百年来一塊したる因循《いんじゅん》の腐臭を一新」するために遷都が必要で、遷都先としては大坂が適しているとした（日本史籍協会編『大久保利通文書』第二巻、一九二頁）。

しかしこれには保守派の公家が大反対し、一月二六日、廃案となった。そのため、一時的な大坂行幸を提案し、三月二一日から、副総裁三条実美を含む一六五五人の大規模な行幸を行った。二六日、天皇は天保山で初めて海を見、軍艦を観覧した。「天顔特に麗《うるわ》し」と『明治天皇紀』は記している（第一巻、六六三頁）。四〇日あまり大坂に滞在し、閏四月八日、京都に還幸した。

江戸開城の直後、薩摩藩洋学校（開成所）の教授、前島密《まえじまひそか》が江戸遷都論なる建白書を大久保に届け、遷都しなくても大坂には衰退の心配がないが、江戸を首都にしなければ衰退する、帝都は国の中央にあるべきだ、大坂は小さく、道路も狭い、江戸は諸侯の藩邸などを使うことができて、官庁をあらたに作る必要が少ない、などの理由を挙げていた。大久保はこれに影響され、徳川氏を駿府に移し、江戸を東京にするという案に傾いていく。

大久保が危惧したとおり、公家の多数の本音は攘夷であり、文明開化にも富国強兵にも興味がなく、反対だった。尊王攘夷を旗印とした新政府にとってやっかいな存在だった。とくにひどかったのは女官たちで、天皇が初めて外国使臣と会うことになったとき、女官たちは泣き叫んで反対したという。その中には、明治天皇の生母、中山慶子《よしこ》も含まれていた（キーン『明治天皇』上、三三二頁）。

外国使臣との最初の引見は、慶応四年二月三〇日、フランス公使レオン・ロッシュおよびオランダ代理公使ファン・ポルスブロックとの間で行われた。当初、イギリスのパークス公使も当然一緒に参内するはずだったが、途中で襲撃され、薩摩藩士の中井弘（のち貴族院議員、京都府知事）と後藤象二郎（土佐）が白刃をふるってパークスを守るという事態となり、いったん延期され、三月三日に行われた（『明治天皇紀』第一巻、六三五―六三六頁）。

京都は攘夷の街だった。それを最大限利用した新政府は、ここを離れなければならないことを知っていた。のちに横井小楠《しょうなん》が殺害されたのも（明治二年一月）、大村益次郎が京都で襲われ（明治二年九月）、死去した（一一月）ことも、こうした攘夷の空気の残存と無関係ではなかったであろう。

慶応四年五月二四日、徳川氏が駿府七〇万石に移されると、遷都問題が現実化してきた。七月一七日、「江戸を称して東京と為すの詔書」が発せられ、明示はされなかったものの、東京を首都とする方向は明らかだった。

天皇は、八月二七日、政情の激動のために遅れていた即位の礼を行った。そして九月八日、明治と改元し、遡って一月一日より明治とするとした（本書では改元の行われた日以降を明治元年とする)。これは天皇としては絶対に行わなくてはならない決定であった。

そして九月二〇日、天皇は京都を出発して東京に行幸した。岩倉らを伴い、長州、土佐などの兵を従え、総数三三〇〇名の大人数だった。天皇は一〇月一三日に江戸城に入り、その日のうちに江戸城は東幸《とうこう》(東京行幸)の皇居と定められ、東京城と改称された。江戸城に入った天皇はその広さに驚いたであろう。京都の御所は狭く、そこから世界を展望することは難しかった。そして一〇月一七日、天皇が皇国一体、東西同視のもと内外の政治を自ら裁決することを宣言した(万機親裁の宣言)。

その後、旧勢力の動揺、反発を抑えるため、一二月八日、ひとまず京都還幸に出発し、二二日に到着した。この時、東京に不安を与えないように、翌年再び東京に行幸すること、そして旧本丸跡に宮殿を造営することが発表された。

そして予告どおり、天皇は明治二年三月二八日、ふたたび東京に着いた。同年一〇月二四日、皇后も東京に移って、以後、天皇の活動は完全に東京が中心になった。

その次、明治一〇年(一八七七年)に天皇が京都に戻った時には、還幸でなく、行幸という言葉が使われた。明治二二年(一八八九年)、皇室典範が定められた時、即位の大礼と大嘗祭《だいじょうさい》は京都で行うと規定された。言い換えれば、それ以外はすべて東京中心と決まったのである。京都や保守派の感情に配慮しながら、新政府の行動はきわめて迅速であったと言うべきだろう。

すでに述べたとおり、江戸城無血開城の合意が慶応四年三月一四日、実現が四月一一日、彰義隊の上野戦争が五月一五日、河井継之助《つぐのすけ》の活躍に苦戦しながらも長岡城を押さえたのが七月二九日、会津若松城の攻略は難航したが、八月二三日に城を囲み、九月二二日、これを降伏させた。この間、榎本武揚が艦船を奪って脱走し、北に向かったのが八月一九日だった。

敗者の処分

この間、新政府の最大の課題の一つは、地方統治のあり方だった。

新政府は、戊辰戦争中、旧幕府の領地や戊辰戦争で敵対した諸藩の領地を接収して直轄地として支配し、その統治機関として裁判所を設置した。これは後世のような司法機関ではなく、行政も司法も担当する機構だった。そして慶応四年（一八六八年）閏四月、政体書の公布とともに、箱館、江戸、神奈川、越後、甲斐、京都、大阪などの要地を府、その他を県とし、府には知府事、県には知県事を置いた。他方で藩は従来どおり大名が支配した。いわば本領安堵ということで、領主権に大きな制限は加えられなかった。

「朝敵」ないし佐幕派に対する処分は、次のとおりだった。罪第一等はもちろん徳川で、禄高を七〇万石に減らし、駿府を領地とするというものだった（慶応四年五月二四日発表）。徳川の処分については、①駿府に移り、一〇〇万石、②江戸城に戻し武蔵国《むさしのくに》を与える（この場合、一〇〇万石をかなり上回る）の二案に絞られていたが（『岩倉公実記』中、四一九―四二〇頁）、大久保などの主張により、厳しいものとなった。徳川氏が関ヶ原以後の豊臣氏のような規模を持ち、また江戸に残ったとすれば、新政府は安泰とは言えなかったであろう。それでも、世界の中で見れば、敵に対する処分としては寛大なものだったと言ってよいだろう。

罪第二等は会津と桑名で、会津については、前藩主松平容保とその世子喜徳《のぶのり》を死一等を減じた永禁錮として二八万石を没収（明治元年一二月七日発表）、ただし、容保の子容大《かたはる》に対しては、翌明治二年一一月、陸奥下北に三万石が与えられた。桑名藩については、藩主松平定敬が箱館まで逃れて抵抗したので、その降伏後、養子の定教《さだのり》に、旧領一一万石から五万石を減じた六万石が与えられた（明治二年八月）。

第三等は、伊予松山藩、姫路藩、備中松山藩で、いずれも藩主が老中などに列していた藩であり、おおむね、藩主の更迭、重臣の死、軍資金の上納のみだった。

第四に、奥羽越列藩同盟の諸藩については、明治元年一二月七日、仙台藩が六二万石から二八万石に、米沢藩は一八万石から一四万石に削封、庄内藩は一七万石から一二万石に減じられて会津若松に移封、南部藩は二〇万石から一三万石に減じられて白石に移封などと決定されている。また、同時に藩主やその一族、重臣も処分されている。その結果、徳川家をのぞいて、新政府は合計一〇八万石余りを得た。

全体を通じて、藩主で死刑となったものは一人もいなかった。取り潰しとなった藩も、会津（のち復活）と請西《じょうざい》藩（上総国の一万石の小藩で、藩主が陣頭指揮して新政府軍と戦った）の二つだけであった（勝田政治『廃藩置県――近代国家誕生の舞台裏』、四五頁）。新政府は、こうして天皇の慈悲を強調したのである。なお、木戸孝允は、明治元年一〇月四日付の書簡で、浪人が沢山出ても困ると書いているように、政治的安定への配慮もあった（松尾正人『廃藩置県――近代統一国家への苦悶』、一一一―一一三頁）。

版籍奉還

しかし天皇を中心として近代化を進めるためには、これだけでは不十分だった。まず、中央政府の収入が足りなかった。府県が設置された新政府直轄地は、当初は皇室関係領約一二万石と旧幕府公領約四二〇万石、旧幕臣采地《さいち》約三〇六万石をもとにしていたが、その後、旧佐幕藩からの没収などを加え、廃藩置県の直前で、八六〇万石となっていたという（松尾前掲書、一二三頁）。

また、理念において、すべての土地人民は天皇のものとする考えが登場していた（王土王民）。徳川慶喜の大政奉還の背後にも、その思想はあった。薩摩の寺島宗則《むねのり》は、慶応三年一一月、領地の何分の一かを朝廷に返上すべきだと述べ、藩主島津忠義も、慶応四年二月、一〇万石を献上するという願書を朝廷に提出している。

より熱心だったのは長州系の人物だった。木戸孝允は早くも慶応四年二月、版籍奉還を主張している。ただ、それは公にはせず、極秘のうちに藩主毛利敬親に言上し、その同意を得ている（閏四月）。また九月一八日には参与大久保利通にも持ちかけている（勝田孫弥『大久保利通伝』中、六二一―六二三頁）。一方大久保も、原則的には木戸の案に異論はなかった。すでに述べた島津忠義から朝廷に対して一〇万石を献上するという案も、がんらい大久保の案であった。

ところで、明治元年一一月、姫路藩から版籍奉還の願いが出された。朝敵とされた同藩の中には、徳川に従うか、新政府に忠誠を誓うかで対立があり、この際、版籍奉還によって、朝敵の汚名を返上しようとしていた。

この姫路藩建議をきっかけに、伊藤博文は同月、全国で版籍奉還を行うことを主張し、明治二年一月、京都に上って六箇条の「国是綱目」を上程した。木戸と同様の郡県制論を主張し、戊辰戦争の兵士をそのまま再編成して新政府の常備軍とすることを主張している。伊藤のこの議論は「兵庫論」として公表されて流通し、影響力を持った。

伊藤は当時わずか二七歳で兵庫県知事となっていた。兵庫は重要な港湾で外国との接触もあり、要職であった。そこで近代化の主張はいよいよ強まった。伊藤はこの兵庫県時代にさらに飛躍を遂げることになる。この時、伊藤と同様の主張をしたのが、伊藤よりさらに三歳若い、摂津県知事の陸奥宗光《むつむねみつ》だった（佐々木雄一『陸奥宗光――「日本外交の祖」の生涯』、四九―五二頁）。若さゆえの大胆さが、彼らにはあった。

実際のところ、多くの藩主が財政負担に苦しみ、権威の衰退に悩み、統治権を返還することを考えはじめていた。一説によると、各藩は、平均で藩収入の三倍の負債をかかえていたという。それゆえ、統治の責任を放棄したい、あるいはこだわらない藩が少なからず存在した。

明治二年一月一四日、大久保利通と長州の広沢真臣、土佐の板垣退助が京都で会談し、版籍奉還で合意した。そして同月二〇日、肥前藩を加え、薩長土肥四藩藩主、すなわち、島津忠義、毛利敬親、山内豊範《とよのり》、鍋島直大《なおひろ》が連名で、版籍奉還の上表を提出し、「臣等居《しんらお》る所は即ち天子の土、臣等牧《ぼく》する所は即ち天子の民なり。安《いずく》んぞ私に有すべけんや」と述べた。土地も民も天皇のものという原理を強調したのである。そして、「天下の事大小となく皆一《いっ》に帰せしむべし。然后《しかるのち》に名実相得《あいえて》、始《はじめ》て海外各国と並立《ならびたつ》べし」、つまり天皇のもとに国家を統一しなければ、海外と対抗できないとした。要するに、王土王民、天皇のもとに統一されることが理念として要請されたのである。

一月二三日、四藩主の上表が公表されると、他の藩主も四大藩の動きに圧倒され、あとに続いた。当時、封建か郡県か、どちらが望ましいかという問いに、大名の答えは半々だったらしい。しかし、郡県の賛成者は、中小大名に多かったと言われている。

これに対し、天皇はその申し出を受け入れると答え、明治二年六月一七日、版籍奉還は成立した。知藩事二七四名を任命した。

そして知事には旧藩主を非世襲の知事に任命した。大久保は最初、藩主を世襲の知事とすることを考えていたが、木戸の反対で取りやめている。このころの大久保は、漸進論であって、過ぎたるは及ばざるに如《し》かずと言うようになっていた。しかし、それは消極論、漸進論というよりは、薩摩を統合することの難しさから来ていたように思われる。

これとともに、新政府は布告を発し、公卿諸侯の名称を廃止し、一括して華族と呼ぶことにした。そしてその他を士族および平民と呼ぶこととした。華族は公家一六四家、諸侯二六三家、合計四二七家であった。

新しい制度としては、神祇官の下に太政官を置き、太政官には左大臣、右大臣、大納言、参議を設けた(七月八日)。そして太政官の下には、民部、大蔵、兵部、刑部、宮内、外務の六省を置き、その長を卿とした。このとき、参議に任命されたのは大久保、副島種臣《そえじまたねおみ》、前原一誠《まえばらいっせい》(長州)、広沢真臣（同）らであって、有力藩の藩士たちが進出したのである。

版籍奉還の主唱者は木戸であった。木戸は中央集権化が必要だと考え、早くから廃藩置県を考えていたが、一挙に実現することは難しいとして、その第一着手として版籍奉還を進めたのである（『木戸孝允日記』第二巻、明治四年七月一四日）。

版籍奉還において最も難しかったのは、幕末の変革の中心になった藩である。彼らは勝者であり、みずから統治の権利を手放す可能性は高くなかった。中でも問題は薩摩であった（ただし、版籍奉還は、かつて島津斉彬が主張したところであった〈芳即正《かんばしのりまさ》『島津久光と明治維新――久光はなぜ、討幕を決意したか』、二一一頁〉）。下手をすると、薩摩が中央と対立したり、薩摩と長州が争ったりすることもありうるように思われた。

しかも、維新の論功行賞が行われると、中央政府の官位と旧来の主従関係の両立が難しくなった。明治二年六月、島津久光は従二位権大納言、忠義は従三位参議に任ぜられた。九月、王政復古の論功行賞が行われたが、木戸、大久保は従三位、西郷は正三位とされた。西郷はかつての主君を超えることはできないとして辞退し、しばらくのちにようやく正三位を受けた。

藩制の制定

版籍奉還後、「藩制」が定められた。明治二年（一八六九年）一〇月ごろから具体化され、三年五月、大久保と副島種臣によって検討が加えられて集議院に提出され、九月、成立した。

その主なものは、①大藩を一五万石以上、中藩を五万石以上とし、それ以下を小藩とする。②

石高は実数をもって称する。一石＝八両の相場で雑穀も原石高に換算する。③藩庁職制を定め、知事、大参事（二人以内）、権《ごん》大参事（小藩は置かない）、少参事、権少参事を置く。④藩高（現石高）の一〇分の一を知藩事家禄とし、残額の五分の一を陸海軍費に引き当て、その残りを公廨《こうかい》（藩庁）諸費、士族卒家禄とする、などであった。

これに対し、有力藩は、陸海軍費について、知藩事家禄を差し引いた残りの五分の一ではなく、一〇分の一にせよ、二〇分の一にせよと主張した。結局、妥協の末、一〇分の一となった。

明治二年の版籍奉還は、四年の廃藩置県への重要なステップであり、廃藩置県に比べて重視されていないが、幕藩体制の長い歴史から見れば、やはり画期的なことであった。それは、王政復古からわずか一年六ヶ月、彰義隊の上野戦争から一年一ヶ月で行われたのである。

廃藩置県へ

そのころ、中央政府はまだ小さな存在だった。独自の軍事力もなく、財政も貧弱だった。まず、維新を断行した主要な勢力の結集が必要だった。

政府はさらなる改革のため、長州から毛利敬親（前藩主）、薩摩から島津久光および西郷隆盛を上京させようと、それぞれ木戸孝允、大久保利通を派遣することとした。明治二年一二月のことである。

木戸も長州で諸隊の反乱に苦しめられたが、なんとか鎮圧した。しかし敬親の引き出しは無理だった。

薩摩の事情は一層困難だった。西郷は藩政改革などで上京は不可能と言い、久光は病気と称して猶予を願った。明治三年二月四日、大久保は久光との五回目の会談で、病気が治ったら上京するというところまでこぎつけた。しかし、久光は政府の方針に根本的に反対であり、二月二四日の会談では激しく大久保を批判した。「世上流布の御作一条相伺い候処、段々御激論に相成り、十分御真意拝承いたし候、畢竟《ひっきょう》門閥一条等かつ知藩事のこと、とても是にて治まり相付き候お見留これ無く、御政度の処に第一御不平云々実に愕然に堪《た》えず」(『大久保利通日記』下)。久光は新政府の行き過ぎを強く批判し、とくに知藩事が世襲とならなかったことを厳しく批判したのである(芳前掲書、二一八―二一九頁)。

その頃、薩摩は、明治二年の兵制改革によって、明治三年一月の時点で、常備一三一小隊と三分隊、人員一万二〇六七人、他に遊軍・学館兵士・兵器隊など一〇八二人、楽隊一〇八人を整備していた(『大西郷全集』)。

しかし、「藩制」によれば、薩摩が保持すべき兵力は一八八四人であって、実際に薩摩藩が保有していた兵力の一五%程度しか持てないことになる。薩摩藩は、八割以上の兵力を削減し、その分、多くの金額を中央に差し出して中央の軍隊の建設を支えなければならないことになっていた。これは薩摩の方針とまったく逆であった。薩摩ほどではなくても、有力藩においては、いずれも不平不満を持つような案であった。

かつて大久保は長年久光の信頼を得て、薩摩藩を動かしてきた。西郷と久光の両者の信頼を得ていたことが、大久保の政治力の源泉だった。ところが、ここに大久保は久光と疎遠となるどころか、真っ向から対決することも止むを得ないと考えるようになったのである。

大久保は、しかし久光がこれ以上積極的に反対の行動を起こすことはないと見て、二月二六日、鹿児島を発して東京に戻った。多忙を極める大久保ほどの人物が、一ヶ月以上取り組んで、成果が出なかったのである。いかに困難な状況だったたか、理解できる。

他方で、自ら知藩事を辞したいという藩もあらわれた。戊辰戦争の敗者で制裁を受けたものは、実際、生活ができなかった。のちに米百俵で有名になる長岡藩などはその例で、深刻な飢餓に襲われていた。

西郷隆盛の上京

明治三年（一八七〇年）七月二七日、鹿児島藩士族、横山正太郎が、政府批判の文章を残して割腹自殺を遂げるという事件が起こった。批判の対象は、官員の贅沢などであった。

大久保らは今一度西郷を引き出そうと、ヨーロッパから帰った西郷の弟従道の協力を求め、同年一一月二九日、東京を発して一二月一八日、鹿児島に着いた。勅使岩倉具視、随員が大久保、さらに西郷と親しい山県有朋、川村純義《すみよし》らであった。考えられる最高の布陣であった。

久光は病気のため春まで上京の猶予を求めたが、のちに上京することに同意する。そして西郷は、上京して中央政府に入ること、そして朝廷に兵権を設けること（精兵一万人）で合意した。

大久保は西郷をともなって明治四年一月三日、鹿児島を発って山口に向かい、六日、八日に木戸・西郷・大久保会談が行われ、急進的な集権化について合意が成立した。さらに土佐を誘うこととして、三人は土佐に行き、西郷、大久保、木戸、板垣が揃って上京し、二月二日、東京に着いた。ほとんど奇跡的な進展だった。ここに、戊辰戦争の英雄、西郷は初めて新政府に入ったのであった。

間もなく薩長土の三藩に御親兵召集の命が出て、西郷は二月一五日、帰国する。約束の春になっても久光は上京できないというので、忠義がかわりに上京することとなり、西郷とともに常備兵（歩兵）四大隊、砲兵四隊の計五〇〇〇を率いて上京し、四月二一日、到着した。

山県有朋は西郷に対し、仮に薩摩が反乱を起こしたとしたら、薩摩に対しても戦う覚悟を持ってほしいといい、賛意を得たと述べている(2)。

廃藩置県の断行

廃藩置県を構想したものは、他にもいろいろいた。ただ、大事件なので、容易に他言できなかった。

明治四年七月上旬、長州出身で同藩の軍制改革の中心になっていた野村靖（のち内務大臣）と、同じく長州出身の鳥尾小弥太《こやた》（兵部省出仕）が、どうしても郡県制が必要だという点で意見の一致を見た。二人はただちに同郷で兵部少輔《しょうゆう》の山県有朋を訪ねたところ、山県も賛成だった。徴兵制を視野に入れていた彼らからすれば、当然のことであった。

そこでやはり長州の井上馨の意見を聞いたところ、意外にも賛成であった。井上の意見は財政論から来ていた。全国三〇〇〇万石の仕事をしなければならないのに、八〇〇万石しかない。これでは運営は不可能だと感じていた。

七月六日、井上が木戸を訪ねると、木戸はもちろん賛成だった。こうして六日に長州藩は廃藩でまとまった。

同じく六日、山県が西郷に決意を求めに行くと、これまた意外なことに賛成だった。西郷はその日のうちに大久保を訪ねて廃藩論を伝えている。

七月九日は暴風雨であったが、西郷隆盛、大久保、西郷従道、大山巌《いわお》、木戸、井上、山県の七人が集まって、廃藩の断行を決定した。一〇日、木戸、西郷、大久保の会談で、一四日の決行が決定された。そして一二日にまた同じ三人が集まり、大綱を決定した。この日の日記に大久保は、「今日のままにして瓦解せんよりは寧《むし》ろ大英断に出て瓦解いたしたらんに如《し》かず」と書いている（『大久保利通日記』下）。この時点では、三条実美だけに告げて天皇に上奏し、裁可を得て決行という予定だったが、これまですべて一緒に行動してきた岩倉具視を外すのは忍びないとして、岩倉にも伝え、一四日の決行となった。

一四日の午前一〇時、長州の毛利元徳《もとのり》、薩摩の島津忠義、肥前の鍋島直大、土佐の山内豊範代理の大参事板垣退助の四人が集められ、「内以て億兆を保安し、外以て万国と対峙」するために「藩を廃し県と為す」と告げられた。ついで、名古屋藩知事、熊本藩知事、鳥取藩知事、徳島藩知事の四名が呼び出され、同じことを告げられた。この四人は、これまでに廃藩や知藩事辞職を建議していた知藩事だった。その次に、在京の知藩事五六人が集められ、廃藩置県が告げられた。かれらのうち、木戸が主君の毛利元徳に直前に知らせたほかは、誰も知らなかった。

七月はじめまで、廃藩置県が近いうちに実現すると思っていたものは、誰もいなかった。ところが急速に話は進み、九日に、廃藩置県の決行が決まった。一四日に断行ということが決まったのは、一〇日だった。そして実際に一四日に決行された。疾風怒濤とはこのことである。薩長土肥と言い習わされてきた土佐も肥前も、相談されていなかった。

しかし西郷が賛成するとは、予想外だった。最後は、反乱があれば自分が兵を率いて叩き潰すという西郷の言葉で、廃藩置県は実行された。明治政府の成立までは、薩長などの主要藩の支持によって、多くの決定はなされてきた。版籍奉還にしても、その黙認があったから可能であった。ところが、廃藩置県は西郷、大久保、木戸ら、天皇に直属する官僚が、藩の意見に反して実行した変革であった。

彼らはみずからの背景にあった藩を解体する作業を断行した。長州や薩摩は中世以来の伝統を持つ藩であった。これを解体してしまったのである。

かくして、今回は藩の後ろ盾を持たない天皇制官僚たる木戸、大久保、西郷らのイニシアティブによって、廃藩置県は実行されたのである。

最大の軍事力を持つ薩摩の協力がなければ廃藩置県は不可能だった。そのためには、西郷を引き出さなくてはならなかった。西郷にとっても、多数の兵士を抱え続けることは容易ではなかった。中央に兵士を差し出し、みずから政府に仕えることは、兵士たちを処遇する有力な方法の一つだった。こうした状況を見通して、大久保は西郷引き出しにすべてを賭けたのである。

版籍奉還にしても廃藩置県にしても、木戸がリードしたように見える。たしかに木戸の構想は一歩先を行っている。その最大の障害は薩摩の勢力である。薩摩が簡単に説得に応じないのを知りながら、木戸が積極的に正論を展開するとき、どこかで大久保の苦悩を楽しんでいるような、何か底意地の悪いものを感じる。しかしそれを抑えて、辛抱強く実現に持ち込んだのが大久保だった。大決断をするために、大久保は木戸を唯一人の参議にしようとする。木戸が強く固辞すると、木戸と西郷を薩長の代表として参議にする。そして薩長土肥の結合が必要だと、板垣、大隈重信を参議に入れて、みずからは大蔵卿に甘んじた。

おそらく、西郷を引き出したとき、廃藩置県の準備はできていたのだろう。西郷は、必要な場合には軍事力を行使してでも廃藩置県を断行するつもりだったのだろう。それゆえに、彼は鹿児島を出て東京にやってきたのだと考える。

明治四年に断行された廃藩置県こそは、維新革命の性格を決定づけ、またその後の方向を決めるもっとも重要な決定であった。

また、新政府の本質は攘夷であると信じ、その行方を深い懸念を持って見守っていた福沢諭吉は、廃藩置県を知って、この盛事を見たる上は死すとも悔いずと、狂喜乱舞したという。福沢の『学問のすゝめ』初編は明治五年二月に出ているが、これは、廃藩置県に対する歓迎、興奮から出たもので、この方向を推進したいとして執筆したものであった。

大久保の次男、牧野伸顕《のぶあき》は、第二次大戦の敗戦後の混乱の中で、次のように述べている。「廃藩置県、版籍奉還の熟語は普通の用語であるが、その重要性については一般に認識されているかどうか疑問である。（執筆当時、敗戦にともなう不祥事が続出していたことに触れつつ）彼（廃藩置県）の挙は背私《はいし》向公《こうこう》、超利害的なる点において最も尊ぶべき維新新政の英断にして、海外は勿論《もちろん》日本の歴史上にもその類例を見ざるほどの偉業なりしを今更思い、驚嘆する次第である」（牧野伸顕『回顧録』上、一九―二〇頁）

牧野は政党政治の勃興期に親政友会の立場をとり、文部大臣（第一次西園寺内閣）、農商務大臣（第二次西園寺内閣）、外務大臣（第一次山本権兵衛《ごんのひょうえ》内閣）を務め、第一次世界大戦後の講和会議に全権として出席し、その後、宮内大臣として宮中の自由化・国際化に貢献し、さらに内大臣として軍部の台頭に抵抗し、二・二六事件においては襲撃の対象にもなった。そうした努力にもかかわらず大日本帝国の崩壊を目撃せざるを得なかった牧野は、過去のもっとも偉大な決定の一つとして、廃藩置県を思い出していたのである。

鹿児島では島津久光が、廃藩置県の報を七月二九日に聞き、激怒して一晩中花火をあげ、憂さを晴らしたと言われている。もちろん、花火で晴れるような憂さではなかった。

ともあれ、西郷の引き出しと、久光の説得は、難題だった。大久保がこの時期消極的に見えるのも、そのためである。この問題のために、実に渾身の努力をしていたのである。

その後も、久光は自ら県令になることを希望するなど、政府にとって手に負えない存在だった。これに対し、さらに久光をなだめるための努力が行われた。その一つは明治天皇の行幸である。

明治五年（一八七二年）五月二三日、東京を発し、伊勢、京阪、下関、長崎、熊本を経て六月二二日、鹿児島に着き、七月二日まで滞在した。この間、久光は衣冠着用で参上したが、天皇は洋装だった。久光の信念はゆらぐことなく、新政府の方針も変わることなく、すれ違ったのである。

【コラム】明治天皇の巡幸

明治天皇は合計九七回の地方巡幸を行っているが、うち三七件は即日還幸である。残り六〇件のうち、とくに長大なのが、六大巡幸と言われるものである。それは、①明治五年五月二三日〜七月一二日（四九日）、近畿、中国、九州、四国地方、②明治九年六月二日〜七月二一日（五〇日）、東北地方および函館、③明治一一年八月三〇日〜一一月九日、北陸、東海道地方（七二日）、④明治一三年六月一六日〜七月二三日中央道、⑤明治一四年七月三〇日〜一〇月一一日（七四日）、東北・北海道地方、⑥明治一八年七月二六日〜八月一二日（一八日）、山陽道、であった。

これらは明治五年から一八年にわたり、しかも六回目が一八日、四回目が三八日とやや短いことを除けば、他は四九日、五〇日、七二日、七四日と、長期にわたるものであった。まだ権力が十分に確立していなかった明治政府が天皇シンボルを広めることによってその基礎を固めようとしたものであった。

その最初が、まさに薩摩の協力を確保するために行われた巡幸だった。また第二回巡幸は、かつて戊辰戦争で官軍と対峙した地域を巡ったものであり、重要な意義を持つものであった。それゆえ、この最初の二度の巡幸の行程を、『明治天皇紀』によって概観しておきたい。

まず第一回巡幸である。明治天皇は、明治五年（一八七二年）五月二三日午前四時、出発した。従うものは、参議の西郷隆盛、陸軍少輔・西郷従道ら七十余名および近衛兵一小隊だった。天皇は燕尾型ホック掛けの正装で、この正装を着したのは初めてだった。浜離宮から品川沖の旗艦龍驤《りゅうじょう》に向かった。軍艦では、音楽が演奏され、錦旗が掲げられ、祝砲が発せられた。他の艦もこれに倣い、停泊中の英国軍艦も祝砲を発した。日進、鳳翔、雲揚《うんよう》、孟春、春日、筑波の六艦および運輸船が従って進んだ。このうち、雲揚は、のちの江華島事件で登場する船である。

最初の訪問地は鳥羽、二五日のことだった。民衆は、かつての大名行列に比べて簡素なのに驚いたという。伊勢神宮に参拝を終えた天皇は、二八日、大阪に入り、大阪鎮台司令長官や知事に会い、三〇日、京都に入った。京都は三年ぶりで、京都在住の皇族や公家と会い、「宇内開化の形勢に著眼して旧来の陋習を去り、実地の学を講じ有用の業を修めて範を衆に示すべき」と説いた。また、知事らに会い、東京府中学校とともに日本最初の中学校として開校したばかりの京都府中学校を視察し、また、華族子女に外国語を教える目的で設立され、のち平民も入学できるようになった新英学校及女紅場《にょこうば》（京都府立第一高等女学校の前身）を訪れた。女子教育にもかなりの関心を示しているのは興味深い。

その後、六月四日、再び大阪に行き、造幣局を視察し、大阪鎮台で閲兵し、七日に大阪を発した。八日、鞆《とも》に停泊し、一〇日、下関に到着している。長州は維新および新政府にとって重要なところであったが、特別重視した様子は見られない。一四日、長崎に到着し、造船所を視察している。長崎滞在中、ある県民が建白書を奉り、洋装を止めるように願い出たので、西郷隆盛はこの者を引見し、「汝未だ世界の大勢を知らざるか」と大喝したところ、恐懼《きょうく》して退いたという。長崎という土地でそういう意見が出たことは興味深い。また西郷が洋装にはコミットしていたことはうなずける。

一七日、長崎を発ち、肥後の小島に停泊し、一八日、熊本に入った。二〇日、熊本を発したとき、潮の干満の計算を間違えて出発が遅れた。これは海軍少輔・川村純義の責任だとして、怒った西郷隆盛が手近にあった西瓜を投げつけたところ、西瓜は粉々になったという。天皇はこの情景をよく記憶され、以後何度もそのことを話されたという。

二二日、一行は鹿児島湾に入った。最も重視した土地であったので、七月二日まで実に一〇日間滞在している。その間、いろいろな催しが行われた。二四日には陸海軍合同の対抗演習が行われた。それは、薩英戦争の場所で、これを模したものだった。明治天皇はまた、朝鮮からやってきた陶器の名匠すなわち、第一二代沈壽官《ちんじゅかん》とも会っている。

二八日、ようやく島津久光がご機嫌を伺いにやってきて、西洋化に反対し、大久保や西郷を罷免するよう求めた意見書を出している。久光の覚悟は固かった。

七月二日、一行は鹿児島を発ち、七月四日、丸亀、六日、神戸、一二日、横浜に着き、その日のうちに皇居に戻っている。

第二回巡幸は、戊辰戦争の敗者、かつて朝敵だった土地を巡ったものだった。今度は、往路はすべて陸路だった。明治九年（一八七六年）六月二日発、草加（二日）、幸手《さって》（三日）、小山（四日）を経て、五日、宇都宮に到着した。それから日光に行き、じっくり東照宮などを見ている。徳川の文化には強い関心があったのであろう。九日、宇都宮に戻り、一一日宇都宮発、佐久山（一一日）、芦野（一二日）を経て、一三日、白河に入っている。ここから東北である。一四日、須賀川に着き、二泊している。今なら郡山が大都市であるが、当時はまだ小さな町だったので、立ち寄っていない。一六日、桑野村を経て、一七日、二本松に入って二泊している。ここも二本松藩があった。一九日、福島に着き、二一日、半田銀山を見て、また福島に戻り、二二日、白石着。二三日、岩沼を経て、二四日、仙台に到着した。仙台は何と言っても東北の中心なので、数日滞在し、この間、二七日、松島、二八日、塩竈《しおがま》に行っている。六月三〇日、仙台を発ったあとは一泊ないし二泊の強行日程が続く。三〇日、吉岡、七月一日、古川、二日、築館、三日、磐井、四日、水沢、五日、花巻、六日、盛岡、八日、沼宮内、九日、一戸、一〇日、三戸、一一日、五戸、一二日、七戸、一三日、野辺地、一四日、ようやく青森に到着している。そして海を渡り、一六日、函館に着き、五稜郭を見ている。またアイヌの人々と会っている。帰りは海路で、一八日、函館発、二〇日、横浜着、二一日、還幸となっている。

この巡幸は、随伴は岩倉、木戸、それに大久保が先発していた。のちに述べる大久保利通の安積疏水《あさかそすい》へのコミットは、この時がきっかけだった。

この巡幸では、最激戦地である会津などは注意深く避けられた。しかし、国民の歓迎は熱烈で、天皇は地方にまで権威が及びつつあることを確認して帰京することができた。

（1）北岡伸一『独立自尊——福沢諭吉と明治維新』（ちくま学芸文庫、二〇一八年）、松沢弘陽『近代日本の形成と西洋経験』（岩波書店、一九九三年）、二〇五頁。

（2）もっとも、山県有朋の回想は、常に自己の役割を拡大し正当化する叙述が多く、必ずしも信頼できるものではない。

第4章　権力・国力基盤の整備

廃藩置県によって、新政府は旧権力の解体をほぼ実現した。しかし、それだけでは不十分であって、自らの権力基盤を固める必要があった。権力の基盤とは、なんといっても軍事力であり、財政力であった。しかし、軍事力にせよ財政力にせよ、たんに新政府の権力基盤であるだけではなく、新しい国家の基盤としても必要であった。国内秩序が動揺していたり、財政が混乱していたりしては、新しい国家の発展は望み得なかった。その意味で、権力基盤の整備は、国家基盤の整備であり、ひいては国力基盤の整備でもあった。こうした観点から、まず軍事力の整備について、新政府成立に遡って検討する。

大村益次郎と徴兵制度

新政府が成立したとき、大和吉野の十津川《とつがわ》郷士などからなるごく少数を除けば、新政府直属の軍隊はなかった。あったのは、薩摩、長州、土佐などの藩の軍隊であった。ここから、いかなる軍隊を作り出すべきか、大きな問題であった。

一般国民を基礎とする徴兵制度を提唱したのは長州の大村益次郎（一八二五〜一八六九）であっ

た。大村は司馬遼太郎の小説『花神《かしん》』で有名になったが、戦前には陸軍建設の祖として知られていた。靖国神社に巨大な像があるのは、そのためである。

大村は、もと村田蔵六といい、長州の村医者の家の出身で、防府において蘭学を学び、さらに緒方洪庵の適塾で蘭学を学び、頭角を現して塾頭となった。いったん郷里に帰って医者となったが、相次ぐ外国船の来航などによって蘭学者の知識が求められるようになると、一八五三年、宇和島藩に招かれて出仕し、砲台を築き、長崎に行って軍艦建造を研究し、蒸気船の雛形を作ることに成功している。書物だけで現物を見ることもなく、雛形とはいえ、蒸気船を作り出したのは、驚くべき想像力であった。一八五六年、江戸に出て幕府に仕え、講武所教授などを務めるかたわら、長州藩のためにも洋学を教えた。一八六三年、藩の求めに応じて長州に戻り、洋学教授と軍事改革に取り組み、一八六六年、第二次長州征討において、幕府軍を破るのに大きな功績をあげた。この時は、まったく身分を無視した新しい軍を作り、戦った。戊辰戦争においては、慶応四年(一八六八年)五月の上野戦争(彰義隊戦争)においてアームストロング砲による砲撃で鮮やかな勝利を収め、その名を知られた。明治二年(一八六九年)六月、戊辰戦争の功績により、永世禄一五〇〇石を与えられた。これは木戸孝允、大久保利通に匹敵するものだった。当時の評価がわかるというものである。

このような経歴を、やや長く書いたのは、大村の身分が武士ではなく、武士に愛着はなく、また蘭学を背景とし、天才的な構想力を持っていたこと、そしてそれが評価されたことを強調したかったからである。

箱館の五稜郭が陥落して、全国が平定されたのは、明治二年五月一八日のことであったが、その少し前、五月一二日から一六日にかけて、政府の兵制会議が開かれ、旧政府軍の処理と中央軍隊の建設方法について議論された。このとき、大村は藩兵に依拠しない政府直属軍を編成しようとして、藩兵を主体とした中央軍隊を編成しようとする大久保と激しく対立した。大村の案は、諸藩の廃止、廃刀令の制定、鎮台の設置、兵学校の設置による職業軍人の育成など、のちの帝国陸軍の建設につながるものだった。そして第一段階としては、三年のうちに藩兵を基礎とする軍の基盤を作り、第二段階として、大阪に軍の基地、兵学校、武器工場を置いたのち、徴兵制を敷き、鎮台の建設に進む案であった。このうち、大阪を重視したのは、薩摩をはじめとする西南雄藩の軍事力が最大の抵抗勢力であることを見通していたからであった。

一方、大久保は薩摩、長州、土佐の藩兵を中心とした中央軍の建設を主張し、激しく対立したのである。

議論の結果、大久保が勝利して、大村は辞表を出したが、他に軍事に関して大村以上の人物はいなかったため、慰留して、新しく設置される兵部省の大輔《たいふ》（次官）に任命された。

大村は早速、大阪城近くに兵部省の兵学所を設け、フランス人を招いて新しい軍の建設を開始し、京都宇治に火薬製造所を作り、大阪に造兵司（大阪砲兵工廠）を作るなど、彼の案の一部を実行に移し始めた。

大村は、しかし、九月四日、襲われて重傷を負い、一一月、死亡した。その背景は、武士の廃止につながる大村の急進的な案に対する反対論者だったことは間違いないだろう。

大村の構想はたしかに歴史の流れを見通した、スケールの大きなものだった。大村は身分制が効率的な軍事の障害であること、身分を超えた近代的な組織の方が有効であることを、経験から知っていた。軍隊の規模から言えば、薩摩などの藩兵から志願者を募れば十分だった。しかしそれでは脱身分化が十分進まない恐れがあった。さらに、志願者からなる軍は、薩摩、長州、土佐が圧倒的な比重を持つ軍隊となったであろう。それを、一般国民はどう見るだろうか。自分たちの軍と見ることはできないだろう。薩長土の全国支配と見えたに違いない。天皇を中心にする国家を建設する軍隊で、そのようなことが起こってはならなかった。

しかし、まだ戦争はようやく終わったところであった。その段階で、武士の廃止につながるような徴兵制を打ち出せば、藩兵から大きな反対が起こることは明らかだった。そのような冒険には、大久保は到底賛成できなかったのであろう。すでに述べたとおり、廃藩置県の前に三藩献兵によって中央直轄の軍隊を作り、これを西郷が率いていて、初めて廃藩置県は可能となったのである。その事実を想起すれば、明治二年に国民皆兵を打ち出すのは、早過ぎたように思う。当面は薩摩長州などの藩兵を使って治安を維持する必要があった。このように大久保は考えたに違いない。

山県有朋と徴兵制度

大村の死ののち、徴兵制を推進したのは山県有朋だった。山県も奇兵隊において武士以外の兵士を指揮した経験を持っていた。戊辰戦争では北越の作戦に参謀として従事した後、山県は明治元年（一八六八年）秋に東京に戻った。そして年来の希望であった欧州視察を実現しようと工作し、明治二年、その命令を受けた。そして六月二八日、ちょうど大村と大久保が論争していたころ、山県は西郷従道とともに、日本を発って西洋の軍事制度視察に行った。視察は七ヶ国におよび、深い研究をする時間はなかったかもしれない。しかし、フランス、ドイツを中心に、徴兵制が主流であることは明らかだった。帰国したのは明治三年八月だった。同月末、山県は兵部少輔（次官クラス）に任命された。

以後、山県は廃藩置県の実現に向け、西郷隆盛を説得し、三藩献兵の実現のために奔走した。三藩献兵は明治四年二月、廃藩置県は七月、それぞれ実現された。

この献兵による御親兵は、兵部卿有栖川宮熾仁親王を長とし、公称一万人、実質は八〇〇〇人程度だったと言われている。内訳は、薩摩藩から歩兵四大隊、砲兵四隊、土佐藩から歩兵二大隊、騎兵二小隊、砲兵二隊、長州藩からは歩兵三大隊が加わった。ただ、長州藩は必ずしも積極的ではなかった。

その後は、国民皆兵に向けた動きが始まった。

明治四年一二月二四日、山県（兵部大輔、同年七月昇格）は、川村純義（兵部少輔）、および西郷従道（同）と連名の意見書を出し、県の大小にしたがって、身分にかかわらず男子を選んで洋式訓練を行い、常備兵、予備兵とすることを建議した。普仏戦争において、予備兵の多いプロシャが勝利したことを参考にしていた。

その意見書には次のように述べられている。

故に常備の設けは方今《ほうこん》第一の急務、一日も猶予す可《べ》からず。宜《よろ》しく府県地方大小広狭に応じ、勇敢健壮の丁男《ていだん》を撰《えら》び之《こ》れに教ゆるに洋式陣法を以てし、練磨習熟せしめ以て臨機の用に供す可し。所謂《いわゆる》予備兵は常に隊団中に在らず。平時は放って家に帰らしめ、事ある日 調発《ちょうはつ》（徴発）差遣《さしつかわ》する者なり。欧州各国此兵有らざるなし。而《しか》して普漏西（プロシャ）最も衆《おお》く全国の男子皆兵事を知らざるなし。其近歳（近年）仏朗察（フランス）と構兵し大勝を得る者、蓋《けだし》予備の力多きに居る。今皇国其制を定め、全国の男子生れて二十歳に至り身体強壮家に故障無く兵役に充《あ》てしむ可き者は士庶を論ぜず之を隊伍に編束し期年を経《へ》、更番《こうばん》して家に帰るを許すべし。然《さ》るときは全国一夫《いっぷ》として兵ならざる無く、人民の住む所として守備あらざる無し。斯《か》くの如くにして而して守備の設け始めて具《そな》わると云《い》うべし。（大山梓編『山縣有朋意見書』、四四頁）

荒削りであるが、ここに山県の理想とする国民皆兵の姿が描かれている。国民を可能な限り兵として軍隊を経験せしめ、一定期間後に兵役を解除して一般人として、有事には動員できるようにする。このようにして、すべての国民を基礎とする軍隊を作りあげること、それが山県の理想であった。そうした全国民を基礎とする強大な軍の上に自身が立つ姿を、山県は想像していたのだろう。

しかし、このような軍の自己拡大の論理を知っていたためか、木戸孝允をはじめとする多くの政府首脳は軍に対する一定の警戒を持っていた。それゆえ、このころ、兵部省を指揮する兵部卿は置かれず、山県は軍のトップではあっても、他の集団に比して相対的に低い地位しか与えられなかった。

すでに明治三年一一月（一八七一年一月）には、徴兵規則が出されていた。各府藩県より士族、卒族[1]、庶人にかかわらず、一万石につき五人を徴兵することが定められていた。ただ、ほとんど実施されていなかった。廃藩置県が成功したのち、その実質化が進められた。

明治五年一月には、山県は御親兵を近衛兵とするよう建議し、これは三月実施された。山県は近衛都督となった。明治五年二月には、兵部省は陸軍省と海軍省に二分された。また三月、鎮台条例が定められ、東京、大阪、鎮西（熊本）、東北（仙台）の四鎮台が置かれ、周辺の藩兵をそこに集結することとなった。六年一月には、鎮台は名古屋と広島にも置かれることとなり、六鎮台となった。

徴兵制については、明治五年一一月二八日、徴兵告諭が発せられた。その中では、古来、国民はすべて兵であり、平時には農商工であった。「もとより後世の双刀を帯び、武士と称し、抗顔《こうがん》座食《ざしょく》し、甚だしきに至りては人を殺し、官その罪を問わざる者の如きに非《あら》ず」と述べている。

あらためていうまでもなく、徴兵制度は、武士の職業を奪い、またこれまで軍事に関する義務のなかった庶民に新しい義務を負わせるものであった。士族と平民から、二つの強い反対が予測された。そのような反対を押し切るため、このような激しい武士批判が必要だったのである。そして明治六年一月一〇日、徴兵令が施行された。

ところで、山県有朋は、明治五年、汚職を疑われて窮地に立った。一一月、陸軍省出入りの政商、山城屋和助が陸軍省の中で切腹するという事件が起こった。おそらく山県をかばっての自殺であった。六年四月、山県は陸軍中将兼陸軍大輔の辞表を出し、陸軍大輔の方のみ認められた。

にもかかわらず、山県が生き延びたのは、彼がこの分野で必要不可欠な人物であり、また、国民皆兵は優れた方針だったからであろう。

秩禄処分

しかし、徴兵制度はまだ完成したわけではなかった。武士は軍の外に残されており、依然として禄（または俸禄、家禄）を得ていた[2]。これをどうするのか、極めて大きく困難な課題だった。武士の経済的特権が最終的に失われたのは、明治九年（一八七六年）八月の秩禄処分によってであった。それまでの期間、武士の経済的特権がいかに剝奪されていったかを概観する。

まず、戊辰戦争に敗れた幕府や藩の武士の場合、家禄は消滅するか、大幅に削減された。徳川氏は四〇〇万石から七〇万石に削減されたので、打撃はとくに大きかった。旗本・御家人は、①朝臣となる、②静岡移住、③帰農、のいずれかを選ばざるを得なかった。実務に通じた有能な幕臣などの場合、①もあったが、多数が特権を失った[3]。また奥羽越の敗者の境遇についてはすでに述べたが、多くの武士が禄を失うか、大幅に削減された。

他方で、討幕派の公家、大名、藩士らは、王政復古と戊辰戦争の論功行賞を熱望した。この問題は明治二年（一八六九年）に入って検討が進められ、最初、奥羽で得た削減一五〇万石から一〇〇万石をあてるという案が出されたが、会計当局は、すでに一〇〇万石は陸海軍の費用にあてることになっているとして抵抗した。大久保利通も、六〇万石ないし八〇万石に止めるべきだとして、とくに、土地は天皇のものという考えから（王土論）、これを土地の形で与えることには強く反対した（勝田『大久保利通伝』中、六九五頁）。しかし、論功行賞への期待は大きく、妥協の結果、永世、終身、年限の三種類の賞典禄および一時賞賜の支給が決定され（ただし土地による支給は否定）、同年六月二日に戊辰戦功賞典、九月一四日に箱館戦功賞典、九月二六日に復古功臣賞典が、合計九〇万石および二二万三〇〇〇両（一石＝八両程度なので約二万八〇〇〇石）が与えられた。

それにしても、戊辰戦争はすべての藩にとって、大きな支出を強いられるものであった。そのため、財政改革、藩政改革は不可避であり、家禄は相当に削減された。その際、幕末維新の変革の中で、上士の権威が失墜し、下士の経済的苦境が甚しかったため、多くの藩の財政改革において、石高の多いものからより多く削減するという形で、平準化が進んだ。

明治二年六月の版籍奉還はそれをさらに進めた。まず、公家と大名が、あわせて華族と言われるようになった。そして武士については、一門から平士に至るまで、家格にかかわらず、すべて士族と呼ぶこととした。身分制の否定が進んだのである(4)。

また、藩制の制定により、全ての藩において、藩主の収入は藩全体の一〇分の一とし（一〇％）、その残りのうち一〇分の一を中央に軍事費として差し出し（九％）、その残り（八一％）で行政費と士族卒の家禄とすると定めた。これも厳しい政策だった。

各藩では様々な努力をした。家禄の削減のみならず、家禄を返上するものには一時金や公債を与えて帰農を勧めるとか、のちの秩禄処分のようなやりかたも試みられた。

次の大きな転換点は、廃藩置県だった。藩はなくなったので、士族への禄の支払いは、中央政府の責任となった。この仕事は岩倉使節団出発後の留守政府の仕事となった。

大蔵省は、ぜひとも秩禄を廃止したかった。人口の五％しかいない士族に対し、歳出の三〇％を支出し続けることができるはずがなかった。しかも彼らが国家に対して何らの貢献もできないことは、徴兵令の制定で、いよいよ明らかになっていた。

一方では、武士の重要性を説く議論があった。今後、国家の責任の主体となりうるのは士族しかいないと、一方は論じた。他方で、現在の武士の中に独立の気力あるものはほとんどおらず、平民の中にもいないが、それは長年武士が威張ってきたからで、平民からも気力のある者は登場すると論じた。もう一つ、武士が長年得てきた秩禄は、一種の権利であるという主張と、何の仕事もしていないものに、給与は支払えないという主張であった（落合弘樹『秩禄処分——明治維新と武家の解体』、一〇九—一一五頁）。

大蔵省は様々な案を作り、そのための外債を発行しようとした。しかし、家禄を廃止することのリスクも巨大であった。結局、決断は大久保利通の時代まで持ち越された。

明治九年三月二八日、大礼服を着用する場合、および軍人や警官が着用する場合を除いて、刀を身につけることを禁止するという内容の太政官布告が出された。いわゆる廃刀令である。刀は武士にとって、すでにもっとも重要な武器でなく、弓矢鉄砲がより重要であった。しかし、武士の象徴としての意味は大きかった。これを禁止したのである。これも明治八年一二月の山県有朋の建議が採用されたもので、今や国民皆兵の制度となり、巡査の制が設けられ、個人が刀を佩《お》びる必要はなくなったとしたのである。

かつて明治二年五月、公議所（政府に対する一種の建議機関）において、森有礼《ありのり》が廃刀を取り上げたことがあった。それは、官吏兵隊以外、廃刀は勝手とするという穏健な案だったが、刀は武士の魂という感情的な反発があり、全会一致で否決され、森は辞職を余儀なくされたという（尾脇秀和『刀の明治維新――「帯刀」は武士の特権か？』、二二五―二二六頁）。何年か時間をかけて、徐々に武士の刀剣に対するこだわりは弱まっていた。

政府は明治八年、禄高の金禄化（金銭に換算すること）を進めた。そして翌年八月、木戸の反対を押し切って、禄制の全面的廃止と強制的な金禄公債切り替えのための金禄公債証書発行条例を公布した。

旧大名を含むすべての華士族は金禄支給額の五年から一四年分にあたる額面の金禄公債証書を受け取り、その後、五％～七％の利子を受け取り、政府は三〇年以内に抽選で元本を償還することとなっていた。公債額面と利率の決定においては、薄禄者（低禄者）のほうが高禄者よりも相対的に優遇された。その結果、旧収入に対する金利収入の比率は、金禄高一〇〇円未満（二二石未満）の者で約九〇％、金禄高一〇〇〇円以上（禄高二二〇石以上）の者で四〇％前後となっていた。しかし上士と下士の禄高の間には、がんらい巨大な格差があったため、この程度では焼け石に水であり、中下級の士族にとって厳しかった（落合前掲書、二〇三頁）。

地租改正

権力のもう一つの基礎は、経済力であった。近代化を支えるための税制改革が不可避だった。明治初年から、土地に課税する地租制度の導入は議論されてきた。明治二年（一八六九年）には、陸奥宗光が土地等級制の確立、税制の統一、地租金納を主張していた。しかし、課税はがんらい領主の権限であって、中央から安易に踏み込めるものではなかった。しかし、版籍奉還と廃藩置県によって、領主がいなくなり、大きな障害は一つなくなった。

他方で、経済活動の活発化には、土地利用の自由化が不可欠であった。江戸時代には、幕府は石高制と年貢の米納原則を維持するため、田畑勝手作《かってさく》禁止令を出していたが、商品経済の発展とともに形骸化していた。明治四年九月七日、政府は田畑勝手作を許可した。そして、土地に適した農産物を生産することを奨励した。これは、農民の生産意欲を向上させ、政府の租税収入の安定と増加を図り、計画していた地租改正にともなう租税の金納化に備えるものであった。

また明治五年二月一五日、田畑永代売買禁止令が廃止された。これによって、土地の売買も可能となった。翌年、貸借も可能となった。これも、江戸時代からの米作本位の根幹をなす制度で、すでに相当に揺らいでいたが、廃藩置県以後、領主がいなくなって、ようやく廃止されたのである。ここに、土地を資本として売買することが可能となった。これも維新の自由化政策の重要な柱であった。

その上に、明治六年七月二八日、地租改正法（上諭と地代の三％を地租とする旨を記したもの）と具体的な方法を定めた地租改正条例が定められ、翌年から地租改正作業に着手した。

当初、政府は農民の反発を恐れ、農地面積などの自己申告制度をとったが、効果があがらず、明治八年、内務省と大蔵省の両省間に地租改正事務局を設置し、強力に推し進めることとした。

従来の年貢は、作物の出来高に一定数を乗じた量の米を納めさせていた。したがって税収は天候などに左右された。これに対し、地租においては、土地の価格を定め、それに一定の比率を乗じたものを地租とした。これにより、税収の予測可能性は著しく高まることとなる。

全体として、農民負担が重くなったかどうかは何とも言えないが、ほぼ現状維持だったと思われる。しかし、重い地域もあったし、凶作の場合には増税となるので、その年には不満が高まった。それに新しい制度そのものが、馴染み薄く、批判の対象となりやすかった。その結果、伊勢暴動をはじめとする大規模な暴動が各地で発生した。地租改正反対一揆である。これを受けて政府は、明治一〇年一月、地租三％を二・五％に切り下げた。士族反乱が農民一揆と結びつくのを恐れたのであった。

地券の発行によって、土地の私的所有が認められ、土地が個人の財産として流通し、担保とすることができるようになった。他人の土地を買うこともできたし、売ることもできた。地租は貧しい農民には重かったので、土地を手放すものが増え、一方で地主への土地集積が進んだ。土地を手放したものは、職業を求めて都市に流入し、やがて労働者となった。いろいろな意味で、地租改正は日本の資本主義の発展の不可欠の前提を作り出した。

その他の権力基盤

その他の国家権力の基礎として、もっとも重要なものは電信、電話、鉄道であった。これらについて、ごく簡単に述べておく。

日本における電信の最初は、明治二年（一八六九年）、横浜に設置されたものであった。同じく明治二年には東京・横浜間で電報の取り扱いが始まった。

デンマークのグレートノーザン電信会社は、明治四年六月、上海・長崎間に、また同年一一月に長崎・ウラジオストク間にケーブルを敷いた。明治五年一月（新暦）、アメリカに到着した岩倉使節団は、到着の翌日、現地時間で一六日に長崎県令に対し、到着を打電した。「日本大使無事に御着相成候義を政府へ為御知申候」という翻訳が残っている。電報はサンフランシスコから長崎までは一日で着いているが、長崎から東京までは、江戸時代の飛脚を改良した初期の郵便を用い、一〇日もかかったのである（大野哲弥『通信の世紀――情報技術と国家戦略の一五〇年史』、一九―二〇頁）。

その後、政府は電信網の整備に力を入れ、数年で全国に電信網が張り巡らされた。明治六年には東京と長崎の間に回線が敷かれ、東京と外国との通信が可能となった。したがって、明治七年に佐賀の乱が起こった時にも、明治一〇年に西南戦争が起こった時にも、重要な役割を果たしたのである。

鉄道

鉄道もまた、極めて重要な統治のためのインフラであった。

幕末に外国を訪れたものは、みな鉄道の威力を知っていた。

日本における最初の鉄道建設の試みは、幕末、アメリカ人によって持ち込まれた。それらはいずれも外国が鉄道を管理する方式で、幕府崩壊の直前、オランダ生まれのアメリカ公使館員アントン・ポートマンに対して、老中小笠原長行《おがさわらながみち》が許可を与えた。

その直後に幕府は滅び、新政府が成立したため、ポートマンは新政府に対して契約の追認を求めた。しかし政府はこれを拒否した。政府は自国管轄方式で鉄道を建設しようとしていた。その方向で助言したのはイギリスのパークス公使だった。パークスは、日本が自力で鉄道建設ができる、そのための支援はイギリスがすると助言したのである。

政府で中心となったのは、伊藤博文、大隈重信の若手開明派官僚だった。保守派は、鉄道は不急の事業だとして反対したが、伊藤と大隈はイギリス人ホレイショ・ネルソン・レイと交渉を進めた。それは利息一二％の高利で、関税と鉄道開通後の収入を担保に一〇〇万ポンドの起債をするという内容だった。

明治二年一一月一〇日の廟議で、鉄道は国内の統一を図るために重要であって、東京から京都、東京から横浜、琵琶湖から敦賀、そして京都から神戸に至る線路を建設する方針が定められた。そしてレイとの交渉が進められ、一二％の利息で一〇〇万ポンドを起債するという合意がなされた。

ところが、レイはイギリスで九％で起債する用意をしており、三％は自分の利益とするつもりであった。そのことが発覚したため、日本は横浜に支店のあったオリエンタル銀行の協力を得て、レイとの契約を解除し、九％、一〇〇万ポンドの起債をして、鉄道建設に進むこととなった。

このように、鉄道建設は、のちに中国で帝国主義列強の競争の的となったように、日本においても外国の野心家が登場し、日本はあやうく自国管轄主義を貫くことができたのである。それでも、九％は高利だった。言い換えれば、それほどまでして、自国のイニシアティブを失うことなく建設したかったのである。

通貨

急いで整備する必要があったのは、通貨であった。江戸時代の貨幣制度は、金（小判、一分判）、銀（丁銀《ちょうぎん》、豆板銀《まめいた》）、および銭（寛永通貨）が並行して流通するもので、三貨制度と言われた。

幕末には、外国との金銀比価の差によって、大量の金が海外に流出し、戊辰戦争の戦費もあって、政府は深刻な財政資金不足に陥っていた。そこに会計事務掛由利公正（三岡八郎）が大量に不換紙幣の太政官札を発行したため、政府の貨幣の信用は大きく揺らいでいた。

明治二年二月、外国官副知事兼会計御用掛大隈重信の建白により、造幣局が設立されることとなった。大隈は貨幣の単位を両から円に改めることとし、一〇進法を基本とし、硬貨を方形でなく円形とすることを提案して了承された。

しかし、造幣局予定地の火事や、偽金、不換紙幣の整理に時間を取られ、実際に貨幣が造られるようになったのは明治四年に入ってからであった。近代的貨幣はイギリスから輸入された最新の鋳造機によって製造され、本位貨幣として金貨五種（二〇円、一〇円、五円、二円、一円）、銀貨一種（一円）、補助貨幣として銀貨四種（五〇銭、二〇銭、一〇銭、五銭）、銅貨四種（二銭、一銭、半銭、一厘）が発行された。

ただ、金銀どちらを本位貨幣とするかはまだ決まっておらず、横浜では洋銀（メキシコ銀）の流通が多く、大隈は金銀複本位制度を考えていた。伊藤博文は金本位制度が世界の大勢と主張していたが、貿易用一円銀貨の鋳造が認められ、メキシコ銀の流入も続いたため、事実上の複本位制が続いていた。結局、金本位制度に移行したのは、日清戦争後の明治三〇年（一八九七年）のことであった。

義務教育の出発

明治政府における義務教育の開始は、世界でもっとも早いものの一つであった[5]。

徴兵制度や地租改正は、権力基盤を整備するために、どうしても必要なものであり、かつ、国力の基盤として不可欠のものだった。義務教育は、新政府の基盤強化のために着手されたものではなく、むしろ国力基盤の強化策として、重視されたものだった。国民の自由や利益を第一義的に重視して作られたものとは言えなかったが、国民の教育を通じた自己実現が、国家の発展に結びつくという考えはあったのである。

明治四年七月、廃藩置県後まもなく文部省が設置され、同年一二月、全国的な学校制度の検討を開始した。学制取調掛となったのは箕作麟祥《みつくりりんしょう》（法律学）などの洋学者が中心であり、フランスの強い影響のもとに、明治五年八月（一八七二年九月）、全一〇九章からなる「学制」を定め、太政官布告とともに発布した。

学制の理念としては、第一に、学問は身を立てる基礎であるとして、立身出世との関係が強調された。第二に、士族とそれ以外を問わず、また男女の別を問わず、国民すべての義務であるということが強調された。第三に、いたずらに暗記に走り、「空理虚談の途」に陥ってはならないと、実学の重要性が強調された。このあたりには、福沢諭吉の影響が感じられる（『学問のすゝめ』初編が刊行されたのは明治五年二月だった）。

とくに基礎教育について、国民皆学をめざし、「邑《むら》に不学の戸なく家に不学の人なからしめん事を期す」という言葉は有名である。父兄は、上級の学校についてはともかく、幼童の子弟は男女の別なく必ず勉学に従事せしめるべきだとした。

そのため、政府は五万三七六〇の小学校の建設をめざし、それも洋風の建物が望ましいとした。そして、六歳から始まって、下等四年、上等四年の八年の教育を義務としようとした。しかも小学校の費用は原則として地元の負担であり、授業料も月額五〇銭（一部は二五銭）と高価だった。

しかし、これはあまりに野心的な計画だった。

江戸時代の教育の普及があるとはいえ、多くの家庭では子供は労働力であり、費用は高く、また学校建設のための費用に、地元は苦しんだ。

明治八年の時点で、小学校は二万四三〇三校（二〇一九年現在、約二万校）と、目標の五万の半分ほど作られたが、そのうち四〇％は寺院、三〇％は民家を利用したものであった。教員は一校あたり一〜二名であって、生徒数は四〇ないし五〇人、ほぼ江戸時代の寺子屋のようなものであった。

教える内容も直輸入的で、教科書もアメリカの教科書の丸写しのものも多く、効果が乏しかった。たとえば、ある教科書には野球の絵があるのだが、野球を知らない人が翻訳したので、バッターが三人いるような珍妙な絵となっている。

したがって、反発は強く、明治六年五月に北条県（現在の岡山県東北部）で発生した暴動では、管下四六の小学校の大部分が破壊され、明治九年一二月に起こった伊勢暴動では、各地で役所、学校、銀行などの公的施設が打ち壊し、焼き討ちに遭い、その広がりは全県的なものとなり、さらに愛知、岐阜の両県にも及んだ。（国立教育研究所編『日本近代教育百年史』第三巻、六二三頁）。

明治一二年、政府は教育令を発布し、学制の中央集権的な性格を緩和し、地方の自由に委ねる方針を打ち出した。また国民の負担軽減をはかった。

修学期間については、毎年四ヶ月以上、四年以上、つまり一六ヶ月以上とした。また、学校以外でも普通教育が受けられるようにした。ところが、今度は緩和が行きすぎて、地方によっては小学校建築を中止する自治体や、学校を廃止する自治体まで現れたので、もう一度検討が加えられ、明治一三年一二月、改正教育令が発布された。そこでは、小学校は三ヶ年以上、八ヶ年以下とし、授業日数は毎年三二週以上とした。

また授業の内容についても、西洋一辺倒を脱して、より伝統的な要素が取り入れられた。たとえば、明治一四年には修身が小学校教科の筆頭に置かれた。日本の文明開化は明治一〇年ごろから一段落しつつあり、明治一四年以後、政府は保守化政策を採用していたが、初等教育においても、同じことが行われたのである。

明治一九年（一八八六年）には小学校令が出され、小学校は尋常小学校四年（または小学簡易科三年）＋高等小学校四年として、尋常小学校四年を義務教育化した。

その後、何度かの変更を経て、明治三三年（一九〇〇年）には義務教育が無償化された。

そして、明治四〇年（一九〇七年）、小学校は、尋常小学校六年＋高等小学校二年または三年とされ、うち、尋常小学校六年を義務教育とした。

その際、良質な教員の確保が重要だった。政府は学制制定に先立って、一八七二年（明治五年）に最初の師範学校を東京に設置し、一八八六年（明治一九年）には師範学校令によって、体系的な教員養成制度を全国に整備した。初等教育における有資格教員の割合は、一八八〇年：二七・六％、一九〇〇年：五五・三％、一九〇五年：六六・四％、一九一五年：七六・七％へと増加していった（文部省調査局編『日本の成長と教育――教育の展開と経済の発展』）。

以上のような政府の試行錯誤の結果は、就学率の推移に表れている。義務教育の就学率は、一八七三年：二八％、一八九〇年：四九％、一九〇二年：九二％、一九一二年：九八％と推移した。無償化が決定的に大きかったと思われる。

われわれは義務教育を当然のことと考え、とくに日本では速やかに普及したと考えがちであるが、実際には多くの試行錯誤の上、学制発布から三〇年で、ようやく就学率九〇%が達成され、四〇年で一〇〇%近くになったのである。

【コラム】富岡製糸場

明治政府が絶対に必要として取り組んだものとして、富岡製糸場に触れたい。近代化のために何よりも必要なものは輸出による外貨獲得であった。日本が比較優位を持つ、しかも将来有望のものは何かを模索して、政府は製糸業に着目し、官営富岡製糸場を建設することとなった。

開国直後の日本では、生糸、蚕種《さんしゅ》、茶などの輸出が伸びた。とくに、清国の混乱による清国産生糸の不振、イタリアにおける蚕《かいこ》の病気などにより、日本の輸出品の約六〇%を生糸と蚕種が占めるようになった。しかし、その結果、粗製濫造となり、イタリアの製糸業が回復したこともあって、日本製生糸の価格は明治元年(一八六八年)から下落に転じた。

この状況を打破するため、政府は外国資本を入れず、器械製糸の官営模範工場を作ることを決定した。明治三年二月のことである。大隈重信、伊藤博文、渋沢栄一《しぶさわえいいち》らは、フランスの協力を求め、明治五年一〇月、世界最新鋭の設備を備えた世界最大級の工場が群馬県富岡で操業を開始した。

女工には士族の娘らが集められ、当時としては恵まれた労働環境で仕事をして、短期で教員として製糸を教える側に回った。

明治六年六月二四日、皇后（のちの昭憲《しょうけん》皇太后）は英照《えいしょう》皇太后とともに富岡製糸場に行啓している。当時は交通が不便であり、天気も悪い中を、五日かかって、ようやくたどり着いたほどであった。そこで皇后は次のような歌を詠んでいる。

いと車　とくもめぐりて　大御代《おおみよ》の　富をたすくる　道ひらけつつ
女工たちが糸車をまわして生糸をつくり、それが国の富をもたらしてくれる、という歌である。これほど生糸輸出、富岡製糸場にかける熱意は強いものであった。

この歌を刻んだ碑が、今も現地に建っている。しかし、その碑が建てられたのは、昭和一八年（一九四三年）であった。皮肉なことに、そのころ、日本はかつて生糸の最大の輸出先だったアメリカとの貿易を閉ざし、戦っていたのである。

（1）　卒族とは、武士身分を有さない下級の家臣など、武家社会の末端にあった者で、明治三年、卒族という名で総称されることとなった。明治五年の時点で、日本の全人口は三三一三万一五二五人、うち士族は一四八万八九五三人（四・五％）、卒族は三四万三八八一人（一・〇％）だった（安藤良雄編『近代日本経済史要覧』、東京大学出版会、一九七五年）。しかし明治五年、卒族の名称は廃止され、多くは士族になった。
（2）　がんらい禄とは、家臣の主君に対する奉仕に対して、家臣に与えられる給付を指し、その基本形は土地を与えることであった。しかし、江戸時代には、家臣が徐々に自立性を失い、土地から取れるはずの石高の蔵米を与える制度が発達した。これを俸禄と呼ぶことが多い。それは、普通、家に対して与えられたので、家禄とも呼ばれた。知行地を与えられていたのは、大名を除けばごく少数だったので、ほとんどの武士にとって、俸禄が収入であり給与であった。ただ、藩が廃止されたのちに俸禄というのも妙なので、禄ということもあった。要するに、禄といい、俸禄といい、家禄といい、ほとんどの武士にとっては同じものを意味し、厳密な区別なしに使われた。なお、のちに登場する秩禄という言葉は、戊辰戦争の論功行賞によって与えられた賞典禄（明治二年六月）を家禄に加えたものを指す。

（3）　幕府には約五〇〇〇家の旗本と約二万五〇〇〇家の御家人があったが、合計三万家のうち、約五〇〇〇家が朝臣を選んだと言われる（三野《みの》行徳「明治維新と旗本・御家人——幕臣本領安堵と幕府官僚組織の再編」、総合研究大学院大学博士論文、二〇一二年、第二章）。

（4）　武士の家格は藩により異なるが、だいたいのところ、一門・家老、中老・番頭、物頭、徒士頭、馬廻、平士（以上、士族）、徒士、足軽、中間・小物で、士分の中核となるのは、馬一頭に従者二、三人を持つ百石、馬廻のクラスだった（落合弘樹『秩禄処分——明治維新と武家の解体』、講談社学術文庫、二〇一五年、二〇頁）。

（5）　以下、断らぬ限り、文部省編『学制百年史』（帝国地方行政学会、一九七二年）による。

第5章　岩倉使節団

岩倉使節団の出発

廃藩置県の断行から四ヶ月もたたないうちに、明治四年一一月一二日（一八七一年一二月二三日）、いわゆる岩倉使節団が横浜を出港した。正使が岩倉具視（右大臣）、副使が木戸孝允（参議）、大久保利通（大蔵卿）、伊藤博文（工部大輔）、山口尚芳《なおよし》（外務少輔）の四名、一等書記官に、幕臣としてヨーロッパを経験していた田辺太一（のち元老院議官）、福地源一郎（桜痴、のちジャーナリスト）ら、二等書記官に渡辺洪基《ひろもと》（のち帝国大学初代総長）ら、大使随行に久米邦武《くにたけ》（歴史家、のち帝国大学教授）、野村靖（長州、のち内務大臣）ら、理事官に田中光顕《みつあき》（土佐、のち宮内大臣）、東久世通禧（公家、侍従長、のち枢密院副議長）、山田顕義《あきよし》（長州、陸軍少将、のち司法大臣、日本大学を創立）らが加わっていた。

また、随行に、村田新八（薩摩、西郷の側近、宮内大丞）、由利公正（福井、東京府知事、のち元老院議官）、長与専斎《ながよせんさい》（長崎、のち初代内務省衛生局長）、安場保和《やすばやすかず》（熊本、のち北海道庁長官）らがいた。まことに錚々《そうそう》たる顔ぶれであった。

さらに、同じ船で送り出された留学生には、イギリス留学組として鍋島直大、前田利嗣《としつぐ》、毛利元敏《もととし》ら、フランス留学組に中江兆民、英仏両国への留学が前田利同《としあつ》（加賀藩主の一一男）、アメリカ留学組に金子堅太郎、牧野伸顕、黒田長知《ながとも》、津田梅子、山川捨松《すてまつ》（咲子）、永井繁子、木戸孝正《たかまさ》らがあり、ドイツ留学が平田東助《とうすけ》、ロシア留学が清水谷公考《しみずだにきんなる》といった陣容だった。

この中には、大久保利通の二人の息子、木戸孝允の甥、毛利家、前田家、鍋島家、黒田家などの元雄藩の息子たちが加わっていた。彼らにとっても、たんなる物見遊山ではなく、一家を挙げての一大決心だった。

中でも注目しておきたいのは、五人の少女を連れて行ったことである。うち山川は満一一歳、永井は九歳、津田に至っては六歳だった（ほか二人は途中帰国）。将来の日本のためには欧米で教育を受けた女性が必要だと、彼らは考えたのである。きわめて進歩的な思想であった。

一行は、明治四年一一月一二日に横浜を出帆し、最長で明治六年九月一三日（この間に太陽暦に切り替えられている）まで、一年八ヶ月二一日にわたって、アメリカとヨーロッパを視察した。革命後の新政府の要人が本国を留守にすること自体、歴史上滅多に例がない。反革命が起こる可能性が十分あるからである。

また、留守政府との間にどうしても意思疎通の欠如が生じるものである。これを防ぐために、三条太政大臣、岩倉右大臣、西郷参議、木戸参議、大隈参議、板垣参議、後藤象二郎左院議長との間に、新しい政策には着手しない、新しい人事を行わないなどの約束が交わされた。

約束はある程度守られた。使節団と留守政府の間には、一定の信頼関係があり、また徴兵制度、地租改正、教育、電信・鉄道・通貨・官営工場などについては、すでに着手されていた事業が、着々と進められた。

しかし、守られなかったものもあった。それは時代の変化の激しさを考えれば当然であるし、それが予測できなかったとは思えない。それでも近代化の必要について強い合意が留守政府と使節団にあったから、そうした危険を冒してまで使節団は出発した。それ自体、奇跡的であった。

使節団には歴史家の久米邦武が同行し、『米欧回覧実記』を著した。これは実に堂々たる文学である。その序文で久米は書いている。

「アンバッソドル」を派遣することは、欧州において異常の特典であり、最も尊重歓待する使節である。日本でこれを行うのは実に曠世《こうせい》（稀代）の挙である。これは時代の大きな変化によって行われたものである。大きな変化とは、第一に、武家の権力を天皇の親裁としたこと、第二に、各藩の分治をあわせて一統の政治としたこと、そして第三に、鎖国の政をあらためて開国の規模を定めたことである。これらは一つにおいても容易なことではない、これを三つとも行うのは、「是殆ど天為なり、人為にあらず」と述べている。これは、この当時の変革に参加した人の実感だったであろう。

ただ、この時期、西洋文明を見なくてはならないという意識は日本だけではなかった。タイのラーマ五世（一八五三～一九一〇、在位一八六八～一九一〇、幼名チュラロンコンでも知られる）は、ミュージカル「王様と私」の皇太子のモデルとされているが、一八九七年と一九〇七年の二度、外遊している。ペルシャのシャーも、何度かヨーロッパを視察している。ハワイのカラカウア王（一八三六〜一八九一、在位一八七四〜一八九一）も、一八七四年にアメリカを、また一八八一年には世界一周旅行をしている（そのとき日本に立ち寄って、日本との同盟や皇族との婚姻を提案している）。しかし、岩倉使節団ほど大規模なものは例を見ない。

使節団は、当初大隈重信の発議にかかり、もっと小規模な使節団を派遣する予定だった。しかし岩倉や木戸や大久保が参加を希望し、大規模なものとなり、大隈は参加できなかった(1)。もし大久保が使節団に参加していなかったら、逆に西郷が参加していたら、その後の歴史は大きく変わった可能性がある。

興味深いエピソードの一つは、一行が、まだ工事中であった新橋―横浜間の鉄道に乗ってから出かけたことである。海外で、日本には鉄道があるかと尋ねられるだろう。そのとき、もちろんあると言うために、彼らは乗ったのである。

アメリカを見る

ここで、一行の行程を概観しておきたい。

使節団は明治四年一一月一〇日（一八七一年一二月二一日）、東京を発し、横浜に泊まった。一一日には送別の宴が開かれた。

そして一一月一二日、一九発の砲声に送られて出発した。米国の蒸気船アメリカ号に向けてさらに一五発の砲声があったのは、一行とともに帰国するデロング米国公使のためであった。

一行は二四日かけて太平洋を横断し、一二月六日、サンフランシスコに入った。大歓迎を受けながら、サンフランシスコには二週間留まった。

一二月二二日、サンフランシスコを発ち、完成したばかりの大陸横断鉄道に乗って東に向かったが、しかし、途中、大雪のために鉄道が不通となり、ソルトレークシティに二週間滞在することを余儀なくされた。その後、大陸を横断し、シカゴ、ピッツバーグ、フィラデルフィアを経て、ワシントンに着いたのが一月二一日だった。サンフランシスコからちょうど一ヶ月だった。

ユリシーズ・グラント大統領との面会など予定をこなす中で、使節団は条約改正について当初はそれほど強い意欲を持っていなかったにもかかわらず、アメリカの好意的な対応に接し、また助言する人があって、条約改正を取り上げようということになった。ところが、条約改正は一行に付与された権限の中になかった。それなら、委任状を取りに帰ろうということになって、伊藤博文と大久保利通がいったん帰国することになった。外務省は消極的だったが、なんとか委任状を得てアメリカに戻った。

その間、岩倉や木戸たちは、時間をもてあましていた。アメリカ政府もこれに同情して、五月四日から二週間の視察旅行を準備してくれて、ニューヨーク、ウェストポイントの陸軍士官学校、ニューヨーク州の州都オルバニー、シラキューズ、ナイアガラ、サラトガ、ボストン、スプリングフィールドからまたニューヨークに戻り、ワシントンに戻ったのは五月一七日のことであった。

その一ヶ月後の六月一七日、大久保と伊藤が日本から戻って一行に合流した。ところが、仮にアメリカと条約改正が成立しても、片務的最恵国条項によって、他国との条約が足かせとなり実現しないことがわかったので、結局、条約改正は持ち出さないことになった。二月から六月まで、実に四ヶ月を空費したのである。

使節団は六月二二日、ワシントンを出発し、フィラデルフィア、ニューヨークを視察して、二八日ボストンに到着し、七月三日、ボストンを発って大西洋横断の航海に出た。アイルランドに到着したのは七月一三日のことだった。

ヨーロッパを見る

七月一四日、リヴァプールを経てロンドンに到着した一行は、一一月一六日までの四ヶ月、イギリスを視察することになる。これはアメリカの七ヶ月に次ぐ長さであった。それは、ロンドンを離れていたヴィクトリア女王が戻るまで待っていたためであるが、それ以外に、なんと言っても当時の世界の最先進国であったので、見るものも多かったためである。

この間、ロンドン以外に地方にも何度も出かけている。八月二七日から九月一日まではリヴァプール、九月二日から一〇日まではマンチェスター、グラスゴー、九月一一日から一八日まではエディンバラと山岳湖水地域、九月一九日から二九日まではニューカッスル、ブラッドフォード、シェフィールドに行っている。このうち、二〇日にはアームストロング砲の工場を、開発者のアームストロング氏の案内で見学している。

また一〇月一日から九日まではスタッフォード、ウォーリック、バーミンガムなど、そして一〇月九日にロンドンに戻って、さらに一一月一五日まで滞在した。この間、一一月四日になってようやくヴィクトリア女王に拝謁することができた。

次に使節団は一一月一六日、ロンドンを発ってパリに向かい、明治六年二月一七日まで滞在した。しかし、その途中、日本では太陽暦の採用が定められ、明治五年一二月三日が明治六年一月一日とされた。したがって、パリ滞在は約二ヶ月だった。イギリスの四ヶ月にくらべると半分であり、またイギリスでは各地を回ったのに比べ、フランスではパリだけの滞在だった。

その後、使節団はベルギー（二月一七日から二四日）、オランダ（二月二四日から三月七日）を経て、三月七日、プロイセンに入った。ドイツ滞在は三月二八日まで、二〇日ほどだった。

この間、三月七日、エッセンで鉄鋼・兵器の生産で著名なクルップのゲストハウスに宿泊し、一一日、ヴィルヘルム一世に拝謁し、一五日にはビスマルクに招かれた。

ビスマルクはここで有名な演説をしている。すなわち、先進国は都合のよい時には国際法を持ち出し、都合が悪くなると大砲を持ち出す。つまり国際関係を動かしているのは結局は軍事力であって、先進国の同情などあてにならない。プロイセンは小国として、大国に追いつくため、大変な苦労をした。そういう国家であるので、日本との親善にもっともふさわしい国である、と。

『米欧回覧実記』にはモルトケの議会演説も引かれている。モルトケは軍備のために資金を惜しんではならないと述べ、ナポレオンは小国ドイツから一億ドル相当の賠償金を奪った、つまり、ドイツが軍備にかける金を惜しんだため、その一〇倍の金を奪われ、しかもそれはフランスの軍備強化に使われてしまったと述べている。

このドイツ滞在が終わったところで、三月二八日、本国からの帰国要請のため、大久保が帰国することとなった。

その後、使節団はロシアに向かった。三月三〇日から四月一四日まで、一六日間の滞在だった。それから北ドイツ（ハンブルクとキール）を経てデンマーク（四月一八日から二三日まで）、スウェーデン（四月二三日から三〇日まで）を回って、その後、ふたたび北ドイツ（リューベックとハンブルク）を経て、フランクフルト、ミュンヘンに行き、チロルを越えて五月九日、イタリアに入り、フィレンツェ、ローマ、ナポリ、ヴェネツィア、ボローニャをめぐり、六月三日、オーストリアのウィーンに入っている。一八日にはザルツブルクに行き、一九日からはスイスに入り、ベルンとジュネーヴを経て、七月一五日、フランスのリヨンに到着している。そして、二〇日、マルセイユから帰国の航海に出ている。

当初の予定より、ずっと長く滞在したのは、まず、条約改正の可能性があると考えて大久保と伊藤が一時帰国したためである。このことで使節団の失敗を言う人がいる。当時も「条約は結び損ない金は捨て　世間へ大使何と岩倉（世間に対し何と言い訳）」という狂歌があったという。たしかに、条約改正に十分な準備もなく取り組んだのは不手際だった。しかし、外交の難しさ、列強のいやらしさを知らなかったとしても、やむを得ないことだった。

衝撃と適応

しかし、この使節団のもたらした影響は実に巨大であった。

現在においても、海外経験が人の思想に及ぼすインパクトは小さくない。それは、海外経験が真剣なものであればあるほど、大きい。まして、その当時、異文化と接触した衝撃は大きかった。

しばしば強調されるのは、大久保利通の変化である。

大久保の人生は岩倉使節団の前後で二つに分かれると言われるほど、その変化は大きかった。イギリスにおいて、大久保は大きな衝撃を受けている。バーミンガムに行く途中、日頃無口な大久保が、久米邦武に対して語りかけ、「私のように年取ったものは此れから先の事はとても駄目じゃ、もう時勢に応じられんから引くばかりじゃ」と述べたという（松原致遠編『大久保利通』、一二三―一二五頁）。大久保は当時四二歳で、もう年だと感じたのである。大久保は、終生、困ったと言ったことがないと言われた人物であった（勝田孫弥『甲東逸話』、一一七頁）。その大久保にして、この弱音を吐かしめるほど、欧米との文化的ギャップは大きかった。

私はこの大久保の衝撃を、安政六年（一八五九年）、開港直後の横浜を訪れたときの福沢諭吉の衝撃と比較したいと思う。死ぬほど勉強してきたオランダ語が通じなかったときの福沢の衝撃は、想像にかたくない。しかし福沢は立ち直って、英学に挑んだ結果、僅か半年で咸臨丸に乗るという幸運に恵まれた。大久保は、英仏の文明に巨大な衝撃を受けたが、やはり立ち直って、近代化の課題に全身で取り組むようになるのである。

一行の間には、欧米経験者とその他の間に、大きなギャップがあった。音をたててスープを飲むなとか、ボーイを呼ぶときは大きな声をだすなとか、初めてナイフとフォークの使い方を教えられたものの中には、わざと大きな音をたててスープを飲んだり、大声でボーイを呼んだり、ステーキにフォークを突きさしてかじりついてみせたりするものもあった。

しかし、伊藤博文の条約改正に関する大失敗のせいで、使節団の中の人間関係に重要な変化が起こっている。

これまで伊藤の庇護者であった木戸孝允は伊藤の西洋知識が一知半解で軽薄であるとして、関係は険悪化した。その後、それは修復したようであるが、伊藤はこの時期に大久保に接近し、明治六年の帰国後はむしろ大久保に近い存在となる。

また、伊藤においても注目すべき変化があった。すなわち伊藤は、この失敗に反省し、もう少し地に足のついたアプローチをするようになった、つまり急速な西洋文明の輸入提唱者から、漸進主義者へと変容を始めたとされている（瀧井一博『明治国家をつくった人びと』）。

一行は、世界の最先進国であるイギリスでとくに大きな衝撃を受けた。

大久保は書いている。「何方《いずこ》に参り候ても地上に産する一物もなし。只《ただ》石炭と鉄のみ。製作品は皆他国より輸入して之《これ》を他国へ輸出するもののみなり。製作場の盛んなることは曾《かつ》て伝聞する処より一層増《まさ》り、至る処黒烟《こくえん》天に朝《ちょう》し、大小の製作所を設けざるなし」（明治五年一一月二〇日付大山巌宛書簡、『大久保利通文書』第四巻、四六七―四六八頁）。

要するに、イギリスの富強の根源は工業力にあることを痛感したのである。

しかし、ドイツに行って、やや異なる印象を持った。当時、世界的に名声赫赫《かくかく》たるビスマルクに会って、その保守的な、また農本主義的な、また軍事主導的な方向に、武士だった一行は馴染みやすいものを感じた。ビスマルクは、すでに述べたとおり、先進国（英仏）は、都合の良い時には国際法を持ち出し、都合が悪くなると大砲を持ち出すと、英仏のダブルスタンダードを指摘し、自力を強化することが唯一の方針だと強調した。

ただ、これによって明治の指導者が国際法の限界を初めて理解したという解釈があるが、それは違うように思う。国家間関係が一般普通の原則に従っている（日本やアジアの場合、あくまで国柄など、特殊個別的に国家間関係は定まっていた）というのは大きな発見だったが、万国公法をそれほど万能視していたとは思えない。国際社会における道義と力の関係、すなわち道義は一定の意味を持つが、しばしば力によって踏みにじられることは、日本人の基本的教養であった中国や日本の歴史を見ても明らかなことであって、道義が支配する国際社会が幻想であることは、アヘン戦争一つ見ても自明だったからである。

岩倉使節団は世界からも大きな好奇心をもって迎えられた。日本の人口三三〇〇万というのは、当時のアメリカやイギリスとほぼ同じである。それだけの大きな国が、西洋社会の前に忽然と現れたのである。

しかし、一行も移動するうち、西洋化していった。スウェーデンでは、一行がみな洋装で現れたことについて失望があったという。なんだ、普通ではないか、と。(2)

それは日本人の適応能力の高さを示していた。すでに進行していた西洋文明の導入は、岩倉や大久保や木戸の経験によって、さらに拍車がかかることになる。

【コラム】金子堅太郎とアメリカ留学

岩倉使節団は、多くの留学生を伴った。その中で傑出した効果をあげた者の一人は、金子堅太郎（一八五三〜一九四二）だったろう。金子は福岡藩士の家に生まれ、漢学を学んだのち、岩倉使節団に藩主黒田長知の随員として参加した。団琢磨《だんたくま》とともにアメリカに行き、ボストンのグラマー・スクール（小学校）に入り、飛び級でハイスクールに入り、中退してハーヴァード・ロースクールに入った。その前、ボストンの弁護士だったオリヴァー・ウェンデル・ホームズ・ジュニア（一八四一〜一九三五。憲法学者、ハーヴァード・ロースクール教授、米国最高裁判所判事。アメリカで最も著名な法律家の一人）に師事し、その事務所で働きながら勉強した。ハーヴァードでは小村寿太郎《じゅたろう》と同宿して学んだ。

在学時代にはやはりホームズの指示で、アメリカ憲法に関する古典である、アレクサンダー・ハミルトン、ジェイムズ・マディソン、ジョン・ジェイによる『ザ・フェデラリスト』やヘンリー・ハラムの『英国憲法史』を読んでいる。

学外でも著名な政治家、文学者、哲学者、ジャーナリストと交際し、その一人がハーヴァードの先輩であるセオドア・ローズヴェルトであった。また、上院議員チャールズ・サムナーの発言からサムナーの愛読書であるエドマンド・バークの存在を知り、バークの著作に親しむようになった。

以上だけでも、ため息の出るような素晴らしい留学経験だったと言うことができる。しかもその経験は大きな働きをするようになる。まず、政府が保守漸進の憲法論がないかと考えていたとき、バークを挙げ、『フランス革命の省察』などを翻訳して紹介した。それはやがて明治天皇に奉呈された。

のち、伊藤博文の秘書官に起用され、伊藤の憲法起草に参画するが、伊藤はすでに『ザ・フェデラリスト』を愛読していたという。

さらなる偶然は、日露戦争とともに起こった。日本はアメリカの好意的対応を絶対に必要としており、そのため金子は世論工作のためにアメリカに派遣された。時の大統領セオドア・ローズヴェルトとも会い、日本はペリー開国の精神、すなわち門戸開放のために戦っているとして、ローズヴェルトを説得した。

留学も様々であるが、金子の留学ほど効果的だった例は少ないだろう。

(1) 大久保利謙「岩倉使節派遣の研究」(大久保編『岩倉使節の研究』〈宗高書房、一九七六年〉所収) 参照。
(2) ベルト・エドストロム「スウェーデン 使節団に対する接待外交」(イアン・ニッシュ編『欧米から見た岩倉使節団』〈ミネルヴァ書房、二〇〇二年〉所収)、二〇二頁。

第6章　明治初期アジアの国際関係

岩倉使節団が帰国するころ、大きな問題となっていたのは、征韓論である。征韓論に入る前に、まず明治初期の国際関係の概観から始めたい。

新政府が直面した課題は、新しい外交関係の樹立であった。その一つはもちろん、西洋諸国との関係であったが、それは安政の諸条約と新政府の開国方針で一応の方向が出ていた。あとは条約改正問題だったが、それについてはのちに論じる。

ある意味で、それ以上に重要だったのは、アジアの周辺諸国との関係であった。

近代の国際関係は、主権国家を単位としており、主権国家は相互に対等であり、そうでない国は従属国、植民地である。また、主権国家は明確な領域すなわち領土を持ち、国民を持ち、主権を持つ。そのようなものとして対等ということになっている。

しかしこれは世界史的に普通ではない。

多くの文明圏において、優越的な国が中心に存在し、周辺国はこれに従属するほうが、むしろ普通である。また国境も、必ずしも明確ではない。ある土地が、二つ以上の国に所属するとか、どの国にも所属しないということは珍しくない。ある集団が国境を越えて移動することも、珍しくない。

アジアもまたそのような曖昧さを抱えていた。

とくにアジアにおいては中華秩序が存在していた。周辺国は中国を中心国として、中国からの距離等に応じて、序列がつけられていた。その典型は朝鮮であって、中国を宗主国とし、中国に朝貢することによって、朝鮮の王たることを認められ、保護を約束された。また、朝貢国からの貢物に対しては、それをはるかに上回る返礼品が、宗主国からもたらされた。さらにそれに伴う貿易も行われたので、朝貢は経済的には利益の大きいものであった。ただ、周知のとおり、日本はこの中華秩序から距離を置いていた。

こうした国際秩序を持っていたアジアが、ヨーロッパを中心とする近代国際秩序に編入されるとき、多くの問題が生じた。日本にとって、早速問題になったのは、朝鮮問題と琉球問題だった。

朝鮮との国交問題

朝鮮と日本とは、徳川幕府において関係が改善され、通信（外交）関係が存在していたことは、すでに述べた。日本で将軍が代わるたびに、朝鮮からは通信使がやってきた。

慶応四年（一八六八年）一月、王政復古の直後から、新政府は、新政府の樹立の通告と、近代的な条約を基礎とする国際関係の樹立を求める国書を持つ使者を、朝鮮に送っていた。しかし朝鮮は、冊封体制にあって、しかも大院君《テウォングン》のもとで攘夷を進めていたため、日本の申し出に応じなかった。具体的には天皇の「皇」が、中国の皇帝にしか許されない字であるとし、また「勅」という字が、やはり中国の皇帝にしか許されない字であるとして、国書の受け取りを拒否していた（書契問題）。

朝鮮の攘夷政策

ここで、当時の朝鮮の攘夷について述べておきたい。朝鮮は、清国、日本などとの限定的な国際関係を持っていただけで、アヘン戦争が起こったときにも、地理的な遠さから、あまり強い関心を持たなかった。朝鮮が緊張を感じたのは、第二次アヘン戦争（アロー戦争）において、英仏が天津から北京まで攻めこんだときであった（一八六〇年）。そこから朝鮮までは、もう遠くなかった。またロシアは、英仏と清国との間で停戦を仲介（天津条約）したことを理由に、沿海州を獲得した（北京条約、一八六〇年）。ここに、朝鮮はロシアとすぐ国境を接するようになったのである。

一八六三年末、国王哲宗が崩御し、翌年、一一歳の高宗が即位すると、父であり王族の一員だった李昰応《イハウン》（一八二〇～一八九八）が大院君の称号を得て（興宣《フンソン》大院君）、事実上の摂政となった。大院君とは、国王が前国王の直系でない場合、国王の実父に与えられる称号であるが、興宣大院君がきわめて有名なので、大院君と言えば興宣大院君のことを指すことが多い。日本で関白というのは大勢いるが、豊臣秀吉を指すことが少なくないのと同様である。

そして大院君は、復古的なナショナリズムを強烈に推進し始める。かつて秀吉の朝鮮出兵で焼失した景福宮の再建にとりかかり、欧米の進出に対しては軍事的に対抗する政策をとった。

大院君は、当時一二名の宣教師と二万三〇〇〇名の信徒からなるキリスト教勢力に対して弾圧を開始した。一八六六年二月、フランス人宣教師のベルヌー司教らは邪教伝道の罪で捕らえられ、裁判の結果、九名の宣教師が処刑され、キリスト教に改宗していた住民も虐殺された。

これに対しフランスは、一八六六年一〇月、軍艦七隻総兵力一〇〇〇人で京畿湾にある江華島を攻撃し、占領した（丙寅洋擾《へいいんようじょう》）。しかし、漢江の封鎖はできず、首都への距離も遠く、兵力に劣るフランスはやがて撤退するに至った。これは大院君の威信を大いに高めることになっていた。

また同年八月には、アメリカの武装商船（帆船）ジェネラル・シャーマン号が、通商を求めて大同江を遡り平壌の中州の羊角島にやってきた。ジェネラル・シャーマン号が住民に発砲したりしたため、住民はジェネラル・シャーマン号を焼き討ちし、乗組員全員を殺害した。

アメリカは一八六七年一月、ジェネラル・シャーマン号の安否確認のため軍艦を派遣し、また一八六八年四月には、事件究明のため、別の軍艦を派遣している。さらに一八七一年六月、謝罪と通商を求めて五隻の艦隊を江華島に派遣し、激しい砲撃を加え、海兵隊を上陸させた。朝鮮側の死者は二四〇名以上と言われ、アメリカ側も三名の戦死者を出している。しかしアメリカの補給は続かず、撤退せざるを得なかった。

このように攘夷の成功で意気揚がる朝鮮は、日本の国交樹立の求めに応じなかった。むしろ日本人が洋服を着ていることを非難する有様だった。

明治元年（一八六八年）一二月、今度は、かつて対朝鮮外交の窓口であった対馬藩の家老樋口鉄四郎が釜山に行き、新政府成立通告書を提出したところ、先方はやはりこれを受理しなかった。日本が目指していたのは、西洋の近代的な国際関係を樹立することであったが、朝鮮は、この国書を受領することは、日本を清国と同じ位置に置くものだとみなして、受け入れようとはしなかったのである。

なお朝鮮が釜山にこだわったのは、日本が長崎でしか西洋と交際しなかったのと同じである。すでに触れたとおり、釜山の草梁倭館は、ほぼ一〇万坪の面積を持ち（一万坪だった長崎の唐人屋敷の一〇倍、四〇〇〇坪だった出島の二五倍）、朝鮮との交際の長い伝統を持っていた（田代和生『倭館――鎖国時代の日本人町』、六四頁）。

日清修好条規

朝鮮との外交関係樹立が行き詰まっている間に、むしろ清国との関係が動くこととなった。江戸の鎖国時代にも、日清の貿易は長崎において、オランダとなどより盛んに行われていた。開国後、清国人は欧米人の書記や従者として来日し、開港場に居住し、ときにアヘンを密輸吸引したり、現地の日本人とトラブルを起こすことがあり、日本政府はその取締りに苦慮していた。他方で、日本は清国との貿易に参加したいと考え、国交樹立を目指すこととなった。

明治三年（一八七〇年）九月、政府は柳原前光《やなぎわらさきみつ》、花房義質《はなぶさよしもと》を派遣して予備交渉を行い、ついで翌年六月、伊達宗城を正規の大使として派遣し、副使柳原とともに交渉にあたらせた。当時、清国では太平天国の動乱も収まった同治中興《どうちちゅうこう》の時期であり、洋務運動によって国力の強化に努めており、対外的には、総理衙門《がもん》を設立して、外国をすべて朝貢国扱いする態度を改めようとしており、絶好のタイミングだった。

それでも清国は、上海における貿易は認めるが、条約は必ずしも必要ではないという態度だった。しかし実力者の李鴻章《りこうしょう》が、日本は欧米諸国に圧迫されており、これを支援することが望ましいという意見を寄せ、政府の態度も前向きに変わった。

その結果、明治四年七月二九日、日清修好条規が結ばれた。これは日本にとって近代史上最初の対等の条約だった。ただ、どちらも欧米から押し付けられた不平等条約を認め合うことになっていた。

第一条は、「此後《このゝち》大日本国と大清国は弥和誼《いよわぎ》を敦《あつ》くし天地と共に窮《きわ》まり無《なか》るべし。又両国に属したる邦土も各礼を以て相待ち聊《いささか》侵越する事なく永久安全を得せしむべし」となっていた。

この条約は、また、中国がアジアの国と結んだ最初の対等の条約だった。中国は歴史上、他国に対して対等を認めたことはなく、その点では画期的なものであった。しかし同時に、第六条において、公文については、清は漢文、日本は日本文を用い、漢訳文を添える、あるいは漢文のみを用いるとなっており、言語の点で事実上の清国の優位が貫かれていた。

より重要なのは「邦土」の意味であり、琉球は日清どちらの邦土なのか、あるいはどちらでもないのか、朝鮮は清の邦土に含まれるのか、そうでないのか、大きな問題に発展する可能性があった。

ところで、列強はこの条約の第二条に注目した。そこには、「両国好《よしみ》を通ぜし上は必ず相関切す。若《も》し他国より不公及び軽藐《けいびょう》する事有る時、其知らせを為さば何《いず》れも互に相助け或は中に入り程克《ほどよ》く取扱い友誼を敦《あつ》くすべし」とあった。すなわち、西洋諸国は日清修好条規について、日清が提携して西洋に対抗しようとするものだと考えたのである。それは、彼ら自身、アジアを侵略しているということがわかっており、それに対してアジアの提携がありうると考えていたからである。一般に、不当な加害をなした者は、被害者の反発を実態以上に恐れることがあり、これはその場合の一つである。

なお、この条約は、様々な事情で批准が遅れ、明治六年四月三〇日に至って、副島種臣外務卿が清国を訪問したとき、批准書が交わされ、発効した。

また、清国が日本に常駐させた外交官、何如璋《かじょしょう》らが日本に着任したのは明治一〇年一二月のことであった[1]。欧米諸国が条約締結後、速やかに公使を派遣してきたこと、そして日本も一年程度で公使を派遣したことと比べると、ずいぶん時間がかかった。在外使臣を通じた外交という観念が、まだ当時の清国には乏しかったのである。

この間に、台湾出兵をめぐる日清交渉（明治七年）、江華島事件（明治八年）などがあり、西南戦争（明治一〇年）があった。もし清国の公使館があったら、どのような役割を果たしたか、興味深いところである。ただ、すでに述べたとおり、通信事情も当時は未発達であった。それゆえ、多くの外交交渉には大久保や伊藤のような政府首脳が自らあたることになったのである。

琉球問題

次に琉球である。

琉球は一七世紀初めまで独立王国であり、また明国に対する朝貢国であった。しかし、一六〇九年、薩摩が侵攻し、以後、薩摩の支配下に置いた。ただ、明国（ついで清国）に対する朝貢国であることは貿易上有利であったので、薩摩は琉球に、以前と同様に朝貢国である外観を維持させていた。そして琉球国王の代替わりのたびに謝恩使を、将軍が代わるたびに江戸に慶賀使を派遣することとなっていた。

よく知られているとおり、ペリーは沖縄に注目しており、浦賀に来る前に沖縄に立ち寄っている。咸豊《かんぽう》三年（一八五三年）四月一九日（清国の元号であることに注意）のことであった。そして五月三日には小笠原に向けて出発し、五月一七日、那覇に戻った。それから資材を整えて、浦賀に向かったのである。浦賀での用を終えて、再びペリーは六月二〇日、琉球に戻り、琉球側と聖現《しょうげん》寺の一年間の賃借、五六〇〇トンの炭を貯蔵できる貯炭場の建設に関する権利、交易を自由とすることなどを要求し、これを承諾させて六月二七日、香港に向けて出航した（M・C・ペリー『ペリー提督日本遠征記』上下）。

ペリーは翌年一月、再び江戸沖に現れたが、その前にはやはり琉球に来ており（咸豊三年一二月二五日〈一八五四年初め〉）、首里城を訪問し、資材等を補給して、一月一〇日、江戸に向けて出航している。そして日本と日米和親条約を締結したのち、六月七日、また琉球にやってきて、同月一七日、条約が調印された。これが琉米修好条約であって、その内容は自由な貿易、漂流民の救助、アメリカの領事裁判権、アメリカ人の墓地の設置、薪水供給などであった。薩摩藩は自由貿易について異議を唱え、修正させたが、最終的にはあいまいなままであった。

このように、琉球が独自に外国と条約を結べるようでは、独立国となってしまい、西洋の進出の足がかりになってしまう。これを明治政府が警戒したのは当然だった。

琉球漁民遭難事件

ところで、日清修好条規が調印されてから三ヶ月あまりのち、明治四年(一八七一年)一一月六日、沖縄の宮古島の漁民六六名が台湾南部に漂着し、五四名が殺されるという事件が起こった。残り一二名は清国に保護され、翌年六月、那覇に戻って来た。鹿児島県参事大山綱良《つなよし》は、問責の兵を出すことを主張した。

琉球は清国に対して朝貢をしていたが、実際の統治を行っていたのは薩摩藩であって、琉球が日本であることを確保するためには、放置することはできなかった。

琉球王国は、明治二年の版籍奉還、四年の廃藩置県の後にも、鹿児島県の一部とされていた。この間、政府では、かつて琉球国王が将軍に送っていたような慶賀使が、天皇に対して送られていないことを問題としていた。

明治五年五月、大蔵省と外務省より、正院に対して、琉球問題に関する建議が提出された。大蔵大輔(次官)井上馨(大蔵卿は大久保で、岩倉使節団の一員として出張中)は、早急に琉球の版籍を収めることを建議した(五月三〇日)。そこには税制上の必要があった。他方で外務省は、琉球国王尚泰《しょうたい》を琉球藩王とし、華族に任じ、外国との「私交」を停止させるべきだとした(2)。

正院は井上の建議に対し、六月二日、「如此《かくのごとき》曖昧の事匡正《きょうせい》せざるべからず。之を処分する如何して可ならん」と下問した。のちの琉球処分という言葉は、ここからきており、問題の処理という程度の意味であって、とくに苛酷な意味があったわけではない。

これに対し左院は、「虚文の名」は清国に与えておき、「要務の実」を得て、清国との争いを避ける「両属」継続の方針をとるよう答議している（六月）。

しかし、正院は外務省の案を採用し、曖昧だった両属を明確にすることとした。六月二一日、鹿児島県から琉球駐在の官員が到着し、すでに琉球で指導にあたっていた伊地知貞馨《いじちさだか》に、維新以来慶賀の使節が送られていないことを問題とし、ただちに使節を送るよう伝えさせた。これを受けた琉球国王尚泰は、尚健《しょうけん》（伊江朝直《いえちょうちょく》）と宜湾親方朝保《ぎわんうえかたちょうほ》を慶賀史として送った。使節は八月三〇日、鹿児島に着き、九月三日、東京に着いた。同月一四日、天皇は尚泰を琉球藩王に封じ、華族に列する詔勅を尚健に授けた。

天皇はまた下賜金を与え、旧薩摩藩に対する負債は明治政府が肩代わりすることとなった。ここに、琉球は鹿児島県から離れ、明治政府直轄の琉球藩となったのである。

同時に政府は、琉球を接収し、那覇に外務省出張所を置き、琉球と条約を持つアメリカなどの国にはこれを通告した。各国は、これを承認した。政府は琉球を日本領土として確保することに懸命であった。ただ、琉球国王は清国に対して国王と名乗り続け、清国に対する隔年朝貢は、まだ続いていた。

そのころ、アモイ駐在の米国領事、チャールズ・ルジェンドル（Charles William Joseph Emile Le Gendre, 1830-1899）は、かつて台湾において同様の事件を経験していた。すなわち、一八六七年、アメリカ船ローバー号が台湾で遭難し、その乗員が台湾原住民に殺害され、問題の処理に奔走したことがあった。その経験から、ルジェンドルは駐日弁理公使チャールズ・デロング（Charles E. DeLong, 1832-1876）を通じ、懲罰的出兵を日本に勧めた。外務省はこの意見に注目し、明治六年（一八七三年）一月からルジェンドルを顧問として雇用することとなった。そして、台湾の領有の可能性もあるという意見が出されるようになった。

明治六年三月、外務卿副島種臣は、日清修好条規の批准書交換と琉球人殺害問題の協議のため渡清した。そして六月二一日、協議を行った。清国は、琉球は藩属国であって、日本とは関係がない、台湾は清国の領土であるが、熟蕃《じゅくばん》はともかく、生蕃《せいばん》には文化は及んでおらず（当時、清国は台湾原住民のうち漢化が進んだものを熟蕃、そうでないものを生蕃と呼んだ）、生蕃の地は化外《けがい》の地であって、責任は取れないということであった。このうち、「化外の地」という点は、やや不確かな口頭発言だったが、その後、独り歩きしてしまった。

征韓論

この間、再び浮上したのが朝鮮問題であり、征韓論である。

征韓論は、日朝関係研究の決定版とも言うべき『近代日鮮関係の研究』の著者、田保橋潔《たぼはしきよし》が指摘するとおり、国際政治上の事件としてはさほど大事件ではなかった[3]。ただ、これによって、佐賀の乱（明治七年）、西南戦争（明治一〇年）という大乱を引き起こした点において、内政上の大事件であった。

明治五年（一八七二年）九月、すでに対馬藩の外交権を接収していた政府は、倭館の接収に乗り出した。そのため軍艦二隻を釜山に派遣したが、これは日韓関係を険悪にした。

翌年五月、朝鮮の日本外交の窓口である東萊府《とうらい》は、倭館に対する食糧供給を拒絶した。その掲示の中に、日本のことを「無法之国」とする言葉があった。この報告が五月三〇日に到着すると、無視できないとして、出兵して居留民を保護し、さらに朝鮮との国交問題を一挙に解決すべしとする議論が出るようになった。主唱者は板垣退助であった。

当初、西郷隆盛はこの意見に反対であった。ところが、七月二九日の板垣退助宛書簡において、自ら特使となって朝鮮に赴き、強硬に申し入れを行うことを主張した。無礼程度では軍事行動の名分が立たないのは確かであった。まず特使を派遣して十分な交渉をして、なおかつ朝鮮が特使に対して暴行を加えるような事態が起これば、軍事行動は正当化されるかもしれなかった。西郷という超大物に危害が加えられることとなれば、相当な理由になりそうであった。しかし、その場合は全面的な衝突になる恐れがあった。それより内治優先でいくべきだという反対があった。また、西郷を失うかもしれないということは避けたいと、多くの人は考えた。

しかし西郷は自ら特使となることを主張し、容れられなければ辞職すると閣議を恫喝し、説得した。八月一七日、岩倉具視が帰国してから再検討するという条件つきではあるが、特使派遣は決定された。これほど喜ばしいことはないと、西郷は板垣に書き送っている。

このころ、大蔵省をめぐる問題のために早期帰国を要請されて、大久保利通は五月、木戸孝允は七月に帰国していた。彼らは特使派遣に反対であった。また、留守政府が、肥前（江藤新平）や土佐（板垣退助）を中心としていることに不満を持っていた。やがて岩倉の帰国を待って、巻き返そうとしていた。

九月、岩倉は帰国し、ともに帰国した伊藤博文は、木戸に加えて大久保を参議に復帰させ、これをテコとして、肥前、土佐中心の政府を転換しようとしていた。特使派遣については、しばらく延期しようと考えていた。しかし西郷は八月の決定実行を強く主張し、三条実美太政大臣はその勢いに押されて、閣議で特使派遣論を議論することとなった。一〇月一二日、大久保は、西郷との対決を覚悟しつつ、三条と岩倉が延期論で合意であることを確認した上で、参議復帰を受け入れた。

一〇月一四日の閣議では、板垣、江藤、副島、後藤象二郎ら留守政府主流派が西郷を支持し、岩倉、大久保、木戸、大隈重信、大木喬任《たかとう》らが反対し、紛糾した。閣議は一五日に再度開かれ、西郷およびその背景にある兵士の圧力を恐れた三条は、即時特使派遣論に転換し、これに憤った大久保は参議を辞職し、すべての栄誉を辞退するとした。進退きわまった三条は、一八日、焦慮のあまり人事不省に陥った。

一九日、太政大臣が執務不能に陥ったときは右大臣がこれに代わるという規定にしたがって、岩倉が天皇に上奏することになったが、二二日の岩倉と征韓派参議の非公式の会合で、岩倉は閣議決定とみずからの意見の両方を上奏すると述べ、これに憤った征韓派参議は激しく抗議したが、岩倉はこれを押し切った。そしてあらかじめ徳大寺実則《さねのり》宮内卿に岩倉の上奏を天皇が裁可するよう工作しておき、二三日、上奏して、予定どおり特使派遣延期が裁可されたのである。

大久保は一九日の日記に「一の秘策あり」と述べている。これは岩倉と大久保がかつて行った王政復古クーデタを思い出させる強引なやり方であった。

征韓論についての諸説

ところで、西郷は実は征韓論でなかったという主張が、かつて毛利敏彦によって提示され、学界で大きな話題となったことがある。たしかに、西郷が朝鮮への出兵を説いた資料はない。出兵を語ったことがあったのは、板垣であり、西郷はいきなり出兵するのは不穏当だとして、まず特使派遣を説いたのであった。それゆえ、正確には西郷の場合、征韓論というよりも特使派遣論というべきだろう。

また、この政変については、留守政府の中でリーダーシップを発揮した江藤新平らを追い落とすために大久保から仕掛けたという説もある。とくに江藤によって追い込まれていた井上馨、山県有朋らを救うためだという人もいる。

しかし、これも穿《うが》ちすぎた説であり、大久保は五月の帰国以来政府に参加しなかったが、これは、岩倉らの帰国を待っていたのであって、参議として復帰して一定の影響力を行使するだけなら、いつでもできたはずである。

しかし、実際の当時の状況に照らして見れば、大院君の政策から見て、西郷の強硬なる交渉が、何らかの紛争に発展した可能性は小さくなかったと思われる。

もし大久保がそのような懸念を持っていたとすれば、手続き的には相当に強引なことをしてでも特使派遣をひっくり返したのは、政治家として適切な行動だったというべきだろう。なぜなら、政治家の責任は結果責任であり、正しい結果を出すことがすべてである。手続きを踏むことは、二義的である。

後世のことであるが、一九四一年の日米開戦のことを思い出していただきたい。九月から一二月にかけて、多くのリーダーが懸念したにもかかわらず、対米戦争が決定されてしまった。九月六日の御前会議、一一月五日の御前会議、そして一二月一日の御前会議と、前回の決定を踏襲して、戦争への道を進んでしまった。手続き的には違法なことをしてでも戦争を止めるべきだと行動したのは吉田茂くらいだった。吉田は、政府の内部の情報を駐日米大使のジョゼフ・グルーにもらし、また一一月二六日にハル・ノートを受け取った政府が、外務大臣を含めて開戦やむなしと考えたとき、東郷茂徳《しげのり》外相に辞職して閣議を混乱させ、開戦を遅らせるよう進言している。これは珍しく実質的正義をもって手続き的正義に対抗した例である。

なお言うまでもなく、吉田は大久保の次男の牧野伸顕の娘を妻としており、大久保は義理の祖父にあたる。日米戦争が勃発してからのことであるが、外交評論家の清沢洌《きよさわきよし》が『外政家としての大久保利通』を刊行して吉田に贈ったとき、吉田は早々に返事をしたため、「公に常に推服《すいふく》致候は、困難に処して挺身国家の重責を以而《もって》自ら任《にん》ぜらるる事に有之《これあり》、貴著に依り公の心事《しんじ》を以て心とするの外政家の出《いで》んことを暁望するの念に不堪奉存候《たえずぞんじたてまつりそうろう》」と述べていた（北岡前掲『増補版 清沢洌――外交評論の運命』、一八六―一八七頁）。

征韓論の再評価においては、また、江藤新平が翌年、佐賀の乱において大久保に厳しく断罪されたことへの同情もあって、いささか過大評価されているように思われる。たとえば江藤がリーダーシップをとった民法制定は、フランス民法典を誤訳を恐れず直訳せよと指示したと言われるが、異なった文化に異質な法体系を移植するとき、適切な方針だったと思えない。

結局、常識的ながら、西郷を特使として派遣することが朝鮮との衝突に発展する可能性があり、その場合、西郷を慕う士族その他の憤激が制御不可能となることへの恐れと、そして親友である西郷を失いたくないという気持ち（西郷引き出しにいかに苦労したかを想起したい）が入り混じったものが大久保の心中だったと思われる。

では西郷の特使派遣論の理由は何だろうか。

西郷は実は明治国家の将来についてほとんどヴィジョンを提示していない。

他方で、多くの西郷専門家が述べているとおり、西郷は自死願望があった。さらに健康もすぐれなかった。西郷がもっとも苦しんでいたのは、彼と共に戦ってきた兵士たちの処遇であった。

革命や戦争において、もっとも難しいものは、非軍事化（demilitarization）である。中国では裁兵と言うが、命をかけて戦ってきた人間にとって、平常に復帰することは難しい。それだけの貢献が、報われることは稀である。西郷は、常に最前線で危機に立ち向かい、兵士と共にあることで、兵士の信頼を得てきた。第一次長州征討の際の和平交渉など、その例であった。兵士たちの絶対的な信頼を得てきた西郷にとって、彼らを裏切ることはできなかった。自分を慕う仲間を裏切ることなく、しかし同志である大久保の国家建設を妨害することもなく、戦士の同胞の思い出の中に死んでいくことが、西郷の希望であったと私は考える。これは、政治的人間である大久保と、非政治的・宗教的人間である西郷の、決定的に違うところであった。

中江兆民の『三酔人経綸問答《さんすいじんけいりんもんどう》』（一八八七年）は、日本政治思想史の古典として知られている。その中に、洋学紳士（紳士君）、豪傑君、南海先生という三人の人物が登場する。紳士君は、「民主の制」を絶賛し、絶対的平和主義を唱える。豪傑君は、対外侵略、対外雄飛を主張する。南海先生は中庸の立場であり、適度の防衛力の整備と、漸進的な民主化を主張する。よく知られているとおりである。

ところが、豪傑君は、あるべき内政について何も述べていないのである。「恋旧」つまり古いメンタリティの人間が対外侵略に乗り出し、場合によっては消えていくことを、むしろ歓迎するのである。兆民はよく知られたとおり民権派であり、紳士君がその理想であり、現実的な選択としては南海先生の議論が兆民に近いが、豪傑君もまた兆民の分身であると見られている。民権論者においても対外膨張の思想が強かったことも、よく知られている。

台湾出兵

征韓論によって五名の参議が辞職したのは大事件であった。それ以後、岩倉具視暗殺未遂事件、愛国公党の結成（ともに明治七年一月）、佐賀の乱（二月）と大きな事件が続くが、これについては次章に譲り、対外政策の次のうねりとして、台湾出兵の話に移りたい。

佐賀の乱の報が伝わり、大久保が佐賀に赴く前、明治七年（一八七四年）二月六日、台湾出兵に関する閣議決定が行われた。

明治六年一一月から七年一月にかけて様々な出兵論が提起されるようになった。その中には領有論もあった。台湾における清国領は西側だけであって、東にはその統治は及んでおらず、アモイ駐在米国領事ルジェンドルの意見なども、そこに注目していた。

すでに述べたとおり、大久保の最大の関心は薩摩暴発を防ぐことであった。それゆえ台湾出兵の決定は、薩摩士族のエネルギーを外に向けることを、一つの理由としていた。出兵の中心は西郷従道であり、薩摩士族の参加が見込まれていた。そして明治七年四月四日、西郷従道を台湾蕃地事務都督として台湾出兵の方針が決定された。このとき大久保は佐賀にいて不在だった。

ところが、四月二日ごろから、パークス英公使は反対を表明し、アメリカのジョン・ビンガム公使も反対してきた。ルジェンドルの冒険主義的な主張は、個人的なものであって、アメリカ政府のものではなかった。

また国内では、木戸孝允は対外的な冒険は避けるべきだと、征韓論と同じ理由で反対し、四月一八日、参議の辞表を提出している（五月一三日辞職）。ビンガムの抗議に接した副島は、ルジェンドル、米海軍少佐カッセル、前米陸軍大尉ワッソン、およびアメリカからの傭船ニューヨーク号の台湾行きの差し止めを上申する。一九日の閣議は（大久保不在）、出兵延期を決定した。これに対し、閣議のメンバーでない黒田清隆は反対し、アメリカ公使の意見で政策が変わるのは好ましくないと批判した。

この出発延期の決定は、長崎の西郷従道に伝えられたが、西郷は出兵を強行した。大久保も佐賀で延期の決定を知り、長崎に急行し、五月四日、西郷と会談した。しかしすでに四隻の船は出発してしまっており、大久保はこれ以上止めるのは無理だとして、出兵を追認することとした。

大久保の行動は随分動揺したように見える。征韓論に反対して台湾出兵を容認するのは一見、矛盾しているように見える。しかし、薩摩の暴発を防ぐこと、英米との対立をなるべく避けること、琉球を日本の領土として確認することという点で、大久保は一貫していた。実は二月の閣議決定には領土的野心は含まれておらず、他方で四月の決定には含まれていた。四月の決定により、西郷が事務都督、大隈が事務局長官となっているが、事務局は英語ではcolonial office、事務局長官はMinister of ColonizationまたはMinister of Coloniesとなっており、「植民地化」を含んでいたのである。

木戸が台湾出兵に二月には賛成し、四月には反対したのは、そのためだと考えられる。そして大久保は、まだ佐賀にいて、四月の決定には十分関与することができなかった。

ただ、木戸と大久保の違いを言えば、薩摩暴発ないし不平士族の反乱との連動の可能性については、木戸は常に冷ややかな傍観者的態度を取っていた。

六月四日、台湾における軍事行動が終わると、大久保は和平の全責任を負って、清国での交渉に赴いた。八月六日のことであった。北京到着は九月一〇日だった。側近にはこの難交渉に赴くことに反対するものもあった。この交渉で大久保を助けたのがルジェンドルおよび司法省顧問として来日していたフランスの法学者ボアソナードであった。

清国は、万国公法は西洋のものであって清国の関知しないものであるという主張に始まって(南シナ海の九段線に関する国際常設仲裁裁判所の判決を紙切れと呼んだ二〇一六年の中国の態度と似ている)、日本の出兵はそもそも違法であるという立場だった。列強は中国の主張に理解を示すものが少なくなかったが、大久保は清国が台湾統治の実態を欠いており、領土とは言えない、領土だとすれば、その地における行動には責任を負うべきだと反論した。

ボアソナードは二つのオプション、①現地を占領し続ける、あるいは、②償金を得て撤退する、を示し、清国の台湾領有を認める意味を持つが、②がよいと勧めた。大久保は同感であり、戦争を辞さない強硬な交渉を続けたのち、大きく転換して②に舵を切り、一〇月三一日、合意にこぎつけた[4]。

清国は日本の行動を義挙と認め、被害者に対する見舞金を出すことに同意した。見舞金は実際の軍事費に比べてはるかに少額であり、大久保がこれを受け入れたとき、両国の交渉を斡旋したイギリスのウェード駐清公使は驚いたといわれるが、全体として、これは列強の誰も予想しない結果であって、大久保の勝利であった。

その翌日の日記に、大久保は以下のとおり、珍しく感慨を吐露している。

「九月一〇日北京へ着、滞在凡《およそ》五〇日余、実に重難の任を受、困苦不可言《こんくいうべからず》、幸《さいわい》に事成局に至り、北京を発し、自ら心中覚快《かいをおぼゆ》、嗚呼《ああ》如此《かくのごとき》大事に際す、古今稀有の事にして、生涯亦《また》無き所なり、舟中無事、此日天気殊《こと》に平穏、秋天高霽《たかくはれ》、四望浩々如海《うみのごとし》、往時を思、将来を考、潜《ひそか》に心事の期するあり、晩景登岸、行歩里許」

また、北京から天津に向かう舟の中で、以下の詩を詠んでいる。

舟中偶成
奉勅単航向北京
黒雲堆裏蹴波行
和成忽下通州水
閑臥蓬窓夢自平

（大意）
勅命を奉じ一人船で北京に向かう
黒雲がたなびく中、船は波を蹴って行く
和議が成立し、ただちに通州の水路に向かう
粗末な小舟の中で一人横になり、見る夢は穏やかだ

一一月三日、大久保は天津で初めて李鴻章に会い、胸襟を開いて日清の友好について語っている。たんなる外交辞令とは思えない内容である。そして四日、天津を発ち、台湾に至り、西郷都督と会って交渉の始末を告げ、撤兵を決定している（勝田孫弥『大久保利通伝』下、三六四―三六七

頁）。

大久保の帰国は、出兵に反対した木戸を含め、あらゆる方面から大歓迎を受けた。大久保の大勝利だった。

かつて征韓論に反対した大久保が、今度は台湾に兵を出し、しかも列強の意向に右往左往したと批判する説がある。

それはまったくの間違いである。軍事行動には侵略的のものと自衛的なもの、そしてその中間的なものがある。台湾出兵は、その中間であるが、沖縄が日本の一部であることを確認するために行われた限定的な軍事行動であって、昭和期における侵略とは全く異なる。

また、軍事行動は極めて危険で影響するところの大きいものである。したがって、国内の政治状況と国際関係を慎重にしかし速やかに判断して行うべきものである。この点でも、薩摩の意向を懸念し、また英米の意向に配慮した点で、台湾出兵は優れた判断に立つものだった。

ちなみに、一九三七年に日中戦争が勃発したとき、参謀本部の責任者は石原莞爾《いしはらかんじ》であった。日中戦争の拡大に反対した石原に対し、拡大派の幕僚は、われわれは石原将軍が満洲事変でやったことを踏襲しているだけだと答え、石原は反論できなかったという。これは、反論できなかった石原も、このような説明を鵜呑みにする歴史研究者もまったく間違っている。国際状況がまったく異なっていた。中国本土における日本の行動に対する列強の視線は、満洲事変のそれの比ではなかったし、米ソは一九三三年に国交を回復しており、この点でも、日本をめぐる国際状況ははるかに悪かったのである。

琉球処分

以上のように台湾出兵とその後の清国との協議において、もっとも重要だったのは琉球の帰属問題だった。それゆえ、日清交渉ののち、琉球の日本帰属の国内的側面が着手されたのは当然だった。

さて、大久保は明治七年（一八七四年）一二月一五日の「琉球処分に関する建議書」において、次のような方針を提示した。

すなわち、明治五年、尚泰を藩王に封じたが、清国との関係はなお曖昧なままである、清国は台湾出兵を義挙と認めたが、まだ明確に琉球の日本帰属を認めたわけではない、本来、台湾出兵は琉球のために行ったのであるから、藩王自ら上京して感謝すべきであるが、あいかわらず清国を恐れて何もできないなら、容赦してもよい、しかし、重役には上京させ、出兵の顚末、交渉の曲折を言ってきかせ、これからの名分について言ってきかせて、その上で藩王の上京を求めたいとした。「重役」には、清国との関係を一掃し、鎮台支営を那覇に置き、刑法その他の制度改革を進めるよう説諭する、また琉球藩がかつてアメリカ、フランス、オランダと結んだ条約は認められないので、日本政府が結び直し、また、清国から得た撫恤金《ぶじゅつ》（見舞金）の中から、台湾での被害者への撫恤米を供与し、汽船を購入して琉球に下賜する、と付け加えている（『大久保利通文書』第六巻、二三七―二四〇頁）。

大久保の意見書は裁可され、一二月二四日、琉球藩重役の上京が命ぜられた。

琉球藩重役への説諭は明治八年三月から五月まで行われた。琉球側が抵抗したのは、清国への朝貢をやめることと、鎮台分営の設置であった。清国では光緒帝《こうしょ》の即位の時期が近かったが、これに対しての朝貢を禁止した。

このように、明治政府の政策は、琉球に対して厳しかった。しかし、当時、日本と清への両属などが維持できる国際環境ではなかった。すでに述べたとおり、琉球処分という言葉には冷酷な響きがあるが、がんらいは制度の統一という意味であって、斬って捨てるような感じはない。むしろ、相当に丁寧な対応をしたように思われる。尚泰の態度を見ると、強引に押し切った感じがあるが、尚泰の両属論の延長線上に琉球ないし沖縄の発展があったとも思えない。それに尚王家の支配が、住民に対して寛大で良い政治だったかどうかも疑問である。廃藩置県と琉球藩設置のころ、政府は尚泰に多くの恩典を与え、資金を与えたが、沖縄で税金が減免されたという記録はない。

近代沖縄研究の始祖ともいうべき伊波普猷《いはふゆう》（一八七六―一九四七）は、琉球処分を沖縄の近代化の一歩として評価している。すなわち伊波は、『琉球見聞録』（喜舎場朝賢《きしゃばちょうけん》著、一九一四年）に寄せた文の中で、沖縄は島津の圧政と尚氏の支配の中で暗黒だったのであり、それから脱し、かつ同一民族である日本の一部になったとして、「私は琉球処分は一種の奴隷解放と思っている」と述べているのである（我部政男『近代日本と沖縄』、一六頁）。

日朝修好条規

明治七年（一八七四年）、台湾問題が一段落したのち、依然として大きな外交課題は朝鮮であった。

明治六年の後半から、朝鮮では大院君の独裁に対する反発が強まっていた。大院君は景福宮を再建し、鎖国のための軍備を強化し、全土に斥和碑（攘夷の考えを刻んだ石碑）を建てた。これは、朝鮮の財政の耐えるところではなかった。その結果、国民の不満は高まり、一八七三年一二月一四日、大院君を弾劾する上訴が提出されると、反大院君の動きは大きな流れとなり、大院君は失脚してしまった（木村幹『高宗・閔妃──然らば致し方なし』、七八頁）。皮肉なことに、日本において征韓論をめぐって政変が起こってから、二ヶ月にも満たないうちのことだった。

征韓論後の日本の方針は、大久保を中心に定められた。明治七年二月、大久保と大隈の連名の意見書において、朝鮮に対する遣使の必要を述べた。①すでに決定されているので、数名を朝鮮に渡航させる、②ただし、「友国の公誼」を表し、「旧交の誠意」を尽くすことを目的とする、③国情の如何《いかん》、兵備の虚実、版図の形勢を探索し、のちの参考とする（合意に至ることを目的としない）、などとし、そのため、まず数名を渡航させ、使節の名を用いず、渡航には和船を用い（朝鮮の反発する洋船を避ける）、可能なかぎり旧慣によることとし、人数は三ないし五名を超えない、というきわめて温和なものであった（「朝鮮遣使に関する取調書」、『大久保利通文書』第五巻、三七一―三七四頁）。しかも、その数名の中には、朝鮮に受け入れられやすいように、前対馬藩主宗重正《そうしげまさ》を起用することとしていた。この意見書を記したのは、佐賀の乱の鎮圧のために大久保が西下する二月一四日の直前、おそらく六日ごろのことであった[5]。朝鮮問題の実務を担ってきた森山茂の意見書を踏まえたものであった（田保橋潔『近代日鮮関係の研究』上、三三六―三三七頁。以下、日朝関係については、断らない限り、同書に依る）。

その後、佐賀の乱と台湾出兵のため、遣使は遅れた。そのため、とりあえず情勢探索のため、森山茂を派遣することとし、森山は六月一四日、釜山に着いた。森山は、現地の感触から、宗重正派遣が困難なら、自分が交渉にあたるという案を提示し、九月三日、朝鮮訓導の玄昔運《ヒョンソゲン》と会談した。これは日本と朝鮮との間の最初の政府レヴェルの接触だった。そして、外交当局者同士の間で、文書を交換していくという方式が九月末に合意された。かつての通信使方式からの転換に、六年を要したのである。

朝鮮側の方針転換は、清国から、台湾出兵に関する情報がもたらされたからであった。日本が台湾に兵を出したのち、今度は朝鮮に兵を出す可能性があるという警告に、朝鮮は方針を転じたのであった。

ここから、ようやく交渉の基本方針が検討されることとなったのであるが、最大の問題は、朝鮮を独立国とみなすか、半独立とすべきか、ということだった。独立国とみなすことが望ましいが、その場合は清国との宗属関係を断絶させることになり、大きな困難が予測されたので、当面、宗属関係を温存させる方針が取られた。

それでも交渉は書契問題や日本の洋装の問題で難航した。とくに朝鮮が日本の洋装を非難したことに、森山は怒りを禁じ得なかった。それは文明開化の否定であり、明治維新の否定であったからである。

こうして、軍艦による威嚇という路線が採用されることになった。日本は、威圧を加えるため、雲揚などの二隻の軍艦を朝鮮沿岸に派遣した。明治八年五月二五日、雲揚が釜山に入港し、六月二〇日から二九日まで朝鮮東海岸の測量に従事したのち、いったん帰国した。その後、長崎にあった雲揚は朝鮮西海岸に向かい、九月二〇日、江華島に接近したところ、江華島から砲撃を受けたので、反撃を加え、二二日、砲台を占拠した。

江華島事件の報告を受けると政府はただちに草梁倭館と居留民保護のため釜山へ軍艦春日を派遣することを決めた。事件処理の全権使節を派遣し、朝鮮政府と交渉することとし、このことを清国に通報した。司法省顧問ボアソナードも、朝鮮は清国に対し「全く臣属の国にあらず、又《ま》た全く独立の国にあらず、一個中間の位置にある」として、朝鮮に対する問罪の交渉は、まず清国に通知すべきであるが、ただし朝鮮は独立国であるという立場で臨むべきだと述べた。

一一月下旬、外務少輔森有礼が北京に赴任した。朝鮮へは、木戸孝允が赴任することを望んだ。琉球・台湾の問題を大久保が処理したので、次は長州の木戸が朝鮮問題を解決しようとしたのである。また、地理的にも長州には朝鮮への関心が強く、薩摩には琉球への関心が強かった。しかし病気のため木戸は朝鮮に行けず、黒田清隆を派遣することになった。黒田は薩長では大久保・木戸・伊藤に次ぐ大物であったが、やや粗暴な性格のため、副使節には長州の井上馨を派遣した。これは大久保の意見だったと言われている。

明治九年二月、日朝修好条規が締結された。その第一条は、「朝鮮は自主の邦にして、日本と同様の権限を有す」というものであった。しかし、日本側が領事裁判権を持つことが明記されており、この点で少なくとも両国は平等ではなかった。

江華島事件と日朝修好条規は、日本がペリーや西洋列強に倣い、砲艦外交（ガンボート・ディプロマシー）を行って不平等条約を押し付けたものと批判され、あるいは揶揄されることが少なくない。しかし、それは明治維新から八年にわたる辛抱強いアプローチの結果であって、その及ぼすところの影響を配慮した慎重な政策であったということができる。また、たしかに意図的な挑発であったが、朝鮮側がもう少し賢明であれば、釜山その他の測量において日本の意図を読み取り、異なった対応が可能だったように思われる。とくに昭和期に比べるときわめて慎重であった。なかでも大久保は慎重であった。また治外法権などについても、欧米の治外法権には一定の正当性があったと述べたとおり、朝鮮の法制度はとても近代的な法制度といえるようなものではなく、一定の制約を求めたのは当然だった。

ただ、一つだけ明確だったのは、朝鮮を独立国として扱うことであった。沖縄の両属を認めない点において強硬だったのと同様、日本政府は朝鮮の独立という点においては強硬だった。

そして、実はそれが最も難しいところであった。清国も朝鮮も、今日的な意味で朝鮮が自主独立だとは考えていなかった。朝鮮は清国の属国であるが、自主である、あるいは自主であるが属国であるというのは、彼らが共有していた観念だった（岡本隆司『属国と自主のあいだ――近代清韓関係と東アジアの命運』）。

一八八二年（明治一五年）、朝鮮は清国の勧めにしたがって、アメリカとの条約を結ぶが、そこに朝鮮は清国の属邦と書き入れようとした。アメリカはこれを好まなかったため、国王のアメリカ宛ての書簡の中にこれを書き入れた。朝鮮にとっては事大、すなわち清国に対する従属的かつ緊密な関係は、容易に捨てられないものであった。

しかし、独立国であって、かつ清国に従属することを認めれば、朝鮮に対する外交は、清国の同意を得つつ進めなければならなくなり、きわめて複雑で困難なものになることが予想された。この当時、朝鮮に対する軍事的経済的進出はそれほど大きな課題ではなかった。しかし、朝鮮の独立というのは、日本にとって譲れない一線であった。これ以後の対朝鮮外交は、実はこの自主独立かつ事大という複雑な性格を払拭することを目指して、長く展開されることになる。(6)

ロシア

もう一つの隣国、ロシアとの間では、幕末の日露和親条約（一八五五年）において、千島列島の択捉《えとろふ》以南が日本、得撫《ウルップ》以北がロシア、樺太については日露混住と定められていた。しかし、クリミヤ戦争（一八五三〜五六年）終了後、ロシアの樺太開発が本格化し、日露の紛争が多発するようになった。幕府はほぼ北緯四八度の久春内《くしゅんない》（イリンスキー）を国境とすることとし、使節をサンクトペテルブルクに派遣して交渉させたが、交渉は成立しなかった。

明治に入っても紛争が絶えなかったので、解決するための案が出され、副島種臣は樺太の南北分割論、黒田清隆は樺太放棄、北海道開発専念を主張した。榎本武揚を特命全権公使に任命（明治七年一月）して、サンクトペテルブルクで交渉にあたらせ、明治八年（一八七五年）五月、樺太放棄と得撫以北の千島一八島の獲得を中心として、関連する両国資産の買い取り、および漁業権益の調整について定めた千島樺太交換条約を締結したものである。

これに対しては、日本の得た千島と樺太とを面積で比べると日本が圧倒的に不利に見えるので、強い批判があった。しかし、これは千島がもたらす漁業権益や海域の広さ、それにロシアの太平洋への出口を塞ぐという地政学的な意味から見て、必ずしも不利な取引であったとは言えない。むしろ、内部を固めつつ、戦略的守勢をとった優れた決断だったと考えられる。

なお、ロシアに派遣された榎本武揚は言うまでもなく、明治元年幕府艦隊を率いて北上し、新政府と対決した人物である。オランダ留学で得た海軍および国際法の知識を駆使して戦ったが、敗れ、投獄されたが、その才能を惜しんだ黒田清隆らの努力によって死刑を免れ、明治五年に釈放された。その後、黒田北海道開拓使次官のもとで実力を発揮し、ロシアとの交渉に起用されたのである。その際、威厳を付与するため海軍中将に任命されている。日本最初の海軍中将だった。

榎本のロシアでの主な仕事はもう一つあり、マリア・ルス号事件に関するものであった。これは、日本に寄港していたペルーのマリア・ルス号に清国の苦力《クーリー》が多数乗せられており、劣悪な条件に苦しんでいたのを、裁判を行い、人道的理由ということで日本が解放したものである。ペルー側とは紛争になり、さらに国際仲裁裁判に付されることとなった。そしてその裁判官として、ロシア皇帝が選ばれた。日本の公使は、この仲裁裁判を見守る役割も負わされている。そしてロシア皇帝は日本の決定を是とした。榎本の勝利でもあった。

なお、榎本は、帰路、鉄道でニジニーノヴゴロドまで行ったあと、馬車を乗り継いでシベリアを陸路横断して、ウラジオストックに至った。この間一ヶ月、記録も残っている。

その後も榎本は逓信大臣、文部大臣、外務大臣などを歴任し、様々な事業に関係し、また対外移民とくにメキシコへの移民事業に関係した。幕末維新の生んだ天才のひとりだった。

よく知られているとおり、福沢諭吉は勝海舟と榎本武揚に対し、「瘠《やせ》我慢の説」を書いて、かつて幕府の高官だったものが、新政府に仕えて栄華を極めていることを、武士の精神に悖《もと》るとして厳しく批判した。抵抗の精神を重視した福沢の主張は、彼の在野の説とともに首尾一貫してはいる。しかし、明治時代がかかえていた課題はあまりに大きく、それにこたえられる人材がそれほどいたわけではない。勝や榎本に対し、酷である感は否めない。

【コラム】若き日の榎本武揚

榎本武揚は天保七年（一八三六年）八月二五日、幕臣・榎本円兵衛の次男として生まれ、一二歳で昌平黌《しょうへいこう》に入り、一八歳で長崎の海軍伝習所に入った。教師のカッテンディーケは榎本の才能と人物に注目している。学業を終えるとすぐ江戸に戻って海軍操練所の教授となった。そして文久元年（一八六一年）、アメリカに蒸気軍艦三隻を注文し、あわせて留学生を送ることとなったが、南北戦争勃発のため、行く先を変更してオランダに向けて出発した。榎本は日本最初の海軍留学生であった。出発は文久二年で、榎本は二七歳、一行は総勢一五名だった。この渡航自体、当時の困難を物語る破格のものであって、以下に紹介しておきたい。

まず六月二八日、咸臨丸に乗船して品川を出発したが、一行に麻疹《はしか》に感染したものがあることがわかり、下田に停泊して療養し、八月二日に抜錨し、瀬戸内海の塩飽《しわく》諸島に立ち寄り（一行に同地の出身の者があり、暇乞いの機会を与えた）、六五日かけて長崎に到着した。そこで、長崎でまっていた医師（伊東玄伯と林研海）を乗船させ、九月一一日、オランダ船に乗って長崎を出帆した。二〇〇トンの帆前船《ほまえせん》だった。

ところが途中暴風雨によって難破し、オランダ人が逃げ出したため取り残され、無人島に漂着し、海賊に襲われたが逆に彼らを脅したりして、ようやく救出され、原住民と交際し、一〇月一八日、ようやくバタビアに到着した。一一月三日、オランダの帆前船によって出航し、インド洋をわたり、マダガスカルを経て、喜望峰をまわり、セントヘレナに二月八日に到着した。同月一一日、セントヘレナを出発して、四月一八日、オランダのロッテルダムに到着した。セントヘレナから六八日、バタビアから一六四日、長崎から二一五日を要した（廣瀬彦太「両日記の解説——榎本武揚小伝」、榎本武揚著・講談社編『榎本武揚　シベリア日記』所収）。

小笠原領有

もう一つ、小笠原の領有を明確にしたことも重要だった。

今日、小笠原諸島が日本の一部であることを、われわれは自明のことと思っている。しかし、それは当然のことではなく、日本の歴代の指導者の努力によって確実なものとなったものである（松尾龍之介『小笠原諸島をめぐる世界史』参照）。

小笠原については、一五四三年にスペイン船が航行中、小笠原諸島らしい無人島群を見たという記録があるらしい。また、一五九三年、小笠原貞頼なるものが発見したという説があるが、これは信憑性に乏しい。一六三九年、オランダ東インド会社の船が、二つの無人島（おそらく父島と母島）を発見している。

一六七〇年、阿波の蜜柑船が漂着したのち、六人が八丈島経由で帰国している。その報告をもとにして、一六七五年、幕府が三五日にわたって調査を行い、「此島大日本之内也」という碑を設置した。以後、無人島と呼ばれた。

その後、鎖国の定着とともに、日本からの接触は乏しくなったが、一七八五年、林子平『三国通覧図説』に小笠原島という名称が現れる（林は小笠原には行っていない）。これに欧米で注目するものが出てくる。

一九世紀になると捕鯨船が現れるようになる。一八二六年にはイギリスの捕鯨船の二名が定住を始める。また翌年にはイギリス軍艦が来航して、領有宣言をしている。もっともイギリス政府はこれを認めなかった。

一八三〇年にはハワイのナサニエル・セイヴァリーら白人五人と太平洋諸島出身者二〇人がハワイ王国から入植した。

その後、英米が関心を示し、ペリーも一八五三年に小笠原を訪れている。前記のアメリカ人移住者がいたので、その他の漂流者をも集め、アメリカ領であることを宣言し、セイヴァリーに国旗を授与し、このものを首長とすると宣言し、また石炭置場を設けた。

幕府は一八六二年に至りようやく本格的な調査を行い、居住者に日本領土であることを宣言し、日本駐在の各国に領有権を通告した。このとき渡航したのはアメリカから帰国したばかりの咸臨丸（艦長、小野友五郎）であった。その後、幕府の態度は積極的でなく、むしろ後退していった。

小笠原探検を主導したのは老中安藤信正であり、放置したのは松平慶永政事総裁職であった。このことを、探検に参加した田辺太一は憤りを込めて批判している（田辺『幕末外交談』一、二二七—二二八頁）。

このような経緯を書いたのは、鎖国の中で、日本のアプローチは消極的であり、場合によってはイギリスやアメリカの領有となってしまった可能性もあったことを示すためである。

明治八年（一八七五年）に至り、政府は小笠原領有の決意を固め、一一月五日、イギリスのパークス公使の了解を得たのち、明治九年一〇月一七日、小笠原領有を通告した。

上記のように、明治七年から九年にかけて、沖縄の所属、朝鮮との国交、小笠原の帰属、そしてロシアとの千島樺太交換条約によって、ようやく日本の輪郭が浮び出たわけである。

（1）初代公使に何如璋が任命されたのは明治一〇年一月のことである。その前後の経緯や、彼らの日本経験については、張偉雄『文人外交官の明治日本――中国初代駐日公使団の異文化体験』（柏書房、一九九九年）参照。
（2）松田道之「琉球処分」（明治一二年一二月）、明治文化資料叢書刊行会編『明治文化資料叢書　第四巻　外交編』（風間書房、一九六二年）所収。以下、琉球処分の基本的な事実については、これによる。
（3）田保橋潔『近代日鮮関係の研究』上（朝鮮総督府中枢院、一九四〇年）、一九八頁。
（4）大久保泰甫『ボワソナードと国際法――台湾出兵事件の透視図』（岩波書店、二〇一六年）が詳しい。
（5）「朝鮮遣使に関する取調書」（『大久保利通文書』第五巻〈マツノ書店復刻、二〇〇五年〉所収）、三七一―三七六頁、勝田政治『大久保利通と東アジア――国家構想と外交戦略』（吉川弘文館、二〇一六年）、一二四―一二八頁。
（6）ある意味で、現在の韓国にも、こうした自主と従属という二重性が感じられることが少なくない。韓国は、その東にある日本海を東海と言い換えるよう主張する一方で、韓国の西側にある黄海を西海と呼べという主張は、ほとんどしていない。韓国の中国に対する態度は、他の国々に対する態度と明らかに違っている。古代以来形成されてきた事大主義（中国という大に仕えるのが正しいとする態度）は、かくも根深いものである。他方で、それは本心から中国を敬うというわけでもなく、中国に対する表面的な従属的位置を巧みに利用して、自らの利益を図るという面も持つものであった。一八八〇年代に清韓関係で活躍した馬建忠は、朝鮮は意外に清国を重んじていないと感じている（岡本前掲『属国と自主のあいだ』、五六頁）。

第7章　大久保独裁の現実

征韓論政変以後の政治

明治六年（一八七三年）一〇月二五日、征韓派参議五名が辞職したことは（西郷隆盛のみ二四日）、大きな衝撃であった。当時の参議は、幕末の雄藩藩主に匹敵する政治的な重みがあった。それが一度に五人も政府を去り、公然と政府を批判する立場を明らかにしたのである。とくに戊辰戦争の最大の英雄であり、軍の最高指導者であった西郷の辞職は、日本を大きく動揺させる可能性があった。政府が西郷の参議としての辞表は受理する一方で、陸軍大将の地位はそのままとしたのは、こうした動揺を少しでも抑えようとしたからであった。

この明治六年一〇月の政変から、一一年五月に暗殺されるまで、明治政府を支えたのは大久保利通であった。大久保は文字どおり政府の柱石であった。これは大久保独裁とも言われたが、その実態を以下に考えてみたい。

明治六年一〇月一二日に参議に復帰していた大久保は、一一月一〇日、内務省を設置して内務卿を兼ねた（一一月二九日）。そして参議兼大蔵省事務総裁だった大隈重信が参議兼大蔵卿に（一〇月二五日）、参議の大木喬任が江藤新平にかわって参議兼司法卿に（同）なった。また、新任参議としては工部大輔だった伊藤博文が参議兼工部卿に（同）、元幕臣の勝安芳《やすよし》（維新後、安房から安芳に改名）が参議兼海軍卿に（同）、さらに寺島宗則が参議兼外務卿に（一〇月二八日）任ぜられた。これは参議が重要な省の長である卿を兼ね、実力と責任が一致する体制であった。

さらに一二月二五日、勅使派遣によって四月以来東京にいた島津久光が内閣顧問に任じられた。これは旧幕臣の勝の起用とともに、有力者の離反を補う意味を持っていた。

しかし動揺は簡単には収まらなかった。明治七年一月一四日、東京の赤坂喰違坂《くいちがいざか》で、皇居から自宅に戻る途中の岩倉具視右大臣の馬車が襲われた。襲撃者は板垣退助や西郷とともに職を辞した元官僚・軍人であった。岩倉は負傷したが、濠に転落したことが幸いして、水中に潜んで一命をとりとめた。しかし精神的な衝撃は大きく、二月二三日まで公務に復帰できなかった。岩倉の後年の写真には顔に傷があるが、それはこの時のものである。なお、岩倉が静養している間に、佐賀の乱が勃発している。大久保は岩倉の協力なしに状況に対処しなければならなかった。

不平士族による政府高官襲撃という事態を重く見た大久保は、徹底した捜索を命じ、三日後に犯人九人を逮捕し、七月、全員を斬罪としている。てがかりは主犯が残した下駄だったという。警察の威力は相当のものだった。

民権派の発足

ところで、辞職した参議たちのうち板垣らは、明治七年一月一二日、愛国公党を結成し、一七日、「民撰議院設立建白書」を提出した。今日の権力は「上帝室に在らず、下人民に在らず、而《しこうして》独り有司に帰す」と、一部の人間への権力の集中を厳しく批判していた。

参加者は、板垣、副島種臣、江藤、後藤象二郎らのほか、小室信夫《しのぶ》、由利公正、岡本健三郎、古沢滋で、西郷は誘われたが、加わらなかった。愛国公党という名称は、党派というマイナス・シンボルに愛国および公という言葉を被せたものであった。それは、少数有志の集まりであって、今日われわれが政党という言葉で想起するような大規模な集団ではなかった。

この建白書はブラックの『日新真事誌』に掲載されて知られた[1]。これに対し、加藤弘之が民撰議院の尚早を論じるなど、論戦となった。しかし、署名者の一人、江藤新平が佐賀の乱に参加したりしたため、愛国公党は、一ヶ月ほどで自然消滅してしまった。

大久保の構想

ところで、大久保は愛国公党に対抗するようなヴィジョンを持っていただろうか。実は、愛国公党の結成に先立って、大久保は、伊藤博文に書き送った「立憲政体に関する意見書」の中に、自らの国家構想、憲法構想を書き記している[2]（明治六年一一月、『大久保利通文書』第五巻、一八二―二〇三頁）。

大久保はまず、イギリスも日本も人口三〇〇〇万人あまりの島国であるのに、なぜこれほど違うのかを問題とする。それは、イギリスにおいては、「けだし三二〇〇余万の民各おのれの権利を達せんがためその国の自主を謀《はか》り、その君長《くんちょう》もまた人民の才力通暢《つうちょう》せしむるの良政ある」のに対し、日本では、「三一〇〇余万の民愛君憂国の志ある者万分有一にして、その政体においても才力を束縛し権利を抑制するの弊ある」からである。つまり、イギリスに比べて日本では、「国家を負担するの人力」が圧倒的に少なく、また「人力を愛養するの政体」にも欠けるところがあるからであるとする。ここに明らかなように、大久保は国家の発展のためには国民の積極的な参加が必要だという意見であった。

この点だけについて言えば、大久保の意見書は、例えば板垣退助が自由民権運動を志した動機と似ている。板垣は会津での戦争において、武士は勇敢に戦ったが、農民は傍観していたことを見て、国民意識の乏しい国は危ういと感じた。それが自由民権運動に志した理由だと述べている(3)。多くの国民の参加する政治という理想は、大久保も板垣も、また五箇条の御誓文や政体書も同じであった。われわれは、自由民権運動と藩閥政府の激しい対立に目を奪われがちであるが、実は彼らが目指していた理想は、相当程度共通するものだったのである。

ただ、大久保は、民衆の成熟はまだまだ不十分と考えた。それゆえ、日本の政体については、君民共治を目指すべきだとした。民主の政はアメリカのような国にはともかく、「旧習に馴致《じゅんち》し宿弊《しゅくへい》に固着するの国民に於ては適用すべからず」と考えたのである。

大久保はまた、日本の経済発展の遅れを痛感しており、そのために新しく内務省を設立して、自らこれを率いた。内務省設立の案は以前からあったが、この内務省は、地方、警察、勧業の三つの分野を担当しており、通常内務省が担当する地方政治と治安だけでなく、殖産興業政策を担おうとしたところが大きな特徴であった。大久保は殖産興業の重要性を欧米視察によって痛感したが、その主な内容は、この章の半ばで述べるように農業が中心であった。それは、生活に困窮する士族のための事業の提供（士族授産）と関係付けて考えられていた。そしてこの点についても、「数百年の因習に浴し来る無気無力の人民を誘導するには、政府是が嚆矢《こうし》と成らざるを得ず」と、政府が主導的な役割を果たさなければならないと述べていた（明治九年一二月「行政改革建言書」、『大久保利通文書』第七巻、四四五―四五〇頁）。それが、愛国公党から見れば、「有司専制」と見えたわけである。

右にふれた大久保の「立憲政体に関する意見書」（明治六年一一月）は、長大なものである。また内務省設立は明治六年一一月一〇日のことである。征韓論政変で激務を極めた直後であった。つまり大久保は征韓論にかかわる前から、こうした構想を練っていたのである。

佐賀の乱

愛国公党結成の衝撃もおさまらぬうち、明治七年（一八七四年）二月一日には佐賀の乱が起こった。

すでに明治六年末ごろから、佐賀には反政府の気分が満ちていた。それは一色ではなく、征韓党もあれば島義勇《よしたけ》（前侍従、秋田県権令）に近い憂国党もあった。しかし、反政府という感情は佐賀の士族の間に満ちていた。

江藤新平は明治六年一二月に帰郷を願い出たが、東京に止まるように指示された。江藤のような有力者が佐賀に行くのは危険だと考えられていた。しかし、結局、一月一二日、同郷の大木喬任らの制止を振り切って、政府の許可を得ないまま、帰県した。民撰議院設立の建白書が提出される前のことであった。江藤も島も、郷里の不穏な動きをなだめる目的を持って帰郷したが、そのまま反乱の中心人物に祭り上げられた。

二月一日、憂国党の士族が官金預かり業者である小野組におしかけ、店員が逃亡するという事件が起こった。これに対し、二月四日、政府は熊本鎮台の谷干城《たにたてき》に佐賀士族の鎮圧を命じた。

反乱は佐賀の全ての勢力ではなく、征韓党と島義勇らの憂国党が集まったもので、確たる主張や目的もなく、まして戦略もなかった。反乱参加者は三〇〇〇ないし六〇〇〇人くらいであったと思われるが、二月一八日に佐賀城を占拠した。

二月一〇日、大久保内務卿は、軍事・行政・司法の三権全権の委任を受け、一四日、佐賀に向かった。二〇日、現地で作戦の指揮を開始した。文官が軍事の権を掌握するのは、異例のことだった。佐賀は薩長土肥の一角であり、しかも薩摩と連動すれば一大事だと大久保は考え、できるだけ早く、徹底的に鎮圧しようとしたのである。

佐賀城は三月一日に奪回され、江藤はその前に佐賀を脱出して薩摩に向かい、三月一日、西郷を訪ねたが協力は得られなかった。次に四国に渡り、険しい山道を越えて三月二五日、高知に行ったが、やはり協力は得られなかった。それゆえ、東京に出て陳弁しようと、土佐から阿波に向かう途中で逮捕された。このときの大久保のやり方は強引なもので、四月八日からの二日間の審理で一三名が死刑と判決され、一三日、江藤と島は梟首《きょうしゅ》とされた。突然の極刑の言い渡しに驚いて抗議しようとした江藤について、大久保はその日の日記に「狼狽、笑止なり」と書いている。

大久保の行動は、かなり残忍だったように描かれている。たしかに、過剰なほどの敵意が感じられる。ただ、大久保からすれば、江藤は征韓論という危険な政策を弄び《もてあそ》（江藤はなぜ征韓が必要か、ほとんど論じておらず、自らの権力的地位のために利用した面があった）、政府を二分し、かつ武力反乱を率い（西南戦争には及ばないが、数千人の反乱というのは、これに次ぐものである）、薩摩を引き込もうとしたのであった。大久保の激しい敵意は、そのような行動に対する怒りに裏付けられていたように思われる。また江藤の裁判が長引くと、全国の不満分子に影響が及ぶことを懸念したためであった。江藤の上げた狼煙《のろし》はすぐに消さなければならなかった。

大久保にとって幸いであったのは、江藤が西郷や板垣のような軍人ではなかったことである。西郷と呼応するような戦士の連帯感のようなものを、江藤は持っていなかった。

大阪会議

佐賀の乱鎮圧以後、大久保は台湾出兵とその後の日清外交交渉に忙殺された。明治六年（一八七三年）一〇月の征韓論政変から、佐賀の乱、台湾出兵を経て、北京交渉の妥結までについては、すでに述べたところであるが、まことに多難な一年だった。これを乗り切った大久保の力量には驚かざるを得ない。

しかし、明治七年の末になってみると、明治政府には孤立感があった。征韓論をめぐって五名の参議を失い、とくに西郷は薩摩にあり、急進的な士族に取り囲まれている。さらに台湾出兵をめぐって木戸が辞職して郷里にもどっていた。

これより前、明治七年四月二七日、島津久光が左大臣に任命されていた。これは、不平士族の反政府熱に対する対策として、三条実美と岩倉具視が提案したもので、大久保は反対だったが、致し方ないと同意して、実現されたものである。右大臣の岩倉より上の左大臣である。

ところが久光は、五月二三日、明治政府が進めてきた政策に真っ向から反対する意見書を提出した。礼服の洋装化、地租改正、徴兵制度に反対し、すべて元に戻すようになどという主張であった。そしてこの要求に大久保が賛成しないなら、免職にすべきであり、もし意見書が採用されないなら辞職すると述べた。また、大隈重信の罷免、副島種臣の復職、西郷・板垣に復職を求める御沙汰書を出す、と主張した。

これに対し大久保は、久光の主張は国家に大害があるもので、これを受け入れるようなら自分は辞職するといい、ここに三条は、征韓論の時ほどではないにせよ、軽い錯乱状態に陥った。しかし岩倉は大久保の立場を断固支持し、三条も久光の意見を容れる余地はないことを理解し、久光の意見を拒絶することに決した。各方面からの斡旋で、六月六日、久光もようやく二三日の意見書を撤回することにした。

ところが、久光は大隈更迭の意見にはこだわり、八月には、中山忠能《ただやす》、松平慶永、伊達宗城らの華族・旧大名と提携して、その主張を貫こうとした。台湾出兵とその後の北京交渉は、このように複雑で困難な事態を背景に行われていたのである（勝田孫弥『大久保利通伝』下、二六一―二七一頁）。

さて、明治七年末のことである。伊藤は木戸孝允を復帰させて政権基盤を安定させることを考えた。木戸は台湾出兵をめぐって政府を去っていたが、その後の大久保の北京での交渉は高く評価していた。木戸は板垣と一緒に復帰することを望んだ。木戸は征韓論において板垣と袂《たもと》を分かっていたが、立憲政治を目指す方向には共通性があった。板垣も政府に入って立憲政治を推進したいと考えた。

大久保も木戸の復帰を望んでいた。板垣については、とくに希望しなかったが、反対はしなかった。また大久保は、立憲政治については、さほど積極的ではなかったように見えるが、それはタイミングにおいてであって、立憲主義に対して反対ではなかった。

こうして、伊藤と、野に下っていた井上馨、そして薩摩出身の実業家で大久保と親しい五代友《ごだいとも》厚《あつ》が、大久保および木戸と何度か大阪で会談することとなった。これが大阪会議である。

以上のように三者の主張の間にはさほど対立はなかった。しかし交渉は伊藤博文の力によって進んだことになる。伊藤の本質は周旋家であると吉田松陰は述べたといわれるが、その面目躍如だった。

会議は、メンバーを替えつつ、断続的に一ヶ月ほど行われた。大久保は明治七年の年末から翌年始にかけて、一ヶ月ほど五代友厚邸（現在の日本銀行大阪支店旧館）に暮らし、五代と囲碁を楽しんだ。

会議が合意に達したとき、木戸は喜んで、会合の場となった料亭に花外楼という名をつけ、これを揮毫《きごう》して与えた。現在もこの店は残っている。

その結果、三月八日に木戸が、一二日に板垣が参議に任ぜられた。

そして明治八年四月一四日、天皇の詔《みことのり》が出された。短いので全文を引用しよう。

朕、即位の初首として群臣を会し、五事を以て神明に誓い、国是を定め、万民保全の道を求む。幸に祖宗の霊と群臣の力とに頼り、以て今日の小康を得たり。顧《おも》うに中興日浅く、内治の事当《まさ》に振作更張《しんさくこうちょう》すべき者少しとせず。朕、今誓文の意を拡充し、茲《ここ》に元老院を設け以て立法の源を広め、大審院を置き以て審判の権を鞏《かた》くし、又地方官を召集し以て民情を通じ公益を図り、漸次に国家立憲の政体を立て、汝衆庶《なんじしゅうしょ》と倶《とも》に其慶《よろこび》に頼らんと欲す。汝衆庶或は旧に泥《なず》み故に慣るること莫《な》く、又或は進むに軽く為すに急なること莫く、其れ能《よ》く朕が旨を体して翼賛する所あれ。

注目すべきは、五箇条の御誓文を引き継ぐとしていることである。立法については元老院を置き、司法については大審院を作り、議会ではないが地方の民情を知り、公益に反映させるために地方官会議を作り、徐々に立憲政体を作るとしている。

この詔勅には名前はなく、政府の法令をすべて集めた法令全書の目次には「立憲政体の詔書」とされているが、一般には、「漸次立憲政体樹立の詔勅」と呼ぶことが多い。

元老院

この詔勅の結果として成立した諸組織のその後について述べておこう。

まず元老院である。元老院は立法機関であり、それまでの左院に代わるもので、明治八年（一八七五年）四月二五日に設置され、憲法制定まで存続して、帝国議会の成立とともに廃止された。当初は正副議長各一名が置かれ、他の元老院議官（議員）の定員は無制限とされたが、まもなく同年一一月二五日に職制が改正され、正副議長各一名とこれを補佐する幹事二名（明治九年廃止）、その他の議官二八名で合計三二名が定数とされた。

議長は左大臣の兼務とされたが、実際に左大臣が議長を務めたことはなく、当初は副議長の後藤象二郎が職務を代行した。実際に仕事をしたのは幹事であった。一一月の改正で陸奥宗光と河野《こうの》敏鎌《とがま》が幹事となった。

明治九年、熾仁親王が議長に就任すると、岩倉具視の要請で、九月七日に国憲（憲法草案）起草の勅命が元老院に下され、これに対して二度の国憲草案（明治九年一〇月および一一年六月）が作成されたが、正院によって酷評されるなどして採用されなかった。

元老院における立法は、議案は天皇の命令として正院（内閣成立以後は内閣）から下付されるもので、みずから提案することはなく、緊急を要する場合には事後承認するだけとなって、権限は弱かった。

地方官会議

もう一つは地方官会議である。元老院を上院と見て、これに対置すべき下院の代わりに、民情を知るための機関として、地方長官、すなわち知事を集めて議論をした。

地方官会議は、がんらい明治七年に予定されていたものであったが、台湾出兵などのため延期となり、漸次立憲政体樹立の詔勅で再確認されて翌八年に開かれた。

第一回は木戸孝允が議長を務めて浅草の東本願寺で開かれた。六月二〇日の開院式には天皇が臨席し、「朕経国治民の易《やす》からざるを思い、深く公論衆議に望むことあり」とし、地方の民情をよく知る地方官が「同心協力」して公益のために努力せよと述べ、七月二〇日の閉院式にも天皇は出席している。

会議で討議されたのは、道路堤防橋梁の事（付・民費の事）、地方民会の事、小学校設立及び保護法の事などであったが、とくに重要だったのは地方民会のことで、府県会・区会の議員を公選とするか、区・戸長とするかについて討議の結果、区・戸長会とすることに決した。第二回は伊藤博文を議長として明治一一年四～五月に開かれ、地方三新法（郡区町村編制法、府県会規則、地方税規則）の制定がおもな議題であった。第三回は河野敏鎌を議長として明治一三年二月に開かれ、地方三新法の改正と区町村会法、備荒儲蓄《びこうちょちく》法の制定が重要議題であった。

地方官会議については、民選の原則が受け入れられなかったなど、その限界を指摘するものもある。しかし、参加者が議事に不慣れであるにもかかわらず、これだけ広範な議論がなされ、一定の成果を上げたことは、今日の立法の常識からして大きな成果だと考える。これは木戸という大久保に次ぐ実力者があって初めて可能となったことだった。また、第二回以後については省くが、やはり伊藤という実力者がリードして、大きな成果を上げたと言ってよい。

なお、地方官会議を大久保がどう考えたか、述べておきたい。明治一一年のはじめ、伊藤博文が地方官会議を廃止して内務省の中に地方官諮問会議を設けるべきではないかと述べたところ、大久保は次のように述べたといわれる（前島密の回想）。

「地方官会議は其性質固《もと》より立法の府に非《あら》ず、一個行政上の諮問会に相違なく、且《かつ》其の議員たる者も既に民選の者に非ず、其の形式に於ては、一種奇異の物たるを免れず、……然《しか》りと雖《いえど》も、当初此《こ》の会議を開きたる精神如何を顧みれば、其の変則なるを知りつつも他日国会開設の事あらん其の初歩の起頭を作《さく》すに在るを見るべし。故に何となく其の議員は各其の府県地方を代表せしむるの意を含ませ、其の位置は元老院に対して下院とも謂《い》うべき意を寓《ぐう》したる也」（『大久保利通文書』第九巻、一二八頁）。

大審院

大審院は明治八年五月、司法省裁判所に代わって設置された。司法行政をあつかう司法省と、裁判を担当する大審院がここに分離された。

一般的に、途上国においては、裁判は行政と未分化のことが少なくない。権力者の意向は、裁判に反映されやすい。これに対し、早期に司法権の独立を進めたものと評価できる。こうした制度があってこそ、のちの大津事件における司法権の独立があり得たのである。

大久保と木戸と板垣

しかし、木戸を迎えて政府を強化するという方針は、あまり成功しなかった。

板垣は参議と各省のトップである卿の分離を主張し、明治八年（一八七五年）一〇月一二日、これを上奏した。しかし、大久保にとって、まだ権力を分散させる時期ではなかった。

すでに述べたとおり、明治七年四月以来、政権強化のため、島津久光が左大臣となっていた。久光も政府に不満であって、八年一〇月一九日には、太政大臣三条実美の弾劾を上奏する有様だった。しかも、板垣は主張の異なる久光と連携していた。このような状況で、板垣と久光は、一〇月二七日、免官とされている。

左大臣久光と参議板垣の免官は、本来は大事件である。当時は、明治八年の政変と呼ぶこともあった。しかし久光の批判は、洋服を廃止せよなどという、はなはだ復古的なもので（久光は終生、和装を通し、のちに憲法が発布されたとき、父の意に反することのできない島津忠義は、チョンマゲにモーニングコートで出席したと言われる）、広い支持を得るようなものではなかった。久光も板垣も、背景にさしたる武力はなかった。

これは、明治八年九月二〇日に江華島事件が勃発し、日朝関係が緊迫していたころのことであった。こうした時に分権を提起したり、和装の復活を提起したり、しかもこうした異なる方向の主張を持つ左大臣と参議が連携して反対することを、大久保はどう思ったであろうか。

大久保は岩倉に書簡を送り、これくらいの「難事」は「常といたし申さず候ては大事之成功出来候者に無御坐候」と述べている（『大久保利通文書』第六巻、四八九―四九一頁）。征韓論による政府分裂を乗り切った大久保は、自信をつけていた。

殖産興業

以上は、主に権力の構成の面である。それだけでは不十分だった。実際に国民を富ませ、国を豊かにしなければならなかった。大久保が内務省によって実行した殖産興業政策がそれであった。明治八年五月二四日、三条太政大臣に提出した「本省事業の目的を定むるの議」において、大久保は次のように述べている。

すなわち、日本においては、宮室、衣服、船艦、兵器、学術百般、器械、服飾、日用の雑品、電信、汽車、煤燈《ばいとう》に至るまで著しい進歩を遂げているが、他方で人民は凋耗《ちょうもう》の傾向にある。輸入は増加するが、輸出は伸びず、毛布、綿糸、糖、鉄の需要は多く、茶、糸、蚕卵《さんらん》の輸出がわずかに伸びている程度である。

内務省を置いたのは、内治を整え、民産を厚殖《こうしょく》し、民業を振励《しんれい》するためであった。しかし以来、佐賀の乱、台湾出兵などが相続き、省務を省みる余裕がなかった。今や、奉職の責をつくし、内治を整え、国力を養うことに努めたい。

こう述べて大久保は、その要点を次のようにあげる。

一、樹芸（種芸）、牧畜、農工商を奨励する

二、山林保存、樹木栽培

三、地方の取締りの整備
四、海運の道を開く

内務省の組織において、すでに大久保は、勧業、警保、戸籍、駅逓《えきてい》（郵便）、土木、地理の六つの寮（現代で言えば局）を置き、さらに測量司を工部省から移して内務省に置いた（のち地理寮に合流）。それまで大蔵省租税寮の一課であった勧農課は、一挙に内務省の一等寮となった。また従来、大蔵省勧農課に所属した富岡製糸場、堺紡績所、内藤新宿試験場はこの管轄とした。

大久保は岩倉使節団のころから種子や苗に深い関心を持ち、ヨーロッパに滞在中、しばしば市中を散策して種子や苗を探している。その方向は、脱水田、稲作偏重からの脱皮、畑作、畜産の奨励であったように思われる。

そのために、大久保は多くの人材を抜擢した。その一人は岩山敬義《たかよし》（薩摩）であった。岩山は欧米で農業牧畜の研究に従事していたが、大久保は岩倉使節団で旅行中にたまたまアメリカで岩山と会い、まだ研究の半ばであることを理由に渋る岩山にただちに帰国して仕事にあたるように命じ、岩山は各種の綿羊、牛数十頭、英米の農具、農書、穀菜、樹草数百種類を携えて帰国した。帰国したのは明治六年八月だったが、内務省が成立するや、大久保はただちに岩山を抜擢して勧業権助とし、農務課長として勤務させた。落花生、イチゴ、その他多くの西洋野菜や果実も、このとき岩山が持ち帰ったものだという。

大久保の殖産興業の中心となったのは、明治五年（一八七二年）設立の内藤新宿試験場（現在の新宿御苑）だった。そこで官営農業試験場の設立を進め、のち明治七年、勧業寮に移管している。

大久保はまた明治七年八月、旧薩摩藩邸四万五千坪の土地（現在の港区芝）を買収し、のちの三田育種場とした。ここでは競馬も行われた。また、駒場に土地を得て、明治一〇年一二月、新宿の業務の一部を移し、のち駒場農学校となった。翌一一年の開校式には天皇が臨席している。駒場農学校は、明治二三年、帝国大学農科大学となり、昭和になって本郷の第一高等学校とキャンパスを交換し、駒場に移った第一高等学校が現在の東京大学教養学部となっている。

また大久保は牧畜の必要を認め、土地を探し求めた上、三里塚（千葉）の土地を自ら実見して、下総牧羊場を開いた。羊毛の需要は大きかった。また大久保は千住製絨所をつくった。羊毛のかなりの部分は軍事用だった。雨に弱い綿とちがって、羊毛から作られるラシャの軍服は雨に強く、西南戦争でも大きな威力を発揮した。

大久保の殖産興業政策は、最新の産業を大々的に輸入建設しようというものではなかった。むしろ、農業のような伝統的産業の発展を重視していた。そして工商をこれに次ぐ産業としていた。それは、秩禄処分で姿を消していく士族を救済したいという思いと関連していた。


さきの明治八年の三条宛意見書にあるとおり、海運も大久保が重視したものであった。明治七年、台湾出兵が行われ、大久保の制止をふりきって西郷従道が出航したのち、その武器、食糧などの補給の船が足りなかった。大久保はその能力があるものと見定め、三菱に政府の船の運航を委託し、必要をまかなった。これは、明治一〇年の西南戦争で大きな力を発揮した。

大久保は三菱を保護し、政府の船を下げ渡し、補助金を出し、支援した。その結果、三菱は外国船との競争に打ち勝ち、上海航路まで制圧するようになった。

公平という観点からすれば、これははなはだ問題が多い政策だった。しかし早く西洋の会社と対抗するためには、日本でもっとも能力あるものを支援するしかなかった。「乏しきを憂えず、等しからざるを憂う」というのは、儒教の美しいモラルである。しかし、等しく貧しいよりは、一部を富ませてでも、西洋と対抗しうる勢力を作るというのが、大久保の方針だった。

大久保の殖産興業は、こうして明治八年にとくに進められた。しかし、明治九年には、政府の財政は困難となり、予算は全体に縮小せざるをえなくなっていた。しかし大久保は殖産興業は例外とすべきだとして、それを押し通したのであった。

士族反乱の続出

明治八年（一八七五年）に小康を得ていた政府は、明治九年に入って、さらなる改革を開始する。三月の廃刀令は、士族の誇りを大いに傷つけることになった。八月には、金禄公債証書発行条例を発布して、秩禄処分を完成させた。士族に対する身分的経済的特権の剝奪はすでに進んでいたが、ここにほぼ完成に至った。

これに対して激しい不満が起こった。

明治九年一〇月二四日に熊本で起こった神風連《しんぷうれん》の乱は、敬神党と自称する一七〇名ほどの集団で（他からは神風連と戯称されていた）、廃刀令に反対して決起したものであった。敬神党は熊本鎮台司令長官と県令を殺害したが、政府側はただちに反撃し、翌日には反乱は平定された。敬神党の死者、自刃者は一二四名、約五〇名が逮捕された。政府側の死者は約六〇名、負傷者は約二〇〇名であった。

敬神党は、明治以前から熊本に存在した三大派閥の一つで、三大派閥とは、一つは藩校の朱子学を重視する学校党、横井小楠を中心とした教育と政治との関係を重視する実学党、そして国学・神道を中心とした勤王党であり、この勤王党から分派したものであった。

政府側には、不意をつかれたため、かなりの犠牲が出た。種田政明司令長官の愛妾小勝が、負傷しながら電信局に走り、「ダンナハイケナイワタシハテキズ」（旦那はいけない、私は手傷）と東京の親元に打電したのは、短く簡潔で模範的な電文として、有名になった。

秋月の乱は、神風連の乱に呼応して、一〇月二七日、旧秋月藩士族四〇〇名ほどが福岡県秋月で決起したものである。しかし、神風連の乱が早期に鎮圧されたため、それ以上には広がらず、短期で鎮圧された。首謀者二名が斬首、約一五〇名が懲役、除族（士族から除く）などの懲罰を受けた。

萩の乱は、やはり神風連と秋月の乱に呼応して、一〇月二八日に起こった。元参議の前原一誠ら約二〇〇名が決起した。さほど広がりはなかったが、元参議という大物が指導者であり、途中から天皇への直訴を目指して一部が上京しようとしたが、果たせなかった。参加者は三〇〇名とも三〇〇〇名ともいう。

前原は吉田松陰の松下村塾の幹部であり、多くの塾生が関与した。松陰の叔父であり、塾頭であった玉木文之進は切腹し、塾も一旦閉鎖された。これは、吉田松陰の思想の流れの一つが、明治国家の発展と対立するようになっていたことを示している。

これらの士族反乱で注意すべきは、まず、いずれも西日本の士族から起こっていること、そして尊王攘夷思想がそのバックボーンであったことである。しかし、新政府は尊王ではあったが、攘夷思想はすでに捨て去っていた。

この年、政府は財政の膨張に対処するため、かなりの行政整理を行っている。そして、農村の不安に対して、明治九年一二月二七日、大久保は地租を三%から二%に下げるよう建議している。それでは歳入減が大きき過ぎるという批判もあって、二・五%に下げられた（明治一〇年一月四日）。大久保の懸念は農民の不満が士族の不満と結びつくことであった。

西南戦争

最後に残っていたのが薩摩だった。

廃藩置県以後、中央集権化が進む中で、薩摩だけがほとんど独立国のようであった。薩摩には西郷を仰ぐ私学校《しがっこう》があり、私学校の同意なしには県行政もできない有様だった。それ以外に、島津久光の勢力もあったことも、すでに述べたとおりである。

政府の中心にあった大久保としては、鹿児島だけをいつまでも特別扱いするわけにはいかなかった。木戸孝允はつねに大久保に対し、この点について厳しく批判的だった。しかし、うかつに手を出すわけにはいかなかった。

明治一〇年（一八七七年）一月、大警視川路利良《かわじとしよし》は、内部偵察などのため、二十余名の警官を帰郷の名目で鹿児島に派遣した。

一月二九日、政府は鹿児島県にある陸軍火薬庫にあった武器弾薬を大阪に移すため、船を派遣した。薩摩の主要武器であったスナイドル銃の弾薬製造設備を大阪に搬出することが主な目的だった。のちに、西郷軍が苦戦した理由の一つは、このスナイドル銃の弾薬製造が不十分だったことだと言われている。

これに怒った私学校生徒たちは、一月二九日、火薬庫を襲い、武器弾薬を奪った。以後、連日、各地の火薬庫が襲撃された。

西郷は私学校のものが隊伍を組んで勢揃いしたことを、息子の菊次郎から聞かされ、膝を打って、「しまった」と言ったという(4)。

一月三〇日、私学校幹部は会合し、警視庁からの帰郷組が西郷暗殺を目的としていると考え、二月三日、二十余名を逮捕し、拷問した結果、暗殺計画を自白したという。こうした拷問の結果の自白が、真実を伝えているとは限らない(5)。

そして二月三日、西郷は大隅半島の小根占《こねじめ》から帰り、五日、今後の方針が話し合われた。武装蜂起、西郷ら少数が上京し政府を詰問する、などの案が出たが、全軍出兵論が多数を占めた。

具体的な作戦としては、海路長崎を衝《つ》く、熊本、佐賀、福岡を経て陸路東上、などいくつかの案が出されたが、海軍力がほとんどなかったため、まず熊本を押さえて陸路北上することになった。出陣は二月一五日の大雪の日であった。

西郷決起の報に、さすがの大久保も動揺した。大久保がその生涯で取り乱した数少ないケースの一つだった。自ら説得に行くと一時は言い、説得されて思い直した。そしてただちに京都に行幸中であった天皇のところに向かった。

政府は二月一九日、征討の詔を出し、有栖川宮熾仁親王を鹿児島県逆徒征討総督とし、実質的な司令官となる参軍に、山県有朋陸軍中将と川村純義海軍中将を任命した。

西郷軍は二月二三日、熊本城を包囲した。そして熊本城を全軍で強襲することにした。しかし、熊本鎮台は司令長官が谷干城（のち農商務大臣）、参謀長が樺山資紀《かばやますけのり》（のち海軍大臣、軍令部長）、他に児玉源太郎（のち陸軍大臣、参謀総長）、川上操六《そうろく》（のち参謀総長）、奥保鞏《おくやすかた》（のち参謀総長）などの、後世の有力者が揃っていた。西郷軍一万四〇〇〇に対し、鎮台軍は四〇〇〇だったが、容易に陥落しなかった。

西郷軍は方針を変更し、熊本城には抑えを置き、北上に転じた。それは、各地からの政府軍の来襲に備えるものでもあった。なかでも田原坂《たばるざか》の戦闘は三月四日から二〇日まで続き、結局、西郷軍は敗れた。

ここでは、薩摩抜刀隊に対抗するため、政府は士族から義勇軍を募り、彼らを巡査に編入した。国民皆兵の原則を崩さないためであった。会津から応募した警官は、しばしば、「戊辰の仇、戊辰の仇」と叫んで西郷軍と切り結んだという。のちの軍歌「抜刀隊」は、この時の功績をたたえたものである。その歌詞に「敵の大将たる者は古今無双の英雄で」とあるのは西郷隆盛のことであろう。

やがて熊本鎮台と政府軍の連絡がつき、その他の戦線でも政府軍が優位となり、四月下旬に至って西郷軍は熊本南部の人吉を根拠地とし、薩摩、大隅、日向に蟠踞《ばんきょ》する方針とした。政府軍は、四月二三日、陸海軍混成軍を鹿児島に派遣し、県政を掌握して、西郷軍と激しい戦争になった。西郷軍は各地で抵抗を続けたが、人吉も陥落し、日向の都城に移った。官軍は七月二一日、総攻撃を行い、二四日、これを陥落させた。

その後、西郷は勝利を断念し、軍を解いた。そして鹿児島に戻るべく、八月一九日、可愛岳《えのだけ》突破を決意した。それは奇跡的な脱出行であったが、敗戦を遅らせるだけの効果しかなかった。

そして西郷は鹿児島に戻り、官軍の布陣を突破して、城山に立てこもった。しかし、そこで九月二四日、西郷が自刃して、戦争は終わった。

犠牲者は政府軍約六五〇〇、西郷軍約六五〇〇、ほぼ同数だった。激戦だったが、西郷軍の勝機のないことは、熊本城を断念した時点でほぼ明らかだった。政府軍は国民皆兵制度がよく機能したことを証明した。

ただ、注目すべきは、官軍の主力はほとんどが士族であり、薩摩出身者も多かったことである。天皇中心の軍隊という思想は、すでに相当定着していたのであった。

西郷軍は戦略的に稚拙であった。熊本城にこだわったことなどに表れているように、これといった戦略はなかった。

おそらく西郷に勝つ意思はなかったのであろう。すでに述べたとおり、西郷は兵士の連帯に殉じようとしていた。兵士を裏切ることはできなかった。かといって、勝利して日本をどうするのか、確たるヴィジョンがあったとは到底思えない。先にも触れたとおり、中江兆民の『三酔人経綸問答』の豪傑君のように、戦いの中に生きがいを見つけ、死に場所を見つけたのであろう。

この間、木戸孝允は五月に没している。「西郷、いい加減にしないか」というのが最後の言葉だったと言われる。もう西郷の退勢は明らかだった。

戦争の末期、八月二一日から、東京において第一回内国勧業博覧会が催されていた。西南戦争が続いていることに鑑み、中止すべきだと考えたものもあった。大久保は、ヨーロッパにおける万国博覧会に強い関心を持っていた。日本にまだ万国博覧会を開く力はなかったが、この博覧会はそれに代わるものであり、内治優先政策を象徴する事業であった。それゆえ、ぜひともこれを実施すべきだと大久保は考え、上野公園に一〇万平方メートルの会場を設け、美術本館、農業館、機械館、園芸館、動物館が建てられ、上野東照宮から公園にかけては数千個の提灯が掲げられた。大久保は、財政的には不成功だったと言ったようだが、それは西南戦争やコレラの流行のせいであって、全体としては大きな成功を収めたものであった。

大久保の輿望

大久保の輿望《よぼう》は政府を圧倒していた。

内務省に大久保が出勤すると、その足音だけで省内はしんと静まり返ったと言われる。それは太政官に出勤した時も同様であり、それまで「快談壮語」していた「諸豪傑連」も、大久保の姿を認めると、いつしか声を潜め襟を正しくしてその言語を慎んだという（勝田孫弥『甲東逸話』、一三二頁）。

技術官僚として内務省で大久保の殖産興業政策のために働いた速水堅曹《はやみけんそう》は、大久保に叱られたことを記憶している。速水が士族授産を批判したところ、大久保はギロリと速水を睨んで、「すでに勅《みことのり》が出た」と言った。「イヤもう恐ろしい威厳で、私は生涯あんな怖いことはなかった」と述べている（佐々木克監修『大久保利通』、一七一―一七二頁）。

佐賀の乱に対して鎮圧の最高責任者として佐賀に赴いた大久保は、弾丸の飛ぶ中を平気で歩き、周囲の家の陰に隠れることもなく、瞬きすることもなかったという（同前、一三七頁）。

明治七年の台湾出兵の際、大久保は五月三日、長崎に行った。台湾出兵をいよいよ決行するかどうか、ギリギリの状況にあった。その時、野津鎮雄《のづしずお》陸軍少将と大久保が言葉を交わした様子を、野津の副官だった大迫尚敏《おおさこなおはる》（のち陸軍大将、子爵）は、次のように回想している。

此時、野津は少しく酒気を帯び居たりしが、大久保氏の室に通りて、挨拶終わるや、曰《いわ》く、今回も亦《また》、因循《いんじゅん》説にて終わるべきかと、大久保氏は直ちに容《かたち》を正し、厳然として曰く、七左衛（鎮雄の俗名）ドン、何ヂャッチ（七左衛門殿は何を言われるのかの意＝原注）の一言を発せられたるのみなりき。然《しか》るに、野津は大いに畏縮して、再び返す言葉なく、其儘《そのまま》話は止みたり、予等は平生《へいぜい》、野津将軍は実に豪傑の士なりとて崇敬し居たりしが、此有様を視《み》て驚駭《きょうがい》し、上には更に上のあるものかなと、深く感じたりきと（勝田孫弥『大久保利通伝』下）。

大久保は、他人に対しては丁寧で、決して威圧的ではなかった。

次男の牧野伸顕は、大久保に何か相談すると、「それもよかろう、しかしまあよく考えたらいいだろう」と言うことがあった。それはあまり賛成でないときである。そしてさらに考えて話すと、「それがよろしい。そうなさい」と言ったという（佐々木克前掲書、三二一頁）。

部下が意見を述べる際にも、大久保は、「それだけか」と言う。あるいは「もっと好い考えはないか」と言う。それで、「それだけです」と言うと、「よろしい」と言って、そのまま用いられた（同前、一二二頁）。

大久保はもの言いも丁寧で、目下のものにも、「高橋さん、あなたが」という風だった。そして相手と同様、深々とお辞儀をしたと言われる。しかし、時に、「それはあなた方の論ずる範囲でありますまい」と言って退けた（同前、四三―四五頁）。

大久保はまた、努力の人であった。彼の書いた書簡や意見書の数はおびただしい。あれほど忙しい中で、よく書けたものだと思う。前島密は、大久保の書簡について、「代筆などいうことは無論やらず、極めて用意周到な苦心して書いた書面であった」と述べ、伊藤博文もよく手紙は書いたが、大久保の方がずっと多かったと語っている（同前、一二一頁）。大久保の意見書には、やや方言かもしれないような独特の表現があったりして、決して滑らかな文章ではなく、また華麗なレトリックがあるわけでもなく、むしろゴツゴツしていて、それだけに本人以外には書けないと思わせるものがある。

大久保は困難に直面した場合の心構えを論じて、「例えば或《ある》目的地に向って路をゆくに当り、忽《たちま》ち行詰りとなったならば、万難を排して踏破するなり、または迂回するなり、臨機に適当な手段を用いなければならぬ。其処《そこ》で静定の工夫を回《めぐ》らしたならば、必ず何処にか活路が見出されるものである。そして行き着かんとする処に到達するものである。……行詰ってただ困ったと思うばかりでは、いつ目的地に達し得るやわからぬ。人間は行詰っても、行詰らぬように心がけていなければ大事業は成し遂げられるものではない」と語ったという（勝田前掲『甲東逸話』、一一七—一一八頁）。

これほどの剛毅な精神がなかったなら、征韓論から西南戦争に至る難局を切り抜けることはできなかったであろう。それほど、明治六年秋から明治一〇年にかけての数年間は、困難な課題に満ちていた。

大久保は慶応三年（一八六六年）の「公論採用に関する意見書」（『大久保利通文書』第一巻、四四二—四四三頁）において、公論と衆議を明確に区別している。「衆議を被聞食《きこしめされ》候は天下之公論を採らんが為なり」と述べている。大切なのは公論であり、公論を得るための手段が衆議なのであって、多数の参加である。多数の意見だからといって、それを採るというのは誤りだと、大久保は断言する。かりに公武合体が多数論だとしても、それは公論ではない。兵庫開港反対論が多数であっても、それだけで公論ではない。多数であろうが少数であろうが、公の利益に適《かな》う議論が公論であって、それを採らなければならないと大久保は断言していた。そして自らの議論が公論であると確信する場合、大久保はときに非常の手段をとることを躊躇《ためら》わなかった。倒幕の密勅と征韓論政変の時がそれであった。

大久保の遭難

大久保が暗殺された明治一一年（一八七八年）五月一四日のことについては、多くの文献に記されており、よく知られているが、やはり今一度、触れておきたい。

大久保は、仕事中は多忙を極めていたため、出勤前に訪問客に会うことにしていた。その日の来訪者は、午前六時に訪れ、用件を話し終わると辞去しようとしたが、大久保はそれを押しとどめて、次のような感慨と展望を述べている。維新以来の一〇年は「創業の時期」であった。これからは「内治を整え、国力の充実を図る」時期である。この期間は自分も大いに働けるつもりである。その先の第三の時期については、もう後進に譲りたい、と。

その日のうちに殺されたのであるから、まことに衝撃的な話であり、それだけによく知られているが、この時の話の相手が誰であったかは、あまり知られていない。相手は、福島県令山吉盛典《やまよしもりすけ》であって、したがって、話の中心は安積疏水《あさかそすい》の話だったのである。安積疏水は、大久保が心血を注いだ事業の一つだった。

大久保は士族に厳しい対応をせざるを得なかった。それは歴史上やむを得ないと覚悟していた。

しかし、特権を奪われる士族に対しては、士族授産などで可能な限り援助をしようとしていた。

安積疏水は、猪苗代湖から水を引き、福島県郡山市とその周辺の安積原野で用いられる農業用水、工業用水、飲用水としたもので、那須疏水、琵琶湖疏水とともに日本三大疏水といわれている。江戸時代から何度も検討されて実現できず、大久保の決断によって、ついに決定され、大久保の没後、明治一二年に着工され、三年間で完成したのであった。二本松の元藩士の活動に加えて、鳥取、高知などの多くの士族が移住してきていた。それまで三万石しかとれなかった土地が、一八万石を産出する沃野となった。その後、一時行き詰まったときもあったが、今度は水力発電を利用して産業が発展し、寒村だった郡山は東北屈指の大都市となったのである。

現地には、明治二二年（一八八九年）に創建された大久保神社というものがある。現在、社殿はなく、顕彰碑がたつだけであるが、現地の人がいまもそう呼んでいるということは確かである。鹿児島では大久保は西郷を倒した人物として、はなはだ評判が悪く、銅像建立は一九七九年のことだった。しかし福島では、大久保はほとんど神と崇められたのである。

（1） 英人ブラックが明治五年（一八七二年）に創刊した新聞で、当初は左院の議案などを掲載する御用新聞だったが、治外法権の特権を持っている外国人の経営であったので、やがて政府に対する批判を強め、「民撰議院設立建白書」などを掲載した。政府の弾圧によって明治八年に廃刊となった。

（2） なお大久保は、伊藤に憲法調査にあたるように勧め、その際、衆智を集めるため、福沢諭吉なども誘うよう勧めたが、伊藤はこれを婉曲に断っている（明治六年一一月二一日付木戸孝允宛伊藤博文書簡、『大久保利通文書』第五巻、二一〇―二一一頁）。

（3）板垣退助監修『自由党史』上（岩波文庫、一九五七年）、二九頁。ただし、板垣が本当にそう考えたのか、他に資料がないので、疑問だという人もある。

（4）大久保の次男の牧野伸顕によれば、菊次郎は西郷がその言葉を発した様子を、手真似入りで牧野に話したという（牧野前掲『回顧録』上、六三頁）。

（5）視察にきた、と言ったのを、刺殺にきたと取られたのではないかという説もあるが、真偽は不明である。

第8章　自由民権運動と明治一四年政変

明治一一年（一八七八年）五月一四日、大久保利通は出勤途中の紀尾井坂でテロに倒れた。国家の柱石と誰もが思っていた大久保の突然の死は、政府関係者にとって巨大な衝撃だった。大久保自身が背負う覚悟であった大変革の第二期を、誰が担《にな》うのか。いったんは皆途方にくれた。

宮中保守派

注目すべき動きの一つは宮中の保守派であった。

これまで述べてきたように、王政復古以後、ほとんどの改革は天皇の意思として行われてきた。この方針を貫くためには、天皇を立派な君主に育てることが不可避であった。

明治二年に行われた遷都は、まず天皇を悪しき伝統から切り離すことであった。

しかるに天皇の言動は、君徳培養論者から見て、必ずしも十分ではなかった。天皇は乗馬を愛し、政務を見ることに必ずしも熱心ではなかった。また、天皇は西郷隆盛に好意を持っていたがゆえに、西南戦争に熱心ではなかった。

天皇自身、即位したときは満一四歳三ヶ月、王政復古のときに一五歳二ヶ月、西南戦争の勃発時に二四歳二ヶ月だった。このころには明確な政治的意思を持ち始めていた。

天皇の成熟はもちろん望ましいことである。しかし、政府首脳から見て、間違った方針を持つようになっては困るのである。天皇が、正しい方向で、適切な距離感を持って政治に関わることが必要なのである。すなわち、対外関係を悪化させることなく、国内に分裂を招くことなく、伝統を踏まえつつも、西洋をモデルとした近代国家を樹立する方針でなければ困るのであった。

ところが、天皇の成熟とともに、その側近が天皇を囲んで一つの政治的な集団として台頭し始めた。それが侍補《じほ》グループである。

明治一〇年八月、西南戦争後の行財政改革の一環として、侍補が置かれた。一等侍補は徳大寺実則（宮内卿兼任、公卿）、吉井友実《ともざね》（薩摩）、土方《ひじかた》久元《ひさもと》（土佐）、二等侍補が元田《もとだ》永孚《ながざね》（侍講兼務、熊本）、高崎正風《まさかぜ》（薩摩）、三等侍補が米田《こめだ》虎雄《とらお》（熊本、元熊本藩家老）、鍋島直彬《なおよし》（佐賀、元肥前鹿島藩主）、山口正定《まささだ》（水戸）の計八人。さらに一一月に建野《たての》郷三《ごうぞう》（小倉）が三等侍補に、翌明治一一年三月、佐々木高行（土佐）が一等侍補に任命されて、合計一〇名となった。

なかでも重要だったのは元田だった。元田は文政元年（一八一八年）、熊本に生まれ、熊本藩主細川護久《もりひさ》の侍読として仕えていたが、藩の重臣や三条実美らの承認を経て天皇の侍読に選ばれ、明治四年五月三〇日、初めて天皇の御前に伺候した。すでに五二歳であった（キーン前掲『明治天皇』上、三〇一—三〇五頁）。その学問の基礎は朱子学であり、論語や日本外史を講じて、明治天皇に二〇年にわたって仕えた。

侍補の任務は君徳培養であって、大久保利通がこの制度を設立したときの目的もそこにあった。この顔触れは保守的なグループであり、彼らは道徳的な君主が自ら政治を主導する天皇親政、つまり宮中と府中（君主が国政を執り行う公の場所）とを峻別しない体制を目指そうとしていた。

彼らが天皇親政を可能と考えたのは大久保の存在があったからであった。征韓論政変以後、大久保が持っていた圧倒的な力と、華美に流れず、過激で急激な西洋化を目指さない方向性は、元田ら保守派にも受け入れやすいものであり、大久保も同郷で交際の深い吉井を通じて侍補の動きを統制できると考えていた。侍補は大久保が右大臣となることを期待し、それが難しければ内務卿と宮内卿を兼任することを望んだ。これに対し大久保は、右大臣は固辞し、内務卿と宮内卿の兼任も難しいとして、どうしても必要なら、内務卿を伊藤に譲って宮内卿になる意思を示した。

侍補の役割を象徴するのは、侍補設置の直後からはじまった内廷夜話であって、夜七時から二時間、侍補二名が当番制で天皇よりその日の出来事や相談事を聞くというもので、これは侍補にとって極めて貴重な機会であった。

しかし、大久保が明治一一年に殺されたことで、状況は一変した。大久保の死の翌々日の五月一六日、侍補たちは佐々木高行を先頭に天皇に直訴し、大久保暗殺における斬奸状に、天皇親政が空洞化しているとあることに言及し、それは大臣参議の専横だけでなく、天皇自身の政務への熱意の欠如にもよるとして、「就《つい》ては今日より屹度《きっと》御奮発あり、真に御親政の御実行を挙げさせ、内外の事情にも十分御通じなくては、維新の御大業も恐れながら水泡画餅に帰すべし」と言上し、また米田虎雄は「平素御馬術を好ませ給うほどに、政治上に叡慮を注がせ給う」よう懇願した。天皇は「深く感銘」され、「一同が申し出でたる事は至極尤《もっと》もなり」と述べ、今後とも遠慮なく言上するようにとの言葉を発した。侍補一同は「感泣」して退席、その翌々日には、政府に対し、閣議に対する天皇の親臨、侍補の陪席を申し入れた。

政府は天皇の親臨は受け入れたが、侍補の陪席は拒否した。考えてみれば当然のことであろう。重要な会議に参加するということは、かりに発言や議決の権利がなくとも、重要な政治参加の機会となる。そのような介入を政府は好まなかった。三条太政大臣も、岩倉右大臣も、伊藤博文もこの主張には反対した。

天皇は、明治一一年八月から一一月にかけて北陸・東海地方に巡幸したが、帰還後、勤倹や緊縮財政の主張、そして行きすぎた開化政策に対する批判的な意見を持ち、翌一二年三月には侍補にはかったのみで、勤倹の聖旨を公布した。これは政府から見て行き過ぎであった。政府の関与しないところで、天皇の意思がそのまま表明されることは由々しいことであった。侍補の一部にも、これを行き過ぎと考えるものもあって、その結果、侍補制度自体が、同年一〇月一三日、廃止されることとなった（以上、坂本一登『伊藤博文と明治国家形成――「宮中」の制度化と立憲制の導入』、二一五―二一九頁）。

民権派

政府から見て、いわば右に侍補グループがあったとすれば、左には民権派があった。

かつて明治七年（一八七四年）一月には愛国公党の結成があった。しかし、それは佐賀の乱、台湾出兵などのうちに活動を停止してしまった。板垣退助は土佐に帰り、片岡健吉、山田平左衛門、林有造とともに、同年四月、立志社を結成した。愛国公党は中央における数名の全国的名士の集まりに過ぎなかったが、立志社は地方に拠点を持つことを目指した。

なお、愛国公党関係者では、小室信夫が阿波に戻り、自助社を結成している。

立志社は明治八年二月、大阪においてかつての愛国公党の同志に再結集を呼びかけて東京に愛国社を結成することを決議した。参加したのは立志社を中心とする西日本の士族数十名にすぎなかった。また、結成直後に板垣が参議に復帰し、また二年後に西南戦争が起こったため、愛国社は自然に消滅した。

立志社は、かつて戊辰戦争の主力の一つであった土佐の士族の結社であった。結成当初は、士族の互助組織としての性格も持っており、また板垣をリーダーとしていたので、政権復帰を望んだり、あるいは西郷との連帯を望んだり、武力反乱の可能性をも持っていた。しかし、そうした可能性が潰《つい》えたのち、立志社は言論による政治結社としての性格を明らかにするようになった。

西南戦争後の明治一一年四月、立志社が中心となって愛国社再興の方針を決定した。大久保利通の遭難とこの関係者に対する厳しい追及のため、少しく遅れたが、九月一一日、立志社を中心とする民権運動家は大阪に会合し、愛国社再興を合議し、大阪に事務局を置くことを決定した。参加したのは、石川、愛知、和歌山、愛媛、香川、高知、岡山、鳥取、福岡、佐賀、大分、熊本の各県から一三社、四六人だった。これは、すべて大阪に比較的近い西日本の県であり、とくに近畿、中国、四国、九州が中心であった。

明治一二年三月、大阪で第二回大会が開かれ、一八県二一結社の代表八〇人が集まった。依然として、愛国社の中心は士族であり、天下国家を論じるのが主であって、日常の利益を論じることは多くなかった。

愛国社の中には、福島に石陽社を設立（明治八年）した河野広中《こうのひろなか》や、福井に自郷社を設立（明治一二年）した杉田定一《ていいち》などが加わっていた。河野は福島三春の郷士で、呉服屋、魚問屋、酒屋を営む家に生まれ、尊王攘夷運動を志し、奥羽列藩同盟に加わった藩論を転換して会津征討に参加すべく運動したことがあった。河野は西南戦争のさなかに高知を訪れ、板垣と会談し、立志社と提携して西南戦争後に民権運動を展開することを議論し、愛国社再興大会にも参加している。また杉田は越前の豪農の出身で、大阪、東京で英学を学び、西南戦争に参加しようとして果たせず、高知に赴き愛国社再興の遊説に加わり、のち、郷里に帰って自郷社を設立した。このように、彼らは豪商・豪農の出身ではあったが、その気分や志向は、士族民権と似ていたのである。

ところが、その後まもなく、運動の性格に変化が生じるようになる。明治一二年一一月、第三回大会において、愛国社は国会開設を目指し、全国規模の請願運動を開始する方針を決定した。おそらくこれに大きな影響を及ぼしたのは、同年夏に発表された福沢諭吉の「国会論」であった。

七月から八月にかけて、福沢は「国会論」を書き、門下生の藤田茂吉《もきち》と箕浦勝人《みのうらかつんど》に、執筆者がわからないように適宜修正して郵便報知新聞に掲載することを勧めた。論説は掲載され、大きなうねりとなって広がった。その影響の広がりに、いささか怖くなったと福沢は回想しているほどである（『福翁自伝』、三七二―三七三頁）。

こうした運動の全国化は、豪農豪商の参加とあいまって、土佐中心の運営を過去のものとしていった。

この間、有名なものに明治一二年九月の河野広中の土佐訪問がある。石陽社（会員約二〇〇名）と三師社（明治一一年結成、会員約八〇名）を代表して、河野は福島県石川町を八月二一日に出発した。二五日、鬼怒川河畔から船に乗り、二六日、日本橋に着いた。それから品川から鉄道に乗って横浜に行き、横浜からは汽船で神戸に行き、さらに鉄道で大阪に行き、二日滞在したのち鉄道で神戸に行き、そこから海路、土佐に向かった。到着は九月の下旬であった。これはずいぶん遠い旅行であり、相当の費用を要した。

河野は立志社と会談して、一一月開催予定の愛国社第三回大会において、天皇に対し、国会開設を請願することを求めた。これには立志社も賛成だった。もう一つ、河野は石陽社、三師社を東北・北陸の指導的な団体として認めることを求めたが、立志社は消極的だった。これは立志社の全国的地位を脅かすものであり、また士族の運動に対する農民の運動の台頭であった(1)。

結局、愛国社第三回大会は大阪で開かれ、国会開設を請願するための大会を翌明治一三年三月に大阪で開くことを決定したが、この大会は、愛国社第四回大会とは別に、国会開設期成同盟の大会として開かれた。全国七二の団体の代表、七二名が署名したが、そのうち二九名が平民と書き、平民とも士族とも書いていないもの六名はおそらく平民なので、ほぼ半数が平民だったのである。

本書の冒頭以来書いてきた、民主化革命、政治参加の拡大としての進展は、ここに、士族を超え、農民に及び、さらに東北にまで及んだのである。

明治一三年三月、大阪で愛国社第四回大会が開かれると、二府二二県五九社の代表一一四名が、八万七〇〇〇名の署名を携えて集まり、愛国社は国会期成同盟とその名を改め、四月一七日には、河野広中と片岡健吉を代表として、「国会を開設するの允可《いんか》を上願する書」を太政官および元老院に提出した。設立される国会は、天皇の前で政府と対等のものであるという立場から、政府ではなく天皇に「上願」するという形をとったのである。

政府の動き

太政官と元老院はこの上願書の受け取りを拒否したが、それにしてもこれほどの動きの高まりは衝撃であった。政府は、のちに見るとおり、運動を弾圧しようとした。それ以上に興味深いのは、政府内部における憲法構想だった。盛り上がる国会開設運動に対し、何らかの対応をすべきだと考えられた。

明治一二年(一八七九年)一二月、山県有朋から岩倉具視右大臣に対し、立憲政体に関する建議があった。これを契機に岩倉は三条実美太政大臣に対し、明治八年の漸次立憲政体樹立の詔勅については、自分は当時反対だったが、すでに詔勅が出ている以上、各参議に立憲政体について意見を提出させるべきだと建議した（稲田正次『明治憲法成立史』上、四二六頁）。

この山県の建議は、府県会を基礎とした特撰議会を作り、あるいは府県会から二、三名を選んで一つの議会を設置し、数年の経験を経て民会に移行するという、比較的進歩的なものであった。明治一三年二月の黒田清隆参議の意見は、時期尚早論であった。その他、薩摩の意見は概ね時期尚早論であった。

山田顕義の同年六月の建議は、徐々に人民に参政権を与えるが、まず四、五年は元老院と地方官会議でこれを試み、考究し、決定するというものであった。

井上馨の同年七月の建議は、元老院を改革して他日作られる民撰議院に対抗する上院とするなど、比較的前向きのものであった。

伊藤博文の同年一二月一四日の建議は、君民共治は望ましいとしながらも、まず元老院を改革して上院とすることをもっとも重視していた（同前、四二六—四三一頁）。

侍講の元田永孚は日本の憲法は君主親政のものでなければならず、英国などとは根本的に主義を異にするとした。

この間、これらの人々の間で、いくつかの重要な動きがあった。

明治一三年一二月、大隈重信と井上馨と伊藤博文から、福沢諭吉に接触があった。福沢はこの三人のうち、大隈ともっとも親しかったが、このとき積極的だったのは井上だった。

そこで井上は、政府は憲法を制定して国会を開く覚悟であるが、そのために、健全な世論の育成が急務である。そのために、新聞を発行したいので、協力してほしいという依頼を行った。福沢は一度は辞退したが、翌一四年一月中旬、再度説得されて協力を約束した。大隈と伊藤も加わって歓談の場がもたれ、次は君が政権を、いや、君がというようなやりとりも行われた。

　ところが、その憲法の内容が問題であった。

　当時、もっとも有力な参議は大隈重信であった。ところが大隈は、たびかさなる催促にもかかわらず、草案を提出せず、一四年三月になってようやく有栖川宮熾仁親王に提出し、しかも他に見せないように依頼した。有栖川宮は、前年二月末に左大臣に任命されていた。

　この大隈の憲法案は、福沢門下で当時大隈の幕下にあった矢野文雄の執筆にかかるもので、本年中に憲法を制定し、国会開設は一六年初頭を目標にする、首相は議会の過半数を占める政党の首領とする、というものであった。

　内容以上に、こうした提出方法は異様であった。ただ、大隈のこのような行動は、のちにも繰り返されている。すなわち、大正五年（一九一六年）一〇月、内閣を辞するとき、ただ辞意を申し出るだけでなく、後任には加藤高明が望ましいと推薦したのである。これは、当時においては異例の行動だった。もし、大正天皇がこれを承認すれば、加藤内閣になったわけで、明治一四年の行動と似ている。自らの案と影響力に対する過信から来たものであろう。

　伊藤は、この大隈案にただちに強い反応を示さなかった。大隈案は過激といえば過激だが、議会のあり方、選挙のあり方、政党のあり方などについて、多くの曖昧さを残したものだった。伊藤は、とくに提出の仕方に不審を持ったが、ただちに大隈と決裂するほどの断絶があるとは思わなかったのであろう。ただ、仲間と思っていた人物がこのような態度を取ったことに相当の不信感が残ったことは間違いない。

しかも、このころ、英国流憲法の阻止に強い意欲を持っていた太政官大書記官の井上毅《こわし》は、大隈の背景には福沢があるという説を伊藤に吹き込み、その不信を増幅しようとした。なお、福沢の影響下にあると見られる交詢社《こうじゅんしゃ》の憲法案は、明治一四年四月に発表されている。大隈案も交詢社案も英国流と言えば英国流だが、上院の権限などについて、相当な違いがあって、大隈案すなわち福沢案というのは短絡的にすぎるように思われる。

一四年七月になって、北海道開拓使官有物払下げ問題が起こる。一〇年間巨額の投資をしたものを、想像を超える安値で五代友厚の率いる関西貿易商会に払い下げることが決定された。それは薩摩系統の会社であり、大隈に近い三菱のライヴァルだった。

開拓使官有物払下げ問題に対する批判を展開したメディアの一つは福沢系の新聞だった。ここに、大隈と福沢が組んで薩摩を追い落とそうとしていると、薩摩は思ったであろう。薩摩は憲法制定でももっとも慎重である。大隈の秘密主義も気に入らない。

薩摩と大隈との関係は抜き差しならないものとなった。その時の伊藤の行動は、それほど理解しがたいものではない。大隈と組めば、薩摩と対立する。薩摩はなお軍と警察に大きな力を持っていたので、政権の基盤が崩れる恐れがあった。大隈と組めば、伊藤は格下のジュニア・パートナーとなる恐れがある。しかも大隈案が本当に実現可能なものかどうか、疑問もあった。他方で薩摩と組めば、当面の政治の安定は維持できるし、憲法制定のプロセスでリーダーシップを握ることができる。およそこれが伊藤の判断だったと思われる。

こうして伊藤は薩長を固めて、大隈追放、北海道開拓使官有物払下げの中止、九年後の国会開設を決定し、岩倉などを説得して、これを実現した。明治一四年政変である。

福沢としては梯子を外されたわけで、いったいどういうわけだと、伊藤および井上馨に詰問状を送っている。井上は弁解調の返事を送ったが、伊藤から返事はなかった。当時、福沢を主として説得していたのは井上馨であった。大隈も井上と近かったが、伊藤が明確にコミットしていた証拠はない。井上がわれわれ三人（井上、大隈、伊藤）の決意は固いと言っていたのは、かなり誇張されていたと思われる。

また、大隈が唱えた明治一四年中の憲法制定は難しかったと思われる。のちに明治二二年（一八八九年）に憲法は制定されるが、それより前に官僚制度と宮中制度が整備され、定着していることが、大前提だったのではないだろうか。また、当時の政府首脳が政権を担当するつもりだったと言われるが、政党を作って、他の者（たとえば板垣）の政党が伸長するのを阻止することは可能だったのだろうか。さらに、当然、議会は貴族院と衆議院の二院制度が予定されたが、日本で貴族といえば公家と大名であり、彼らが国政の担い手となることは、あまり想定されなかった。これらの諸制度なしに憲法を作っても、議会における対立が、官僚制度の中に持ち込まれ、さらに宮中に波及する可能性がある。それは大いに注意を要するところだった。

大隈の憲法論は、その提出の手法についていえば、「万機公論に決すべし」とする明治政府の伝統から逸脱していた。それがそのまま採用されると考えていたとすれば、あまりに楽観的であり、叩き台として用意したとすれば、あまりに秘密主義であった。内容もイギリス流の直輸入に近く、日本の文脈にどう適合させるか、検討不足だった。福沢門下の執筆ではあるが、福沢が細部まで検討したものとも思えない。

それだけなら、大隈案は採択されず、大隈の勢力がやや後退するくらいで終わっただろう。しかし、これが北海道開拓使官有物払下げ問題と結びついてしまい、また、井上毅によって、大隈が福沢と結びついて政府を乗っ取ろうとしているという陰謀説が広められた結果、大隈の失脚という事態に至ったのである。

しかし、大隈の失脚は、のちに明らかにするように、必ずしも憲法制定が井上毅の路線や反大隈の路線で進むことを意味しなかった。

民権運動

一四年政変のあと、同年一〇月、自由党が結成された。党首は板垣退助で、土佐の立志社が中心であったが、のちに関東の勢力が増えた。党員は一〇〇名ほどであった。のちに明治一七年に解党するが、そのときの党員は二五〇〇名であった。周辺的な参加者はもっと多かったにせよ、現代の政党よりよほど少数有志の集まりだったことがわかる。豪農層に加え、都市の代言人《だいげんにん》（弁護士）が少なくなかった。馬場辰猪《たつい》、大井憲太郎、大石正巳《まさみ》、星亨《ほしとおる》らであった。

翌一五年、大隈重信が立憲改進党（以下、改進党）を結成した。大隈系の官僚を中心に、ジャーナリスト、代言人が中心だった。親西洋、漸進主義、知識人中心であった。それがゆえに、府県会に勢力を扶植することに努めた。急進的な自由党に対し、穏健、漸進を主張し、自由党の急進性にためらいを覚える人々に訴えようとした。

自由党、改進党は、以後、日本の二大政党の流れを形成する。しかし、当初盛り上がった勢いは、長くは続かなかった。

その理由は、政府の弾圧、懐柔、切り崩し、政党内部の統制の欠如、政党同士の対立、そして松方デフレであった。

彼らの運動に対し、政府は厳しい弾圧を加え、言論、集会の自由に干渉した。明治一三年の集会条例、一五年の改正集会条例は、集会の自由を厳しく制限した。また一六年には新聞紙条例が改正され、さらに厳しくなった。

また政府は英仏流のイデオロギーに対し、保守的なイデオロギー、漢学を重視し、ドイツ学を奨励した。またそれまで最高学府として人材輩出の中心であった慶應義塾を圧迫し、徴兵免除の特権を取りあげ、慶應義塾は大きな打撃を受けた。一方で、官吏養成機構としての東京大学を育成した。

また、自由、改進両党と対抗するため、福地源一郎を支援して、立憲帝政党を作らせた。

それ以外に大きかったのは、自由党と改進党との対立だった。

その発端は板垣退助洋行問題だった。

自由党の党勢拡張運動の途中で起こったのが、明治一五年四月、岐阜において、板垣が暴漢に襲われ、負傷した事件であった。この事件は、板垣が「板垣死すとも自由は死せず」と叫んだと語り伝えられて有名となった（実際には、「板垣を殺しても自由が死ぬわけでもないだろうに」と言ったという）。

ところが、そのとき、のちに世間を騒がした板垣退助洋行問題が始まっていた。すなわち、三月ごろ、後藤象二郎は板垣にヨーロッパを見聞させたいと考え、井上馨に申し入れた。井上も、板垣がフランスの実情を見れば、もう少し現実的な議論をするようになるかもしれないと思い、協力した。

政府は、大和の富豪、土倉《どくら》庄三郎が資金を出したことにした。土倉も出していたが、実際には三井が資金を出していた。後藤象二郎はこれを知っていたが、板垣は知らなかった。

結党からわずか一年のうちに党首が長期間海外に行くことは、党勢拡張の点で大きなマイナスだった。幹部のうち馬場辰猪は強く反対し、九月八日の自由党の常議員会で板垣洋行の不可を決定し、一七日には東京地方部の会合で、費用は政府から出ていると論じ、板垣に自由党総理の辞表を出させることを決している。しかし板垣はこれを乗り切って、一一月、ヨーロッパに向けて出発した。

改進党は当然これを利用して、激しく自由党を攻撃した。これに対して自由党は大隈重信の資金源が三菱であると厳しく批判し、改進党は偽物の政党であるとして、偽党撲滅運動を展開した。

ヨーロッパから帰国した板垣は、自由党解党を提起した。党勢拡張のためには相当の資金を作らなければならず、一年後に十分な資金が集まらないようなら解党しようと提案した。明治一六年六月のことである。はたして資金は集まらなかった。そのころ、党の中央の指導にあきたりない地方で、急進派党員による激化事件が続出することになった。自由党はこれに対応することができず、一七年一〇月、解党を決定した。板垣が自由党をリードしたのは比較的短い期間だった。

そして自由党の没落にもっとも大きな影響を及ぼしたのは松方デフレであった。大隈重信に代わって明治一四年から財政責任者となった松方正義は、西南戦争で膨張した通貨の収縮に着手し、その結果、米価の急速な下落が起こった。それは、豪農層を直撃した。自由民権運動の高揚を支えた豪農層の脱落によって、自由民権運動は大きな打撃を受けたのである。

実は西南戦争後のインフレにどう対処するかは大問題だった。大隈は五〇〇〇万円外債募集論を主張したが、これは容れられなかった。理由の一つは、明治一二年に来日したグラント前アメリカ大統領が、明治天皇に対し、外国から借金することの危険性について強く述べていたことではないかと思われる。「外国からの借金ほど、国家が避けなければならないことはない。弱小国家に、しきりに金を貸したがっている国があることはご承知かと思う。そうすることで優位な立場を確保し、不当に相手を威圧しようと狙っている。彼らが金を貸す目的は、政権を掌握することにある」とグラントは力説した(2)。

インフレに対処するためのもう一つの案は、米納論であった。すなわち、米価が上昇しているのに、地価を基準とする地租は増えない現状に鑑みて、米による納税を進めれば収入は増えるという案であった。しかし、せっかく近代化してきた地租制度を変えることには大きな抵抗があって、採用されなかった。

残る方法は、デフレであった。これを、大隈が去ったあとの大蔵省の責任者として、松方は断行した。その結果、米価は半減し、自由民権運動を支えていた地方の豪農が脱落するようになったのである。

自由党激化事件

こうして自由民権運動が停滞すると、過激な運動に出るものが続出した。

自由党結党前には、秋田事件があった。明治一四年（一八八一年）五〜六月に起こった強盗事件と殺人事件に関し、秋田県の自由民権運動家など六三名が逮捕された事件である。政府転覆を計画し、そのための資金集めだったとして、政府転覆罪で一名が禁錮一〇年、一三名が軽禁錮一〜三年とされ、その他数名が強盗で無期徒刑とされた。民権運動弾圧のための捏造事件だという説もある。

自由党の初期に起こった有名な事件は、明治一五年暮れの福島事件である。福島県令三島通庸《みちつね》の土木工事に対し、福島の自由党が農民とともに反対したところ、三島は多くの自由党員を逮捕し、政府の転覆を企てたとして、河野広中が軽禁獄七年、他の五人が同じく六年とされた。

明治一六年三月には、高田事件が起こっている。新潟県高田において、政府転覆を企てたとして自由党員二〇名あまりが逮捕された事件である。しかし、証拠不十分で、大部分が不起訴ないし免訴となった。これは捏造だったらしい。

以上は、どちらかと言えば、官憲の側からの弾圧の色彩が濃いが、明治一七年には松方デフレの深刻な影響を受けた農民と自由党急進派の連携による事件が頻発した。

明治一七年五月には群馬事件が起こった。群馬県北甘楽《きたかんら》郡で、自由党急進派と困窮した農民が蜂起したもので、自由党中央は、これを制止しようとしたが、警察署を襲撃するに至り、一二名が有期徒刑、二〇人が罰金刑となった。

明治一七年九月には加波山《かばさん》事件が起こっている。福島事件に関係した河野広躰《こうのひろみ》（河野広中の甥）や茨城・栃木などの民権家が、栃木県令となっていた三島通庸などを暗殺しようとしたが発覚したため、「圧政政府転覆」などの旗を掲げて茨城県の加波山にたてこもった。この間、警察署や豪商の襲撃も行なっており、逮捕者は三〇〇名に及んだ。しかし、彼らは政治犯としてではなく、強盗犯などで裁かれ、七名が死刑、七名が無期徴役などとなったが、一名が獄死した以外は、すべて明治二七年までに特赦で出獄している。

明治一七年の後半には、名古屋の自由党員が、政府転覆のための軍資金調達のため、富豪からの強盗を行い、紙幣偽造を企て、殺人事件も引き起こした。名古屋事件である。強盗事件は五〇件を数えた。みな一般犯罪として処理され、のちに特赦が行われた。

やはり明治一七年の飯田事件は、愛知県と長野県の民権運動関係者が、名古屋鎮台兵の蜂起、監獄・警察署の襲撃などを計画したが、一二月、発覚した。二七名が逮捕され、六名が内乱陰謀罪で軽禁錮一～七年となった。

もっとも大規模だったのは秩父事件で、明治一七年の一〇月三一日から一一月五日にかけて、埼玉県秩父郡の農民が負債の延納、雑税の減免などを求めて武装蜂起した事件だった。数千人規模が参加する一大騒動となった。事件後には、約四〇〇〇名が処罰され、首謀者七名が死刑判決を受けた。

やや性格の異なるものに、大阪事件がある。これは、旧自由党左派が、朝鮮で内政改革のためのクーデタを起こし、それを国内改造につなげようとしたものであった。資金集めのための強盗などを働いて、明治一八年一一月に発覚し、一三九人が逮捕された。クーデタ計画の中心人物である大井憲太郎ら二人が重禁錮九年の判決を受けたが、明治二二年の憲法発布の恩赦で釈放されている。

日本の歴史学界では、こうした過激な運動を高く評価する傾向があったが、少数が孤立して過激化するのは、衰退への道であった。

改進党の衰退

一方の改進党は漸進主義、改良主義であった。

大隈はあまり言論を発表せず、演説に出ようとしなかった。おそらくそれは、早期に政権に復帰する可能性があると考えていたからであろう（伊藤之雄『大隈重信』上、三一〇―三一二頁）。

改進党の入党者は、明治一五年三月から一七年四月までで一七二九人であり、そのうち一一二七二人は結党から一年以内の入党者だった（大日方純夫『自由民権運動と立憲改進党』、一六七頁）。

彼らの方針は、地方の府県会に勢力を扶植することであった。そして府県会議員懇親会を東京で開き、気勢をあげた。府県会の議員の数や、議長、副議長の数では、自由党を上回っていた。

こうした方針にとって、政府が政治結社の支社の結成を禁止したのは大きな痛手だった。また、自由党による偽党撲滅運動も痛手であったし、松方デフレも、府県会への勢力扶植という政策にとって、大きな痛手だった。

明治一七年（一八八四年）、党勢の退潮から、改進党には解党論が唱えられるようになり、一二月、大隈は副総理の河野敏鎌とともに脱党届を出した。

新聞の発展

ところで、民主主義の発展と不可分なものは新聞である。

ここで節を改めて、日本における新聞の発展について論じておきたい。

幕末期、新聞の魅力を最初に発見したのは、やはり福沢諭吉であった。福沢は文久二年（一八六二年）にヨーロッパを訪問し、その途中で一月六日香港に立ち寄ったとき、英字新聞で南北戦争の勃発を知った。福沢の「西航記」には、「去年来合衆国内乱あり。部内南北に分れ、南部頻《しき》りに利を失い、由《よ》って救いを英国に乞わんことを謀る」とある（一月一〇日、『福澤諭吉全集』第一巻）。

のち、『西洋事情』を著したとき、福沢は新聞について、「西人、新聞紙を見るを以て人間《じんかん》の一快楽事となし、これを読みて食を忘るというもまた宜《むべ》なり。凡《およ》そ海内《かいだい》古今の書多しと雖《いえ》ども、聞見を博《ひろ》くし、事情を明にし、世に処するの道を研究するには、新聞紙を読むに若《し》くものなし」と述べている。福沢はヨーロッパでの見聞を踏まえて、ロンドンとニューヨークでとくに新聞は盛んだと述べ、規模の大きさと速度に注目している。あるときは議会が朝四時までかかったとき、議事の内容を一〇〇里離れたところまで一二時に届けたことがあるとしている。

また、新聞紙にはもとより「偏頗《へんぱ》」（かたより）はありうるが、もともと官の許可を得て発行するものなので、「その議論公平を趣旨とし、国の政事を是非し人物を褒貶《ほうへん》すること妨げなし」としている。(3)

では日本の実情はどうだったか。

日本で最初の新聞というべきものは、文久二年、ジャワから来たオランダ語の新聞を幕府の洋書調所が翻訳し、洋書商万屋兵四郎方から発行した『バタビヤ新聞』である。翻訳でなく、日本人が発行した新聞は、慶応四年（一八六八年）二月、新政府が官報として発行した「太政官日誌」と幕臣柳河春三《やながわしゅんさん》らによる『中外新聞』（江戸）であった。これはまさに新政府の東進の時期であり、新政府は官報を出して人心を獲得しようとし、福地源一郎ら幕臣系の新聞は、幕府方の優位を説こうとした。

福地源一郎は、『江湖《こうこ》新聞』（慶応四年五月五日）に新政府を攻撃する論文を掲載し、あたかも奥羽列藩の同盟を勧めるがごとき内容であった。福地は逮捕され、二〇日余で釈放されたが、『江湖新聞』は版木を没収され、発行禁止となった。これをきっかけに、慶応四年六月八日、政府は太政官布告四五一号によって、全新聞紙は発行の許可を受けなければならないとして、一時江戸（同年七月一七日より東京となる）からあらゆる新聞が姿を消す事態となった。

残ったのは外国人居留地における新聞で、ジョセフ・ヒコによる新聞やハワイのユージーン・ヴァン・リードによる『横浜新報もしほ草《ぐさ》』であった。居留地には手が出せなかったのである。

しかしその後、新聞は復活した。政府は、むしろ啓蒙のために新聞を利用しようとした。明治二年（一八六九年）の新聞紙印行条例は規制色の薄いものであり、明治四年七月一九日制定の新聞紙条例第一条にも「新聞紙は人の智識を啓開するを以て目的とすべし」、一一条は「人心を警発し勧戒となるべきこと或は新発明の器具等世の益となるべきことは務《つとめ》て記載すべし」としていた。

明治三年には『横浜毎日新聞』、四年には『新聞雑誌』、五年には『東京日日』、『日新真事誌』、『郵便報知』の当時の三大紙が創刊された。いずれも政府の息のかかった新聞だった。しかし、彼らは御用新聞たることをむしろ誇りとしていた。

このうち『東京日日』は、東京で最初に刊行された日刊新聞だった（それまでは週に一日とか三日とか五日程度が多かった）。しかも安く、庶民向けの新聞で、明治六年二月には、それまで美濃紙一面刷だったのを、洋紙二面刷六段組みとした。岸田吟香《ぎんこう》は、政府の便宜を得て台湾出兵に同行し、また征韓論分裂の閣議や佐賀の乱、西南戦争などでも政府との距離の近さを利用して多くの記事を掲載した。

ところが、やがて多くの新聞は反政府色を強めることになった。一つの理由は元幕臣の知識人が加わったことである。それに、政府べったりというのは、読者から見て面白くないものである。たとえば『郵便報知』は旧幕臣の栗本鋤雲《じょうん》が主筆となって反政府色を強めた。少しのちのことであるが、『朝野《ちょうや》新聞』は、もと『公文《こうぶん》通誌』（明治五年創刊）といったが、明治七年九月、旧幕臣成島柳北《なるしまりゅうほく》を社長兼主筆に迎えて名も『朝野新聞』と変え、政論新聞に脱皮して反政府色を強めた。

明治六年一〇月一九日、征韓論政変の直後、政府は新聞紙発行条目を制定した。啓蒙という言葉は消え、新聞創刊は許可制となった。巨大な反政府勢力の登場に警戒したのであろう。

早速起こった大きな事件は、明治七年一月一八日の『日新真事誌』が、辞職参議を中心とするグループによる民撰議院設立建白書を掲載したことである。同紙は英人ブラックの主宰するもので、従来左院から特別の待遇を受け、左院関係の情報などを掲載していた。しかしジャーナリズムは反政府的傾向を帯びやすく、しかも外国人であるブラックには統制が及びにくかった。そこで政府は謀略を用い、ブラックを左院に雇用し、兼業規則によってブラックの同紙編集をやめさせ、さらに新聞の発行人は日本人に限るという制度を作り、ブラックと同紙を切り離してしまった。

明治八年六月二八日、政府は新聞紙条例を公布し、新聞の許可制が体系化され、違反者に対しては罰金を含む罰則が定められた。持主、社主、編集人は日本人に限られ、「人を教唆して罪を犯さしめたる者」「政府を変壊し国家を転覆するの論を載せ騒乱を煽起《せんき》せんとする者」には厳しい罰則が定められた。

また同日、讒謗律《ざんぼうりつ》が公布された。「人の栄誉を害すべきの行事を摘発公布する者」を「讒毀《ざんき》」と呼び、「悪名を以て人に加え公布する者」を「誹謗」として、刑罰を定めたものである。これらは、記事の内容が事実であるか否かにかかわらず適用されるので、厳しいものだった。とくに天皇、皇族、官吏に関する記事に対する罰則は厳しかった。ただ、当時は弾圧の対象は民権派よりも復古派、士族派で、民権派に対する制限は比較的穏やかだったといわれている(4)。たしかに、当時政府がもっとも警戒していたのは、士族反乱であった。

明治七、八年から一〇年ごろにかけて、東京で発行されていたのは、東京日日、郵便報知、朝野新聞、それに横浜の横浜毎日新聞があり、大《おお》新聞と言われた。それ以外に、日常社会風俗など、政治に無関係な雑報中心の小《こ》新聞があった。大新聞は現在の新聞と同じサイズ、小新聞はその半分で、およそ四頁であった。

したがって小新聞は町人の新聞であった。政治には関心がなかった。明治の新聞の歴史は、この大新聞と小新聞とが一つの国民的新聞に渾然と融合してゆく過程であったと伊藤正徳は述べている。小新聞が出たのは明治七、八年のころである。しかし江戸の文壇を引き継いだという点では、小新聞の方が日本の正統であるかもしれなかった。その中でもっとも格式の高いのは『読売新聞』だった(伊藤正徳『新聞五十年史』、七八―八四頁)。

ただ、明治一〇年ごろまでは、日本の新聞で一〇〇〇部を超えるものは稀であった。その中心は小新聞であって、二〇〇〇、三〇〇〇を目標とするようになったのは、明治一〇年の西南戦争以後のことであった。

明治一〇年、西南戦争の勃発は、新聞にとって重要なニュースであった。今も昔も戦争はニュースになるのである。ここでもっとも活躍したのは政府の便宜を得た福地源一郎の『東京日日』であった。同紙は戦争報道で大いに部数を拡大し、明治九年に二九二万部余であったのが、明治一〇年には三四二万部余となっている。その他、『郵便報知』の特派記者、犬養毅《つよし》の活躍も有名である。

明治一四年政変は、新聞の世界に大きな衝撃をもたらした。自由、改進の両党は、新聞を有力な武器としてその主張を展開し、党勢拡大に努めた。新しい新聞も続々生まれ、現在に続く新聞の起源は明治一四、一五年であることが多い。

時事新報の創刊

明治一五年（一八八二年）三月、福沢諭吉は『時事新報』を創刊した。伊藤正徳は、これは明治一〇年代の出来事の総量に匹敵する重大性を持つと論じている（同前、一〇六頁）。

福沢は当時すでに名声高く、みな福沢先生と呼び、福沢と呼び捨てにするものはなかったという。福沢が新聞に手をつけなかったことの方がむしろ不思議かもしれない。経緯はすでに述べたとおり、井上馨の勧めで「公報のような官報のような新聞紙」（『福翁自伝』）を刊行する計画が転じたものであった。その刊行の趣旨において、福沢は次のように論じている。

慶應義塾はすでに創立以来一五年、およそ三五〇〇名を教育してきた。全国の男子一七〇〇万人に比べれば少ないが、それでも至るところに有為の人物として活躍している。慶應義塾の本色は、近時文明の主義を知らしめるのみであって、卒業後はあまり関係しないが、「社中別に自から一種の気風なきを得ず」、それは「独立不羈《ふき》」である。宗教や政治や様々な立場は違っても、独立不羈の精神こそ我々が共有尊重するものである。この精神を持って、持ち場はいろいろであっても、進むのがこの新聞の目的であるという。そして、「其名を時事新報と命じたるは、専ら近時の文明を記して此文明に進む所以《ゆえん》の方略事項を論じ日新の風潮に遅れずして之《これ》を世上に報道せんとするの旨なり」という。同時に、それは、イギリスの The Times を念頭に置いたものであった（北岡前掲『独立自尊』、二三四―二三五頁）。

福沢の不偏不党、官民調和、そして国権伸長は、一党一派に偏らない、しかし政治に関心の深い層を惹きつけた。

『時事新報』はたちまち日本一の新聞として評判となった。明治四三年（一九一〇年）、イギリスのエドワード七世が崩御し、東京で遥拝式が行われ、明治天皇も行幸することになった。そこに新聞界を代表して二名を出席させると定めたとき、最初から一名は『時事新報』の代表とし、他をどこにするかということが問題となったのは、『時事新報』の特別の地位を示すものであった（伊藤正徳前掲書、二四頁）。

民主主義を論じるとき、職業政治家および官僚と、アマチュアとを媒介するメディアがあって初めて政治空間が成立する。そのメディアは、これまで政党の機関紙に近い少数過激の新聞と、非政治的な日常を取り上げた小新聞とによって成り立っていた。ここに『時事新報』の成立によって、経済的知識的に上流の層が政治に関わる道が開かれた。政治参加ということを考える場合、極めて重要な事件だったのである。

（1）河野広中「南遊日誌」（明治一二年自八月至一二月）、庄司吉之助『日本政社政党発達史——福島県自由民権運動史料を中心として』（御茶の水書房、一九五九年）所収、一一四―一四九頁。坂野潤治『日本近代史』（ちくま新書、二〇一二年）、一七一―一七六頁。

（2）キーン前掲書、四九〇頁。なお、この部分は、近年の中国の途上国に対する借款政策に対するアメリカの批判を思い出させるものがある。

（3）北岡伸一『独立自尊——福沢諭吉と明治維新』（ちくま学芸文庫、二〇一八年〈原刊、講談社、二〇〇二年〉）、七二、九八頁。

（4）佐々木隆『メディアと権力』（中公文庫、二〇一三年。原刊、一九九九年）、第一章。また、讒謗律で投獄された末広鉄腸《すえひろてっちょう》は、「其後改正になりたる条例に比較すれば左《さ》まで厳峻と云うほどにてもなけれども」と述べている（伊藤正徳前掲書、六八頁）。

第9章　朝鮮問題と条約改正

大久保没後の国際情勢

さて、アジア諸国との関係について、大久保利通が亡くなった時点に戻って振り返りたい。

琉球については、明治五年（一八七二年）に琉球王国を廃して琉球藩とし、さらに明治八年に琉球の将来について方針を決定した上、松田道之《みちゆき》を派遣し、清国に朝貢使を派遣しない、清朝皇帝即位の際に慶賀使を派遣しない、清国から藩王としての冊封を受けない、などを命じたところまで述べた。

しかし琉球はこの命令に対する遵奉書を提出せず、四回にわたって嘆願書を提出し、「日本は琉球の父、清国は琉球の母」という言葉を使って両属の継続を求めた。そして、清国に支援を求め、日本に駐在する清、米、仏、蘭の公使に対して斡旋を依頼した。

清国は、明治一一年九月および一〇月、二度にわたって、琉球から清国への入貢阻止について、日本に抗議してきた。

ここに日本政府も覚悟を固め、明治一二年三月二七日、松田は三度琉球におもむき（二度目は同年一月）、軍隊四〇〇名余り、警官一六〇名余りを率いて首里城に入り、城明け渡しを布告した。

同二九日、藩王の尚泰は東京に連行された。そして、四月四日、琉球藩を廃し沖縄県を設置するという宣言が行われた。強硬ではあったが、既定路線だった。伊藤博文は四月一七日、山県有朋に書簡を送り、今のところ「一頭を刎《は》ねず、一滴血を流さざるは誠に大幸なり」と述べている（伊藤之雄『伊藤博文――近代日本を創った男』、一四六頁）。

これにより、日清関係は悪化したが、清国に実力介入する余裕はなかった。しかし清国は、極東を訪問していたアメリカの前大統領グラントに調停を依頼した。グラントは両国に相互譲歩を提案し、清国は明治一二年九月二〇日、琉球問題に関する会商を提議してきた。日本は翌一三年三月九日、その提議の受諾を通告した。四月一七日、日本政府は、日清修好条規に最恵国条項を挿入することを条件に、宮古島と八重山群島を清国に譲渡するという方針を決定した。宍戸璣《ししどたまき》公使は一〇月二一日、清国総理衙門（総理各国事務衙門）との間にこの内容について合意したが、一一月一七日、清国は当初の前向きの態度を変更し、翌一四年一月、交渉は決裂した。問題解決は明治二七～二八年の日清戦争にまで持ち越されることになった。

清国も清国なりに、東アジア国際情勢に対応しようとしていた。日本が沖縄県を置いて沖縄の日本化を進めたのに対し、清国は台湾出兵と北京交渉において、有効な手を打てなかった。この状況で清国は、今度は日本が朝鮮に進出するとみて、朝鮮を保護国化する方向を打ち出したのである。

日朝修好条規実施の難航：明治九〜一五年

日本と朝鮮との関係については、明治九年（一八七六年）二月二六日の日朝修好条規の締結についてまで述べた。

その後の両国関係は、しかし、難航した。

日朝修好条規は、二月二六日の調印から六ヶ月のうちに江華府または漢城（現ソウル）にて条規の細目および通商章程の交渉にかかることになっていた。そして調印から一五ヶ月ののちに、公使の駐箚《ちゅうさつ》が可能となることとなっていた。

しかし、朝鮮側が多くの異論を唱え、遅延戦術をとって、交渉が難航することが予想されたので、代表的な両班《ヤンバン》を日本に迎え、日本の文明開化の実態を見せることが有効だと考えられた。幕末以来の多くの遣外使節のことを、日本側は思い出していたであろう。

朝鮮国王も同意して使節派遣に決し、明治九年三月、金綺秀を修信使に任命した。一行は八二名、うち漢城からは三〇名で、かつての通信使が五〇〇名に達したことを思えば随分小規模であった。五月、東萊府を発し、六月一日、東京で参内し、六月一八日、東京発、六月二九日釜山着、七月二一日、漢城に帰着して、国王に復命している。

国王は多くを知りたいと思い、日本は多くを見せようとしたが、修信使は消極的だった。他国の文明を見ても、見る側の準備と意欲によって、効果がまったく異なることは、かつての福沢諭吉のように積極的に学ぼうとした日本人と、それほどでもない日本人がいたことでもわかる。

実務的には何も進歩はなかった。

まず、釜山における日本側の行動範囲をめぐって、容易に合意が得られなかった。より重要なのは、すでに触れた外交代表の首都駐箚問題だった。朝鮮側は常駐を認めず、一〇年ないし一五年に一度、定期往来すればよいという、江戸時代の通信使の感覚で、近代の外交感覚とはおよそかけ離れていた。


こうした状況に、金弘集《キムホンジプ》を代表とする第二回修信使が送られた。一行は明治一三年七月三一日、釜山を出て、八月一一日、東京に着いた。井上馨外務卿は言葉を尽くして開国の必要を説いた。金弘集は九月八日、東京を出発し、一〇月二日、漢城に帰着した。

この時、金弘集は、駐日清国公使館の黄遵憲に会っている。黄遵憲は一八四八年生まれの清朝末期の詩人、外交官、政治改革者であった。二九歳で挙人《きょじん》(科挙のうち郷試に合格した者)となり、日本公使に任命された何如璋の下で、書記官として赴任し、明治一〇年から四年間日本に滞在した。黄遵憲は文人、詩人、外交官として、優れた人物で、金弘集と会った時、琉球処分をはじめとする激しい対立を経験していたが、日本の行動を内在的に理解することができていたのである。(1)

そして黄遵憲は、彼の著した「朝鮮策略」を朝鮮使節に渡した。これは、朝鮮にとってロシアが一番の脅威であるとして、「親中国、結日本、聯美国、以図自強而已」を推奨するものだった。つまり中国との伝統的な関係を大切にし、日本と結び、列強の中でもっとも侵略的でないアメリカと提携し、自国の強化をはかるべきだとするものだった。

ただ、それでも金弘集は日本の物質面の進歩を十分理解できなかった。むしろ、そうした視察の場所をなるべく回避しようとした。

しかし、このころから、民間との接触が始まったことは重要だった。なかでも福沢諭吉との関係だった。明治一三年（一八八〇年）四月、朝鮮からの密航者李東仁《イドンイン》が東京に来て、しばしば福沢の自宅を訪問するようになった（石河幹明『福澤諭吉傳』三、二八八頁）。

その後、金弘集の一行が八月、東京にやってきた。朝鮮服の一行を見た福沢は感慨深かったらしく、次のような詩を作っている（月脚達彦『福沢諭吉の朝鮮――日朝清関係のなかの「脱亜」』、一一一頁）。

異客相逢君莫驚　　異客相遭うも、君驚くなかれ
今吾自笑故吾情　　今われ自ら笑う故吾《こご》（昔の自分）の情
西遊記得廿年夢　　西遊記《しる》すを得たり廿《にじゅう》年の夢
帯剣横行龍動城　　剣を帯びて横行すロンドン市

さらに翌年六月一日、朝鮮の視察団が慶應義塾を訪問し、その中から二名が慶應義塾に入塾することになった。

彼らと会って、福沢はかつて西洋を学ぼうとした自らの若き日を思い出して感慨を抱き、彼ら

を文明に導こうとしたのである。

この出会いをきっかけに、福沢は朝鮮改造を唱え始める。日本は自らを近代化するだけでは不十分である、隣にそうでない国があると日本にとって危険である、彼らに近代化、文明化を強制することも避けてはならないという趣旨で知られるのは福沢の『時事小言《じじしょうげん》』であるが、この『時事小言』が書き始められたのは明治一三年末、脱稿したのは翌一四年であった。


しかし、外交関係については、まだ時間がかかった。煩瑣《はんさ》な手続論をかろうじて乗り越えて、日本が派遣した外交官（花房義質弁理公使）が初めて国王に謁見しえたのは、明治一三年一二月二六日のことであった。日朝修好条規締結から四年一〇ヶ月かかっていた。

日朝修好条規のもう一つの課題は、釜山以外の二港の開港だった。これまた交渉は難航をきわめ、明治一二年八月、元山開港に関する協定が成立し、一三年二月、手続きを終えた。もう一つの港としては、一四年二月、仁川開港に関する協定が結ばれた。実際に開港したのは、さらに二年近くのちの一六年一月のことであった。

通商については、また煩瑣な手続き上の問題があった。そもそも朝鮮は極度に貧しく、米と朝鮮人参以外、あまり通商が考えられなかった。

またそこで起こったのが、米朝修好通商条規（一八八二年五月二二日調印）だった。日朝修好条規には最恵国条項が含まれていなかった。朝鮮が他に条約を結ぶ意図がないと言っていたからであった。ところが、ここに朝鮮はアメリカなどと条約を結ぶこととなり、最恵国条項が現実の問題となった。

また、すでに述べたとおり、この条約の交渉過程で朝鮮は、「朝鮮は清国の属邦」という言葉を、条約の本文に入れようとしたが、アメリカがこれを好まなかったため、国王がその書簡の中でその旨を述べることとした。こうして日朝修好条規の核心たる「朝鮮国は自主の邦」という文言は骨抜きとはいわなくとも、大きく歪《ゆが》められることとなった。また、この条約に続いて、イギリスやドイツとの条約も結ばれた。

しかも米朝修好通商条規は、ほとんどが天津で、李鴻章を相手に交渉して結ばれたものであったので、この調整がまた時間を要した。それはまた、清国が宗主国であるという実態を示したものであった。

壬午事変

閔妃《ミンビ》を中心とする閔氏政権は、開国後、日本の支援のもとに開化政策を進めていた。その一つは近代的軍隊の建設であり、別枝軍を新設し、当時すでに日本公使館駐在武官であった堀本礼造少尉を教官として招き、教練を開始していた。ただ、それは八〇名程度のもので、徳川幕府が最初に設立した近代的軍隊である歩兵隊が、六連隊四八〇〇名だったのと比べて、きわめて小規模なものだった（木村前掲書、一五八頁）。しかもそれは両班の子弟からなっていたので、その実力は疑問だった。

開化政策の背景には、清国の勧誘もあった（田保橋前掲書、上、七四八―七五〇頁）。朝鮮国王は明治八年（一八七五年）、李裕元を李鴻章のもとに派遣して外交上の助言を求めていたが、明治一二年八月、李鴻章は李裕元を通じて国王に書簡を送り、日本の発展に注意すべきだとして、また明治一三年末には西洋列強とくに比較的公平なアメリカによって日本の野心を牽制すべきだと告げていた。

しかし、朝鮮の近代化は、保守派の強い反発を招いていた。明治一三年一〇月には、はやくもその兆候が見られていた。衛生斥邪《えいせいせきじゃ》（欧米排斥、鎖国維持を唱える）の動きで大院君は一時政権奪還を企てたほどであったが、果たせなかった。

しかるに、明治一五年（一八八二年）七月二三日、別枝軍の優遇に反発した旧式軍隊が、俸給の遅配、不正支給などもあって、暴動を起こし、それに民衆も加わって、閔氏一族の屋敷や官庁、日本公使館を襲撃し、朝鮮政府高官、日本人軍事顧問の堀本少尉、日本公使館館員を殺害した。王宮にも乱入したが、閔妃は王宮を脱出して無事だった。反乱軍はこうして閔妃政権を打倒し、興宣大院君を担ぎ出して大院君政権がふたたび成立した。七月二五日であった（壬午事変《じんご》）。

日本側では花房公使はあやうく難を逃れて二三日漢城を脱出し、海上に逃れたところを二八日、イギリスの船に助けられるという有様だった。

日本政府は七月三一日、ただちに閣議を開き、謝罪と補償などを求める方針を決定し、もう一度花房公使を全権として謝罪、補償要求などの交渉に当たらせることとし、あわせて軍艦四隻と千数百の兵士を派遣した。

花房公使は八月一三日に仁川に着き、一六日、漢城に入り、国王や大院君と交渉した。しかし朝鮮側の対応は遅く、花房は最後通牒を突きつけて二三日、漢城を離れ、仁川に入った。

他方で、清国も朝鮮の宗主国として馬建忠と丁汝昌を軍艦三隻と兵一〇〇〇とともに派遣した。仁川に到着したのは、日本の先遣隊と同じ八月一〇日で、日本の花房公使より二日早かった（木村幹、一三九頁）。清国の兵力は三〇〇〇人に増派されていた。そして大院君が日本の要求を容れる見通しがなく、このままでは衝突は不可避と見た清国は、八月二六日、大院君を拉致して天津に連行し、朝鮮に圧力をかけ、閔氏政権を復活させた。

大院君の率いる政権による斥邪政策はあまりに国際常識から外れ、日本との衝突を招き、結果的に朝鮮および清国にきわめて不利な結果をもたらすと考え、清国はこの介入に踏み切ったのであった。

済物浦条約

こうして国王高宗と閔妃の政権が復活し、花房公使には謝罪文が送られ、軍艦金剛上において交渉することとなった。明治一五年八月二八日夜、交渉は始まり、三〇日の調印に至った。

この済物浦《さいもっぽ》条約（済物浦とは仁川の旧称）は、壬午事変の事後処理のための条約で、日本人に対する暴行の犯人の逮捕と処罰、日本側被害者の遺族と負傷者への見舞金五万円、損害賠償五〇万円、公使館護衛としての軍隊駐留権、兵営設置費修理費の朝鮮側負担、謝罪使の派遣などだった。同時に、日朝修好条規続約（追加条項）として、居留地の拡大、開港地の追加、公使館員の朝鮮内地遊歴を認めさせた。

日本の要求はほぼ認められたが、それは、清国が朝鮮に受け入れを要求したからであった。李鴻章は腹心の袁世凱《えんせいがい》を朝鮮に派遣し、実権を掌握させた。また袁世凱は三〇〇〇の兵を引き続き駐在させた。日本が日朝修好条規で朝鮮を清国から切り離し、独立を明記させたことは無に帰し、清国は一段と強力に朝鮮を支配することとなった。

済物浦条約から二ヶ月後の一〇月四日、清朝商民水陸貿易章程が締結された。これは清国の朝鮮に対する宗主権を明確にしたもので、清国による属国支配を実質化しようとするものだった。清国皇帝が臣下である朝鮮国王に下賜する法令であるとされ、旧来の朝貢関係が不変であると述べられ、この貿易章程が属国朝鮮にとくに恩恵を与えるものであって、したがって最恵国待遇によって外国が均霑《きんてん》しうる（同等の利益を得る）ものでないとされていた。また清国にのみ領事裁判権が与えられ、清国の北洋大臣が朝鮮国王と同格であることが、明確に規定されていた。ほとんど植民地と宗主国との関係を定めたような条約だった。

甲申事変

壬午事変以来、朝鮮は清国の影響力の下に、すなわち事大主義の下で近代化を目指していた。

これに対し、より積極的に日本との関係を強化して、清国との宗属関係を断ち切ろうと考えるものもあらわれた。たとえば朴泳孝《パクヨンヒョ》（一八六一～一九三九）は、一八七九年、金玉均《キムオクキュン》（一八五一～一八九四）とともに李東仁を日本に密出国させて様子を探らせたことがあり、また一八八二年、壬午事変に関する謝罪使として日本に派遣された人物だった。また金玉均は、その謝罪使の随員だった。謝罪使の時点で朴が二一歳、金が三一歳で、きわめて若かった。独立派は、若者の理想主義的な運動という傾向が少なくなかった。

一八八四年六月、ヴェトナム領有を目指すフランスと清国の間に清仏戦争が勃発すると、フランスに対して劣勢となった清国は、朝鮮駐在の三〇〇〇人の部隊のうち半数を内地に引き揚げさせた。朝鮮に対する清国の圧力は弱まったように思われた。朴泳孝や金玉均ら独立党は、これを好機と捉え、日本公使館に接近し、竹添《たけぞえ》進一郎公使に一一月七日、クーデタ計画を打ち明けた。クーデタは一二月四日と計画された。独立派が宮廷に入り、王を説得し、事大派の閣僚を殺害し、独立派からなる内閣を作らせ、王は日本軍に宮廷の保護を依頼する、というシナリオだった。

そこまではシナリオどおりに進んだが、予想に反して、そこで清国が断固として介入した。独立派の武力も公使館の日本兵も、清国の兵力には対抗できず、クーデタは三日間で失敗した（甲《こう》申《しん》事変）。

漢城条約

この事変に関して、漢城条約が結ばれた。すなわち、日本公使館の焼失と、日本居留民の被害などに関して、井上馨外務卿が特派全権大使として護衛兵二個大隊を率いて漢城に赴いた。明治一八年（一八八五年）一月七日、井上は朝鮮全権大臣金弘集と会談を開いたが、結論を得られず、翌日の第二次会商において、事変の責任論にはふれず、善後条項の審議を申し入れ、金は同意して、①朝鮮国は日本に謝罪する、②被害日本人に賠償金一一万円を支払う、③日本軍大尉一名を殺害した犯人を逮捕処罰する、④日本公使館の改築費として二万円を交付する、⑤公使館護衛隊の営舎設立を承認する、などがとりきめられた。

しかし、清国軍が日本公使に発砲した件と、清国兵が朝鮮乱民とともに日本人非戦闘員を殺害した件は、まだ残っていた。この問題を処理するため、駐清公使に転じていたイギリスのハリー・パークス前駐日公使の内諾を取り付けた上、参議兼宮内卿伊藤博文が全権大使となり、清国の全権李鴻章と七回にわたって会談し、四月一八日、調印した。その内容は、①両国軍が四ヶ月以内に撤兵する、②日清両国は軍事教官を派遣せず、第三国軍人を招聘して朝鮮国軍を建設する、③将来朝鮮の内政が乱れて、日清両国またはそのいずれかが派兵する必要が生じたときは、相互に通知し（行文知照）、内乱鎮定の上は速やかに撤兵する、などを定めた。また、交換公文で、李鴻章は清国兵の暴行を吟味すること、日清両軍の争闘は清国将官の不注意に起因するものであることを認めた。

甲申事変は独立派のクーデタ計画に、駐韓公使がおそらく本国との十分な連絡なしにコミットして起こったもので、日本側の責任が問われても仕方がないものであった。しかし清国はフランスとの戦争の最中であったため、これ以上強硬には出なかったのである。日本側はかろうじて面目を保ったのである。

この間の経緯はきわめて分かりにくいが、木村幹は朝鮮国王高宗の外交について、次のような特徴があると要約している。①自らの密書による秘密外交で西洋列強を引き込もうとすること、②事が露見したときは、直接交渉にあたった臣下の責任に帰すること、③その場合、工作の対象となった列強には最大限の配慮をすること、である（木村前掲書、一九八頁）。

もう少し一般化すれば、朝鮮においては国内の対立が激しく、そのために外国勢力を引き込むことが少なくなかった。日本は独立派からは、そういうパートナーとされ、また事大派その他からはターゲットとされることが多かった。このような朝鮮のアプローチは、清国にとっても厄介なものであり、時として直接介入したのは、そのためであった。

二度の事変において、日本は清国に敗れた。その理由は海軍力の差であった。当時の清国は定《てい》遠《えん》、鎮遠《ちんえん》など、世界最大級の七〇〇〇トン級の船を保有していたのに対し、日本は最大で四〇〇〇トン級だったのである。

福沢諭吉が書いたとされる「脱亜論」は、『時事新報』明治一八年（一八八五年）三月一六日付に掲載された(2)。

福沢の朝鮮への深い関心については、すでに述べた。福沢は朝鮮を文明開化に誘導する必要を説いていた。福沢は文明の普遍性を信じており、朝鮮もそうなる資格と義務があると感じ、日本は自国の国益から朝鮮の文明化を推進すべきだと論じていた。

それゆえ福沢は、壬午事変の賠償金五〇万円を返却し、それによって、朝鮮に灯台、電信、郵便、鉄道、汽船、学校、新聞などを作り、文明化を進めるべきことを説いた。また門下生である井上角五郎《かくごろう》、牛場卓蔵《うしばたくぞう》らを朝鮮に赴かせ、情報収集や政治工作にあたらせた。

しかし、福沢の努力にもかかわらず、独立派は敗れた。

福沢はとくに独立派に対する処罰の凄まじさに衝撃を受けた。論説「朝鮮独立党の処刑」（明治一八年二月二三日、二六日）には、「人間娑婆《しゃば》世界の地獄は朝鮮の京城に出現したり。我輩は此国を目して野蛮と評せんよりも、寧《むし》ろ妖魔悪鬼の地獄国と云わんと欲する者なり。……今この文を草するにも涙落ちて原稿紙を潤おすを覚えざるなり」と書いている。すなわち、甲申事変の主犯と見られたものは、父母妻子まで、老人から幼児まで皆殺しとされたと述べ、日本でも源平の時代には一族に罪が及んだことがあったが、国事犯でも罪は本人以外には及ぼさないのが当然である、西郷隆盛の弟の罪を問うものなどいない、と述べ、朝鮮の残虐さを批判した。

なお、甲申事変後、かろうじて日本に亡命した金玉均は、福沢らの保護を受けたが、日本政府は金の存在を外交上の負担と考え、はなはだ冷遇した。金はやむなく東京、札幌、佐野（栃木）から小笠原まで転々とする有様だった。そして、明治二七年（一八九四年）三月、上海におびき寄せられ、暗殺された。金の遺体は清国の軍艦によって朝鮮に運ばれ、凌遅《りょうち》刑（生きた人間の身体を少しずつ切り落とし、長時間にわたって激しい苦痛を与えて死に至らす処刑方法。ただし、この時は死後である）に処せられ、四肢を八つ裂きにされ、胴体は川に捨てられ、首は京畿道、片手片足は慶尚道、他の手足は咸鏡道で晒された。

ここで注意したいのは、朝鮮では目的達成のために外国勢力をためらいなく呼び込んでいること、そして敵対者に対する徹底的な処罰である。

それは日本と著しい対照をなしている。幕末の日本では、幕府は徹底したフランス依存をしなかった。また、明治政府は幕府側の人材を惜しみなく用いた。また、のちのことであるが、伊藤博文を暗殺した安重根《アンジュングン》に対しては、維新からまだ年月のたっていない日本において、国士であるという見方もあって、死刑になるまでの間、丁重に処遇されたという。それゆえ、彼は多くの揮毫を残すことができたと言われている。

福沢の「脱亜論」は、あたかもアジアに対する侵略の宣言であるかのように言われることがあるが、そんなことはどこにも書いていない。福沢は「小さな政府」論者であって、版図拡大を議論したことがほとんどない。福沢がもっとも重視したのは貿易であった。このような「野蛮」な国をテコ入れして近代化させるのは無理である、むしろ、こういう国と同類と思われても困る、いわば普通の国として、交際していこうというのが、彼の政策だった。

かつて福沢は朝鮮が近代化することを願い、そのために力を傾けた。しかし、その努力が水泡に帰したとき、朝鮮が近いからといって、特別の配慮をすることは必要ない、と言ったのは、きわめて自然なことであったように思われる。

清国艦隊の威容

甲申事変が外交的に一段落を告げたのち、まもなく、明治一九年（一八八六年）八月、汀汝昌の率いる清国北洋艦隊が長崎に入港した。その中の定遠、鎮遠は、当時世界クラスの戦艦で、日本の最大の戦艦よりはるかに巨大であった。かつてアヘン戦争とアロー戦争で敗れ、太平天国の動乱を経験した清国だったが、がんらい巨大な国力を持ち、こうした近代的軍備を備えつつあった。

この来航は、日本に対する威圧と考えられた。また、来航当時、上陸した水兵の一部が乱酔して警官と衝突し、それがきっかけになって水兵数百人と民衆・警官との間の乱闘となり、死傷者が出た。これには、日本の世論は激昂した。

このころから日本は海軍力の増強に力を入れるようになるが、そのきっかけの一つはこの長崎における清国戦艦来航事件であった。

条約改正

さて、幕末に結ばれた列国との条約を改正することは、明治政府にとって大きな課題であった。若干遡って略説してみよう。

条約改正への最初の取り組みは、岩倉使節団によって試みられた。しかし、それは本格的に試みられる前に、中止された。

条約の不平等性は、一つは片務的協定関税制度、つまり列国はみずから関税率を定めることができるが、日本にはその権利がないということだった。最初の安政の諸条約においては、輸出税が一律五%、輸入税は種類によって、一類（金銀および居留民の生活必需品）〇%、二類（船舶用品、食糧、石炭）五%、三類（酒類）三五%、四類（その他）二〇%で、神奈川開港から五年後には日本から輸出入関税の改定を提起することができることになっていた。ところが、慶応二年（一八六六年）の改税約書において、日本は下関戦争の賠償金の減免と交換に、より不利な関税を受け入れることになった。たとえば、これまで従価税だった関税が、主要輸入品八九品目と主要輸出品五三品目について従量税五％に変更された。その結果、幕末維新のインフレの中で関税は低いままであり、日本の産業発達を阻害することとなった。

当時は世界的に関税の高い時代であり、小野梓の研究によれば、ドイツやアメリカでは国家収入における関税の割合は五〇％を超え、自由貿易主義であって関税の低いイギリスでも二〇％を超えていたが、日本のそれは三％程度だった。日本は歳入を関税に依存できず、その分、地租などに依存せざるを得ず、また、国内産業の育成という点でも、不利な位置に置かれていた(3)。

もう一つは、領事裁判権、すなわち外国人が日本で被告となった場合、日本はこれを裁く権利がなく、外国人によって裁かれることとなっていた。イギリスの場合、在日領事に裁判管轄権があり、上級審は上海、最後はロンドンで争うこととなっていた。これは、実質的に日本にきわめて不利であった。

治外法権にまったく根拠がなかったわけではない。西洋諸国はまだ日本の文明化を疑っており、日本において自国民が適切な裁判を受けられるかどうか、疑問としていた。これは、生麦事件以来の問題であった。

これに対応するためには、西洋諸国が了解するような近代的な法典を作ることがまず必要だった。その必要から、明治の初めから法典編纂が進んでいた。

その中で大きな役割を果たしていたギュスターヴ・エミル・ボアソナード（Gustave Émile Boissonade, 1825-1910）は、明治六年（一八七三年）に来日して以来、様々な分野で活動し、たとえば明治七年の台湾出兵に関する大久保利通の北京での交渉に大きな役割を果たしたことは、すでに述べた。

そのボアソナードが大きなショックを受けたことがある。それは、明治八年四月のある日、偶然、男の悲鳴を聞き、そこから、拷問がなお行われていることを知ったのである。江戸時代以来、自白が重視され、そのために石抱きなどの苛酷な拷問が行われていた。当時の日本人はそれを非文明的なものだと考えていなかったのである（大久保泰甫『ボワソナアド――日本近代法の父』、九六―一一二頁）。

関税自主権の欠如と治外法権のうち、政治的により大きな問題となったのは治外法権の方であった。明治一〇～一一年、英人ジョン・ハートリーが、麻薬の輸入・所持を二度試み、一度は無罪、二度目も軽い科料という判決だった。これは日本人を憤激させた。

明治一二年、ヘスペリア号事件が起こった。これは、コレラ流行地から来日したドイツ船ヘスペリア号が、日本の検疫をうけることを拒否した事件であった。それは、司法権の制限がさらに行政権の制限にまで及んだということであり、きわめて深刻であった。

しかも西洋から日本に来るものには、一旗あげようとする冒険者的商人が少なくなく、ハートリーなどはまさにそうした人物であった。

さらに大きな衝撃となったのは、明治一九年一〇月二四日に起こったノルマントン号事件であった。横浜から日本人乗客二五名と雑貨を載せて神戸に向かったイギリス貨物船ノルマントン号（ノーマントン号）は、暴風雨のため紀伊半島沖で難破、座礁沈没した。その際、イギリス人船長とイギリス人およびドイツ人乗組員二六名は全員救命ボートで脱出して救助されたが、日本人乗客は全員が船中に取り残され、溺死した。ところが、神戸駐在イギリス領事によって海難審判が行われ、船長が日本人にボートに乗り移るように勧めたが言葉が通じず、やむなく日本人を残してボートに乗ったという趣旨の陳述を認め、船長以下全員を無罪とした。

この判決に日本人は激昂し、無名の作家によるノルマントン号沈没の歌が作られ、全国に広まった。

「岸打つ浪の音高く　夜半《よわ》の嵐に夢覚めて　青海原を眺めつつ　わがはらからは何処《いずく》ぞと
呼べど叫べど声はなく　尋ね捜せど影はなし　うわさに聞けば過ぐる月　二五人の兄弟は
旅路を急ぐ一筋に　外国船とは知りつつも　航海術に名も高き　イギリス船と知るからに
ついうかうかと乗せられて……」

国民の怒りは、こうした状況を招いた政府に向けられた。外相井上馨も、国民世論に応えざるを得ず、兵庫県知事に命じて船長の神戸出船を押さえ、兵庫県知事名で横浜英国領事裁判所に殺人罪で告訴させた。一二月八日、横浜領事裁判所判事は、船長ジョン・W・ドレークに有罪判決を下し、禁錮三ヶ月の刑に処したが、死者への賠償金は支払われなかった。

この事件は、治外法権のもたらす影響の大きさをこの上なく明確に示したものであった。これは政府にとっても深刻な危機であった。政府が全力で取り組んでいた、条約改正の山場とぶつかってしまったからである。

井上馨は明治一二年の外務卿就任以来、明治一八年に外務大臣に転じたのちも、条約改正に取り組んでいた。

明治一九年五月以来、条約改正会議を重ねたが、同年六月に至って、英独案が出され、日本が内地を開放するかわりに、条約国国民は日本法に従うという原則が提示された。これが、その後の交渉の基礎となった。

それは、内外交渉の訴訟事件審理のため、外国人法官の任用、すなわち各級裁判所（始審裁判所、控訴院、大審院）に外国人法官を若干名任用すること、日本側は泰西（西洋）式法典を編纂整備すること、などを内容としていた。そして英独草案に基づく裁判管轄条約案も二〇年四月二二日にまとまっていた。

条約改正問題に対する明治政府の方針は、欧化政策だった。日本が十分な文明化をしていることを示して、条約交渉に持ち込もうとしていたのである。

明治一六年に完成した鹿鳴館において、政府は、盛んに西洋風の舞踏会を催し、日本の欧化をアピールしていた。ときには外国公使の馬車の扉を、井上馨外務大臣自ら開けに行ったという。

この政策はしばしば厳しい批判の対象となった。

政府首脳や華族の夫人は洋装して舞踏会に参加したが、西洋人外交官などは、表面的には日本の西洋化を称賛しつつ、陰ではその付け焼き刃ぶりを嘲笑していた。フランスの海軍将校ピエール・ロティは、次のように書いている。

彼女たちはかなり正確に踊る。巴里風の服を着たわがニッポンヌたちは。しかしそれは教え込まれたもので、少しも個性的な独創がなく、ただ自動人形のように踊るだけ、といった感じである。ひょっとして若《も》し音楽が消えでもしたら、彼女たちをおしとどめて、もう一度はじめからやり直させねばならない。彼女たち自身だと、音楽に外れたままでいつまでもお構いなしに踊りつづけることだろうから。（前田愛『幻景の明治』、一二七頁）

もっとも著名なのは、明治二〇年四月二〇日、首相官邸において開催された大仮装舞踏会だった。

多くの高官が仮装で現れた。たとえば、山県有朋はかつての奇兵隊の装束で現れた。しかし、これが仮装だろうか。西洋文明を取り入れることの不可避を理解して出席したが、尊王攘夷の精神は失っていないとの主張だったのではないだろうか。三島通庸警視総監は、「天莫空勾践《こうせん》、時非無范蠡《はんれい》」という旗印を背負って現れたが、これは児島高徳《たかのり》が後醍醐《ごだいご》天皇奪還の決意を示したもので、今の西洋化を厳しく批判したように見える。多くの人が、そのような仮装とも本音ともつかぬ仮装をしていた（同前、一二八―一三二頁）。

この仮装舞踏会はとくに評判の悪いもので、新聞の格好の餌食となった。新聞はとくに伊藤博文が某夫人（戸田伯爵夫人、岩倉具視の娘で美人で有名だった）を強姦したという噂を掲載して（もちろん事実無根であるが）、大いに世間の話題になった。

政府は、五月九日、板垣退助、大隈重信、後藤象二郎、勝安芳に伯爵、森有礼らに子爵を授与した。このうち板垣のみ一旦拝辞したが、却下され、七月、受爵している。これは明らかに反対派の取り込み策であった。

ところが、井上条約改正案が漏れ始めた。

その内容に、政府内部あるいはその周辺の保守派も反発した。宮中に勢力を持っていた土佐を中心とする保守派はとくに反対した。

六月一日、ボアソナードが条約改正に関し、裁判管轄条約案に対して反対意見を提出した。七月三日、農商務大臣谷干城が裁判管轄条約案に反対し、条約改正を議会開設以後に延期するよう求め、七月二六日、辞職した。

この状況に、井上は七月一八日、条約改正会議を一二月まで延期すると各国に通告し、七月二九日、無期限延期とあらためて通告した上、九月一七日、辞職を余儀なくされた。

総理大臣の伊藤は保守派を宥和《ゆうわ》するため、辞職した谷のあとに土佐派の土方久元を入れ、九月に井上が外相を辞職したときには、自ら外相を兼任し、また、それまで批判の多かった宮内相兼任をやめた。

そして外相には大隈重信を考え、当初は黒田清隆を通じて交渉させたが、大隈がいくつかの条件をつけたため折り合えず、いったん挫折したが、ふたたび試み、大隈も条件を下げて、明治二一年二月、大隈が外相となった。

伊藤は条約改正をぜひ進めたいと考え、また、そのころ、激しくなってきた大同団結運動に対抗することを考えてのことであった。大隈は大同団結運動に近くはなかったが、もし接近すると厄介だと政府は思ったのだろう。そして大隈の方は、機会があればいつでも登板する覚悟でむしろやる気満々だった。最初大隈は、国会についていくつかの条件をつけて、それが満たされれば外相を受諾すると言ったが、約束は得られず、にもかかわらず、外相を受けたのである。

このような状況は、松方デフレで鎮静化していた自由民権運動を再活性化させることとなった。腐敗堕落した政府が、屈辱的な外交を行い、しかも税金は重く、自由は制限されているということで、民権派からすれば四拍子揃った悪政府であった。

明治二〇年一〇月三日には、後藤象二郎がかつての政友七〇名あまりを集めて会合を開いた。自由党解党、改進党幹部の脱党によって、弱体化した自由民権派の再結集を図ろうとするもので、これが大同団結運動の始まりといわれている。この月には高知県の代表が、三大事件建白書（地租軽減、言論集会の自由、外交失態の挽回）を元老院に提出している。

運動の盛り上がりに対して、政府は一二月二六日、保安条例を公布し、結社の自由などをさらに制限したほか、五七〇名のものを指名して、皇居から三里以外に立ち去ることを要求した。要求された一人、尾崎行雄は、あまりの乱暴なやり方に愕然としたというので、以後、愕堂《がくどう》という号を名乗るようになった（さらにのち、そのリッシンベンを除いた咢堂《がくどう》を号とした）。たしかに、きわめて強引で乱暴な布告だったが、それだけ政府の危機感が強かったのであろう。

大隈による条約改正の失敗

のちにも述べるとおり、この夏は憲法制定の仕事が軌道に乗っていた時であり、こうした政治的危機の最中に、憲法は書かれたのである。そのころの憲法制定作業については次章で述べるが、こういう状況でかくも濃密な知的作業が行われていたことに感嘆せざるをえない。

大隈の条約改正案は、井上のそれと比べ、外国人判事の関与する機会を減らし、法典編纂は進めるがこれを列強に通知する義務はもたないとして、その意味でより自主性の強いものであった。改正案は明治二一年（一八八八年）一一月以後一二月にかけて、各国公使に手渡され、翌二二年一月から各国との交渉に入った。また、その間、明治二一年一一月三〇日、メキシコとの最初の対等の条約がワシントンで調印された（翌二二年六月六日批准）。

しかし、盛り上がった世論の反対は、その程度で収まらなかった。自由党系は改進党の大隈が功績をあげることを好まなかった。

憲法は明治二二年の紀元節に発布され、それだけ条約改正案の外国人判事の条項は大きな欠点に見えた。官僚は日本人でなければならず、外国人判事の任命は憲法違反だという批判が起こった。大隈はなお強気で、外国人を帰化せしめることで乗り切れると考えた。

しかし、井上も伊藤も反対となり、大隈を支えるのは黒田清隆首相一人となった。黒田は藩閥の中心的有力者とは言えず、伊藤とは比較にならなかった。伊藤内閣大隈外相なら、改正作業は進んだかもしれなかったが、黒田―大隈では無理だった。伊藤と井上には、大隈に対する嫉妬もあったであろう。

そうした状況で明治二二年一〇月、大隈は爆弾を投げられて重傷を負い、片足を失うこととなった。強気の大隈は、槍や刀でなく、文明の所産たる爆弾でやられて本望だと言ったと言われている。こうして大隈による条約改正も失敗し、条約改正は議会開会後に持ち越されることになる。

(1) 黄遵憲は、その後、サンフランシスコ総領事になり(一八八二~八五)、その時は西海岸における中国人排斥運動に直面している。いったん帰国し、『日本国志』(全四〇巻)を著す。一八九〇年、イギリス・フランス・ベルギー・イタリア兼任公使として赴任する薛福成《せつふくせい》の書記として、ヨーロッパに行った。翌年、シンガポールの総領事として赴任し、華僑保護に取り組んだ。日清戦争のさなかに帰国し、敗戦の衝撃の中で国内改革を志し、康有為や梁啓超と出会い、行動をともにするようになった。戊戌《ぼじゅつ》政変によって挫折した。

(2) これは『時事新報』に掲載された無署名の論説で、福沢が書いたという証拠はない。平山洋は、これを疑問としている。

(3) 小野梓「条約改正論」(早稲田大学大学史編集所編『小野梓全集』第三巻〈一九八〇年〉所収)。この「条約改正論」は、明治一七年(一八八四年)に脱稿されたが、外務省の許可が得られず、小野の死後の明治二〇年、高田早苗編『東洋遺稿』上巻に収められて、初めて公刊された。さらに、『明治文化全集』第一一巻に収められ、広く知られるようになった。

第10章　明治憲法の制定

伊藤の憲法調査

明治一五年（一八八二年）三月一四日、伊藤博文は憲法の研究のために渡欧した。

最初に憲法調査のための訪欧を提唱したのは明治一四年一一月、寺島宗則であった（坂本一登『伊藤博文と明治国家形成』、一二八頁）。そもそもそのような調査旅行が必要かどうか、異論もあった。また伊藤を派遣すべきかどうか、政府がまとまっていたわけでもない。

伊藤自身、この訪欧については、最初から積極的だったわけではない。憲法調査によって確たる成果をあげる自信はなかった。憲法調査の結果は、大隈重信やその周辺の英国風とは違うものでなければならなかった。その場合、ただちに想起されるのはドイツ（プロイセン）流ということであった。井上毅は、伊藤の訪欧を強く望んでいたが、それは伊藤をドイツ流にコミットさせるためであった。その場合は、憲法制定の主導権は井上毅のものとなる。井上はドイツの法学者ヘルマン・レスラー（Karl Friedrich Hermann Rösler, 1834-1894）を法律顧問とするなど、ドイツ流の強い影響を受けていた。伊藤の立場から見て、わざわざ訪欧することの意義があるかどうか、疑問であった。

しかし、政府から誰か有力者を派遣して憲法調査を行わせるとすれば、これまでの西洋経験や、語学力や、政府内部での位置（極端に左右に偏しておらず、かつ有力なもの）からして、伊藤以外には考えられなかった。

伊藤もしばらく迷ったらしい。しかし、迷った末、明治一五年三月一四日、横浜を発ってヨーロッパに向かった。

岩倉使節団が鳴り物入りで、随員を含めて一〇〇名を超える使節団だったのに比べ、伊藤の一行は一四人で小さくはないが、その目的は明示されず、大掛かりな宣伝もなく、世間には何のための旅行か疑うものも少なくなかった。

しかし、伊藤の訪欧は大きな影響をもたらした。まず、旅行は長期にわたった。帰国は明治一六年八月三日で、一年五ヶ月の旅行というのは、政府首脳の旅行としては異例に長い。そして伊藤が学んだものも大きく、のちに見るように、明治国家の建設に決定的な影響を及ぼした。それはほとんど明治四～六年の岩倉使節団に匹敵するほどであった。文久年間の遣欧使節団において福沢ら知識人が、西洋文明の全体像を受容し日本にもたらしたのと、あわせて三大旅行といってよいように思う。

五月一六日、ベルリンに到着した伊藤は、早速、ベルリン大学の憲法学者ルドルフ・フォン・グナイスト（Heinrich Rudolf Hermann Friedrich von Gneist, 1816-1895）に教えを乞うべく、一九日にグナイストを訪問した。しかし、グナイストは消極的であった。何よりも、憲法はその国の君民の実体、風俗、人情、歴史の上に成り立つものであって、法文だけを輸入するようなものではない。自分は日本のことは何も知らない、まず日本のことを教わりたい、その上で参考になるかもしれないことは話すが、あまり自信はないと、グナイストは述べた。

またグナイストは、かつてドイツの憲法学者がブルガリアから憲法制定を求められたときのエピソードを紹介している。ブルガリアは近くではあるが民族構成も複雑で、容易でないと思われ、誰も応じるものがなかったところ、ある学者が応じて、依頼どおり半年で作ってきた。どうしてそんなことができたのだと問われてその男は、何、銅器にメッキを施しただけのことだと答えたという。

これは伊藤の心をはなはだ傷つけたに違いない。グナイストの消極性と、日本を未開国と見下した態度が感じられたからである。実際のところ、伊藤は西洋文明全般に心酔していたわけではなく、ブルガリア、セルビア、モンテネグロ、ルーマニアはヨーロッパの中の未開国であり、これらを日本以上の文明国として扱っているのは、明らかに差別である、所詮、キリスト教の中でしか考えていないからだと憤慨していた。

グナイストはまた、議会を会計、軍事などに関与させるべきではないという、専制的な憲法論を述べたという。これも、彼の持論ではあるが、日本の文明度に対する低い評価と結びついていたように思われる。

ただ、議会に大きな権力を与えるべきでないという意見は、グナイストに限られたものではなく、八月二八日、陪食を賜ったヴィルヘルム一世も同様だった。皇帝は、「日本天子の為に、国会の開かる、を賀せず」と述べ、もし国会を開くとしても、政府の支出のために議会の同意が必要な制度や、税金を徴するのに議会の同意が必要な制度は決して採用してはならない、と述べている。

それ以後、ベルリンでの実際の講義は、グナイストの弟子のアルベルト・モッセ（Albert Mosse, 1846–1925）が担当した。しかし伊藤はドイツ語ができず、ドイツの法制度も知らなかったので、言葉の上での理解はできても、その精神や実際については、なかなか理解は進まなかった。それでも、憲法の「良否得失を講論するは、実に寝食を忘するの心地」がすると伊藤は述べており、文意の理解のみならず、実際について研究を進めていた。ベルリンにおいて、かなりの進歩があったように思われる（伊藤之雄『伊藤博文』、一八六頁）。

シュタインとの出会い

八月八日、ウィーンに移ってから、事態は好転する。ウィーンでロレンツ・フォン・シュタイン（Lorenz von Stein, 1815–1890）教授の教えを受けるべきだというのは、一行の一員、河島醇《じゅん》（薩摩、一八四七〜一九一一、のち衆議院議員、日本勧業銀行総裁、滋賀、福岡県知事、貴族院議員、北海道庁長官）の意見であった。河島は公使館勤務時代、シュタインに教えを受け、師と仰いでいた。

シュタインも日本に関心を持ち、横浜で刊行されていた『ジャパン・ウィークリー・メール』を購読し、その中に福沢諭吉の『時事小言』の紹介を読み、感銘を受けて福沢に直接書簡を送った。シュタインの書簡に感激した福沢は、この書簡を『時事新報』明治一五年六月二日号に掲載している。

なお、このやりとりから見ても、伊藤、シュタイン、福沢の意見は割合近かったことがわかる。一四年政変に関し、福沢と大隈の憲法構想が近かったとか、福沢と大隈の提携さらには「陰謀」という見方は、こうした福沢とシュタインが近いという事実に合致しない。

さらに、伊藤に従って渡欧し、のちに東京大学や慶應義塾で政治学を講じた木場《こば》貞長《さだたけ》（薩摩、一八五九～一九四四、東京大学文学部卒、ハイデルベルグ大学で文学、法学で博士号取得）は次のように回想している。「ある日シュタインは地球儀のところへ余を呼び、指し顧みて曰く、ヨーロッパ文明及びこれ等の諸国は、この地中海を囲繞《いにょう》して発展して来たのだ、自分の講義も従ってこの地中海中心の講義を出ないと思う。君等の将来の発展はこの別側の日本海と、この支那海を中心として期せられねばならぬ。同様にして君等の学問も亦《また》斯くあらねばならない」（瀧井一博『明治国家をつくった人びと』、一八頁）。シュタインの日本への関心が窺われる。

海外において当てのない仕事に取り組んでいるとき、日本に好意を持つ人と会うことは、現在でも嬉しいことである。まして明治にあって、シュタインのような大知識人と理解しあえた喜びは、本当に大きなものだったろう。

さてシュタインの国家学の特質は、国家を人格として捉え、その三つの要素は君主、立法、行政であり、この三者が相互に独立しながらも、互いに規律しあい、一つの秩序を作るのが国家であった。このうちのどれか一つが突出するのも好ましくない。立法の専制は、つまり過度の民主政治は、多数の専制として斥《しりぞ》けられた。同様に、君主の専制も、シュタインにおいて、厳しく斥けられていた。

このようにシュタインの憲法論は、立憲君主制度であった。しかし、このシュタインも、議会に予算審査の権限を与えることについては慎重であった。つまり伊藤は、のちに述べるように、シュタインよりもさらに進歩的な案を、自ら起草するのである。

八月一一日、伊藤は岩倉具視に対して次のような有名な書簡を書いている。「独逸にて有名なるグナイスト、スタインの両師に就《つ》き、国家組織の大体を了解する事を得て、皇室の基礎を固定し、大権を不墜の大眼目は充分相立候。（中略）実に英、米、仏の自由過激論者の著述而已《のみ》を金科玉条の如く誤信し、殆《ほと》んど国家を傾けんとするの勢は、今日我国の現情に御座候へ共《ども》、之を挽回するの道理と手段とを得（中略）心私《こころひそ》かに死処を得るの心地仕候」（春畝公追頌会編『伊藤博文傳』中、二九四―二九九頁）。

ここには、坂本一登も指摘するとおり、保守的な岩倉を説得するためのレトリックがちりばめられているかもしれない。しかし、国民の声をいかに国政に反映させるべきか、様々な方法があり、ときにそれを防ぐことも重要であることを理解したというのは、間違いないことだと思われる。

八月二七日、山田顕義に対し、「幸いに良師に逢うことを得て、邦国の組織より政治学の要領及び憲法公法の解釈等を聞くを得て、独逸学者の説く所の民権の各種、その幅員《ふくいん》の広狭の度合等、英仏学者の主眼とする所と異なるものあるを発見すること屈指に遑《いとま》あらず」と述べている（同前、三〇二―三〇六頁）。

九月二三日、井上馨宛書簡では、次のように述べている。「主権論及び行政府の職権、民選議会に対するの場合等に至ては、勿論既に其要領を得たる積《つもり》に御座候。又議会の組織、選挙の方法、地方の組織、自治の体裁制限等、略《ほぼ》其要は相分り候え共、政府各部内の機関より人民社会の実況、其関係等、アクチュワルのポリチックスを聊《いささか》相学び度《たき》ものと存候得共、未其場合に不到（以下、略）」と述べている（同前、三一七―三一九頁）。

また一〇月二二日付の井上宛書簡においては、「憲法丈《だ》けの事は最早充分と奉存候得共、アドミニストレーションに到ては中々容易なる事に無之《これなく》、プリンシップル丈けにても相心得置度、頻に熱心罷在候」と述べている（同前、三二九―三三一頁）。

繰り返してまとめれば、伊藤は民権を取り入れる程度と方法は様々であることを理解した。それらは民情の程度にもよることだった。

そして君主と議会と行政の三者があいまって良き政治を作り出すことを理解し、それが正しいとされていることを理解したのである。

君主との関係も容易でないことも、伊藤はすでに侍補の親政運動などの経験から、知っていた。ドイツでも、ビスマルクは、皇帝との関係の維持に苦労した。イギリスでも、グラッドストーン首相はヴィクトリア女王との不仲に悩んだ。ただ君主の意思を受け入れればよいというような単純なものではないのである。

また行政の必要もよく理解できた。今日の世界でも、優れたリーダーがいても、これを実行に移す官僚制――文書行政を中心に客観的公平な法の実施にあたる――が欠けている国が少なくないのである。

明治期の日本には、江戸時代以来の官僚が存在した。それは、大きな遺産であった。彼らの多くは西洋の学問は知らなかったが、高度に抽象的な思考が可能であり、文書行政に習熟していた。

伊藤は一一月五日までウィーンに滞在したのち（その間、半月ほど、ベルリンやパリに行っている）、ベルリンに戻り、翌明治一六年二月一九日、ベルギーなどを経由してロンドンに向かい、そこで二ヶ月滞在している。その後、モスクワでのロシア皇帝即位式に参列し、六月二六日、ナポリより帰国の途についた。

以上、伊藤の憲法観におけるドイツの影響について述べてきた。これとともに、影響の時期は特定しにくいが、アメリカの影響も相当に重要だったと考える。

伊藤は明治三年から四年にかけて、財政問題に関する調査のため訪米したとき、国務長官ハミルトン・フィッシュに勧められて、『ザ・フェデラリスト』を入手し、これを愛読していたといわれる。『ザ・フェデラリスト』とは、いうまでもなく、アレクサンダー・ハミルトン、ジェイムズ・マディソン、ジョン・ジェイの三人が新聞に発表した八五編の論文をまとめたもので、一七八七年に起草された連邦憲法案を擁護し、その承認を確保するため書かれたものであった。思想家でなく政治家が書いた憲法論が、現在に至るまで古典として読み継がれていることは、まことに稀な例である。

当時、すでにイギリスからの独立を確保した一三州にとって、なぜ中央政府の下に一つの国家を形成しなければならないか、ということは自明ではなかった。そこでマディソンら三人は、連邦を作らなければいかなる不利があるか、また、連邦を作っても各州の独立は損われないかを、論じたのである。

伊藤はアレクシス・ド・トックヴィルの『アメリカにおける民主政治』をやはり高く評価して、アメリカを理解するために最適の本として津田梅子に勧めたといわれているが、伊藤の憲法構想に影響を与えたということでは、『ザ・フェデラリスト』であろう。

伊藤は、マディソンらは、小さな国でしか可能でないと思われていた民主主義を、大きな国で実現すること、しかも、すでにできている国（州）をあわせて一つの国にする議論をしたことを高く評価する。そして、「予はその裏を行ったのである」と述べている（伊藤博文述、小松緑編『伊藤公直話《じきわ》』、二一九頁）。なぜなら、「憲法は民権的の原素を加えなければならぬものだ。なぜならば、議案というものを作り、人民の代表者を加え、大政を評議するのであるから、どうしても民権的の原素を加えなければならぬ」。つまり、日本では天皇のもとにすでに一つの国があって、その中に民主的な要素を入れていくことを考えたというのである。

伊藤がこの本を熟読したとすれば、次の点は必ず彼の関心を引いたはずである。一つは軍が必要であり、しかし同時に危険でもあって、注意が必要であること、第二に、多数の専制に備える必要があること、第三に、そのためにも、三権分立が必要であること、である。伊藤が、天皇は国家の機軸であるとしながら、具体的な権力の行使においては極力内閣その他がこれを行い、天皇の責任に及ばないようにすることを重視したことはよく知られているが、そこには『ザ・フェデラリスト』の影響もあったかもしれない。

このアメリカの影響については、金子堅太郎が憲法起草に加わったことも重要だったと思われる。すでに紹介したように、金子は岩倉使節団に留学生として加わり、のちにハーヴァードで学んだのであるが、その間、オリヴァー・ウェンデル・ホームズ・ジュニアに教わり、『ザ・フェデラリスト』を勉強するように勧められた。また大学でエドマンド・バークについて学んでいた。

明治一一年（一八七八年）九月、ハーヴァード留学を終えて帰国した金子は、藩閥につてもなく、むしろ民権運動に関係していた。一三年一月、元老院雇いとなった金子は、元老院副議長佐々木高行から、もう少し穏健着実な憲法論はないのかと問われた。実際、そのころ、日本では、イギリス議会についての著作が知られていただけだった。そこで金子は、バークの『フランス革命の省察』を紹介したところ、高く評価され、政府高官に講義をし、さらに一冊の本にするように求められ、これは天皇に献呈されたという。金子がバークの『フランス革命の省察』を抄訳して刊行したのが『政治論略』であった。『省察』はルソーに対する真正面からの反論だったように、『政治論略』はルソー流の憲法論に対する真正面からの反論だった。なお、あらためて付け加えるまでもないが、バークはアメリカ革命に対しては同情者であった(1)。

なお金子によれば、憲法草案を議論するさい、伊藤はつねに『ザ・フェデラリスト』を座右に置き、繰り返し読んだという(2)。

宮中改革

伊藤帰国以前から、宮中改革の動きは始まっていた。宮中の一部には、伊藤が西洋かぶれであって、宮中を西洋風に改革するのではないかという懸念があった。それゆえ、岩倉具視に対してリーダーシップをとるよう、各方面から働きかけがあった。天皇もまた伝統的な政治観に好意を持ち、急激な洋風化や改革を好まなかった。その結果、明治一五年（一八八二年）一二月一八日、内規取調局が設置され、岩倉が自ら総裁に就任した。

しかし、明治一六年七月二〇日、伊藤の帰国直前に岩倉具視は病気で没した。この段階では、宮中改革という大事業をリードするものは、伊藤以外には考えられなかった。伊藤はたびたびの国内への連絡によって、もはや西洋文明を単純に受容しようとする軽薄才子ではないと思われていた。あたかも明治一一年に宮中保守派が大久保利通を頼ったのと、類似した状況だった。

翌一七年三月一七日、宮中に制度取調局が置かれ、伊藤がその長官となった。そして二一日から宮内卿を兼任した。

まず、宮内省改革が試みられた。宮内省では職責の機能分化が行われていなかった。それまで宮中には皇室財産を扱う部局すら存在しなかった。国家儀礼を司る式部と皇室の私的儀礼を司る掌典の区別も未分化だった。伊藤は、一七年三月、侍従職を整備して徳大寺実則を侍従長に転じさせ、四月、内蔵《くら》寮を設置し、七月、華族令を公布し、八月、図書《ずしょ》寮を設置し、一〇月、式部寮を廃して、式部職を新設する、などの矢継ぎ早の改革を行なった。

次に伊藤は宮中財政の確立を目指した。

宮中の財源は、国庫から毎年の活動を支えるために交付される帝室費と、皇室固有の財産と呼ぶべき御資に分けられていた。帝室費は明治一〇年代になって慢性的に赤字であった。外国交際の増加、邸宅の新築、交際費の増大などによる皇室費の膨張、物価騰貴などによるものであって、その度に国庫に臨時費の交付を願い出なければならなかった。

そこで、従来別だった宮内省費を、帝室費・皇族費とあわせて、明治一六年度以降は帝室費として一括管理し、内蔵寮が設置されて以降は内蔵寮が一括管理した。また、それまで、帝室費・皇族費については余剰金不還付の原則があったが、これを宮内省費にまで拡大した。それから、帝室費を徐々に増やして、二〇年度からは二五〇万円（国庫の三二分の一）、のち三〇〇万円の体制を確立した。

うち宮内省費は、人員の増加にあてられた。勅任官の増加を含む定員増が実現された。地位が上がって、嬉しくない役人はいない。

同時に伊藤は皇室財産の増加をはかり、一六年度まで一九三万円弱だった皇室財産は、二〇年度までに、七八九万円弱へと、四倍になった。また、一八年一二月、御料局を設置して、皇室領の受け入れ体制を整え、二二年、二三年にはおよそ三五七万町歩（府県一五七万町歩、北海道二〇〇万町歩）が御料に設定され、長期的な皇室財産の基盤が確立された（坂本一登『伊藤博文と明治国家形成』、一八五―一八六頁）。

これらによって、宮中の財政は豊かになった。また、間もなく開かれるべき議会の影響を受けなくなった。これは伊藤が正しいと信じて行ったところであるが、同時に、これによって伊藤の宮中に対する影響力は大きくなったことは間違いない。

さらに、以下に述べる華族制度創設に際し、伯爵一五人に各三万五〇〇〇円、子爵一四人に各二万円が公債で下賜された。さらに三条、岩倉家と旧五摂家にも、三条実美に三万五〇〇〇円、岩倉具定《ともさだ》に三万八〇〇〇円、九条道孝《くじょうみちたか》に三万九〇〇〇円、鷹司熙通《ひろみち》に七万五〇〇〇円、二条基弘《にじょうもとひろ》に六万五〇〇〇円、近衛篤麿《あつまろ》に四万一〇〇〇円、一条実輝《いちじょうさねてる》に七万五〇〇〇円が下賜された。合計一一七万三〇〇〇円が下賜された。最高位の公家は、新しい華族の創設にもっとも反対しそうな人々だったので、これを懐柔（あるいは買収）する効果があったのであろう。

この費用は、もちろん、皇室財産から出たのであるが、当時、皇室財産はおよそ一九三万円だった。これを補うため、松方正義大蔵卿の協力によって、日本銀行株二五〇万円、横浜正金銀行株一〇〇万円を無償で皇室財産に移管した。これは、上記の華族関係の費用を補ったのみならず、明治一七年度においては、皇室財産利子収入の八割強にあたる二三万円の利子を生み出していた。

以上のように伊藤は大胆な政策によって宮中を掌握することができた。

華族の創出

次に明治一七年（一八八四年）七月七日、華族令が制定された。

西洋においては貴族があって上院があった。しかし日本では、伝統的な貴族は公家と大名だけであった。彼らだけで、将来成立する民撰の国会に対抗できるだろうか。それは甚だ疑問であった。かつて華族制度の改革には強い反対があったが、このころにはその必要性は理解されるようになっていた。
華族には次の種類が作られた。当時の身分意識を反映した苦心のあとが窺える。

（1）公爵
公家からは五摂家、武家からは徳川宗家
国家に偉功あるものとして、公家からは三条家、岩倉家、武家からは島津宗家、玉里《たまざと》島津家（島津久光の功績）、毛利家

（2）侯爵
公家からは清華家、武家からは徳川御三家と一五万石以上の大名家
琉球国王だった尚氏
国家に偉功あるものとして、木戸家、大久保家、公家の中山家（中山忠能は明治天皇の外祖父）

（3）伯爵
公家からは大臣家、大納言の宣任の例の多い堂上家、武家からは徳川御三卿と五万石以上の大名家、公家の東久世家（東久世通禧の功績による）、宗家（対馬藩における朝鮮外交の功績）、松浦家（平戸藩主、中山忠能の正室が松浦家出身だった）
西本願寺、東本願寺門跡の両大谷家
国家に勲功あるものとして、伊藤博文、黒田清隆、井上馨、西郷従道、山県有朋、大山巌など

（4）子爵

伯爵の要件を満たさない堂上家、維新前に諸侯だった大名家本家が高い爵位を持っている家の分家、たとえば近衛秀麿、徳川武定など国家に勲功あるもののうち、伯爵に準ずるもの

（5）男爵

維新後に公家となった家

地下《じげ》家で家格の高い押小路《おしこうじ》家と壬生《みぶ》家など

由緒ある神職、浄土真宗系統の世襲門跡四家

維新後に諸侯となったもの、大藩の家老、尚氏の分家だった伊江家と今帰仁《なきじん》家、先祖が南朝の功臣だったもの

国家に勲功のあったもので、子爵相当未満のもの

このうち、徳川が島津、毛利と並んで最高位の公爵の地位を与えられたことは注目に値する。革命後に、打倒された政権がかくも高位の地位を与えられることは異例である。それは、明治維新がインクルーシヴな革命であったことの帰結である。なお、徳川慶喜の養子、徳川家達《いえさと》は、のち長く貴族院議長を務め、大正三年（一九一四年）には一時組閣の大命が降下し（拝辞している）、大正一〇年にはワシントン会議の全権の一人となったほどである。

より重要なのは新華族だった。

その数は二九家（木戸、大久保、広沢〈真臣〉の子孫はすでに華族とされていた）で、全体の五％強

であった。伯爵一五人、子爵一四人などであった。

これも、伝統的な華族の反発を受けないよう、少数におさえられたと言ってよい。ただ、のちに授爵が増えるようになり、また昇爵も増えるようになる。

全体として、新しい華族制度は、明治維新の功績ある士族に名誉を与えるものであった。彼らはのちに貴族院の中核として自由民権運動に対抗することを期待されるのである。

官僚制度の整備

伊藤はヨーロッパにおいてアドミニストレーションの重要性について述べていた。信頼できる公務員制度が、その中核であった。文書行政、客観性、試験による採用、メリット（能力・成績）主義などは、公務員制度の原則であり、日本では当然のことと考えられているが、それが不足している国は、世界にははなはだ多い。

当時、官僚のトップには薩長出身者がいた。しかし、それを続けては、国民の支持は得られない。国民全体を基礎とする官僚養成制度が必要だった。

明治一四年政変までは、高級官僚の最大の供給源は慶應義塾であった。それ以外に官僚を養成する学校はなかった。とくに明治一四年政変以後、政府は慶應義塾排除に動いたので、官僚養成機関を作ることは焦眉の急であった。

少し振り返ってみよう。

司法省では、明治四年、司法官の養成を目的に明法寮を置き、翌五年から法学生徒の制度を設けて人材養成を開始した。明治八年、司法省法学校となった。卒業者は法律学士の称号を与えられ、一五年間の奉職を義務付けられていた。

法律はとにかく出世の手がかりだった。

代言人資格試験制度が明治九年に制定され、私立法学校が次々に誕生した（いずれものちに大学に）。専修学校（専修大）、明治法律学校（明治大）、東京法学校（法政大）、獨逸学協会学校専修科（獨協大）、英吉利法律学校（中央大）などであって、多数の政治青年を引きつけた。法学教育が政治教育の役割を担っていたのである。

明治一〇年、東京開成学校と東京医学校が統合して、東京大学が成立した。その中には、法、理、文、医の四学部があった。ただ、そのころ、他にもっと優れた学校がいくつもあった。工部省が持っていた工部大学校、内務省の農学校、司法省法学校などであった。経済学なら慶應義塾、フランス学なら中江兆民の仏学塾などであった（寺崎昌男『東京大学の歴史——大学制度の先駆け』、二二九—二三〇頁）。

明治一四年政変後に、大隈重信は東京専門学校（早稲田大）を設立した。そこでは、法律学よりも政治経済学が教えられたが、その年の東京大学法学部卒業者八人中三人、文学部卒業者四人中三人が参加している。

東京大学の方を見ると、東京大学法学部では、明治一五年までにわずか三八人の学士しか送り出していなかった（東京帝国大学編『東京帝国大学五十年史』上、五九九—六〇〇頁）。これに、文学部の政治系を加えても、卒業生は七三人で、そのうち官僚になったのは、六人の司法官を含めて二三人、すなわち三分の一弱であり、そこから六人が大隈重信の東京専門学校に参加したのである。

これ以後、政府は最高学府として東京帝国大学を作り、その中の帝国大学法科大学を、官僚養成機構として位置付け、養成していった。やがて、その定員四〇〇人のうち実に一五〇人が官僚になるようになったのである。

明治一九年、帝国大学が発足した。その前後に、司法省法学校、工部大学校、農学校などが帝国大学の中に統合された。司法省法学校の場合は、明治一八年のことであった。

明治二〇年、文官試験試補及見習規則が定められ、二一年には、奏任官になるための高等試験、判任官になるための普通試験の制度が定められた。

高等試験の受験資格は、高等中学校及東京商業学校、または文部大臣の認可を得た学校と限定された。しかも最初は帝国大学法科大学の卒業生は試験を免除された。

試験制度はその後修正され、二七年から高等文官試験が始まった。東京大学の学生は、東大卒業生にさらに試験を受けさせるのは屋上屋を重ねるものだとして、これをボイコットした。政府も譲歩はできず、したがって、この年にはほとんど官僚になったものがいない。翌二八年の試験は、前年度の卒業生も含めて受験したので、多数の俊才が受験し、合格した。浜口雄幸《おさち》、伊沢多喜男、幣原《しではら》喜重郎などが含まれる。

官僚への道

この当時の代表的な官僚の経歴を見てみよう。まず、清浦奎吾《きようらけいご》は、一八五〇年生まれ、日田《ひた》の咸宜園《かんぎえん》に学んでいる。日田時代、日田県知事であった松方正義らに知られたのが官界に入ったきっかけである。

新時代の中の早い世代を見ると、加藤高明（一八六〇年生まれ）は、明治一四年（一八八一年）、東京大学法学部卒業であるが、すぐには官僚にならず、三菱に就職し、のち官僚に転じた。

さらに下ると、若槻礼次郎（一八六六年生まれ）は、明治一六年、司法省法学校に入り、制度変更を経て、明治二五年（一八九二年）、帝国大学法科大学を卒業して大蔵省に入った。

ほぼ同年の一木《いちき》喜徳郎（一八六七年生まれ）は、静岡県出身、大学予備門（林権助ら同級）で学び、帝国大学文科大学政治科に入学し、明治二〇年（一八八七年）、帝国大学法科大学を卒業して内務省に入った。

水野錬太郎（一八六八年生まれ）は、神田共立学校に学び、大学予備門に入り、明治二五年（一八九二年）、帝国大学法科大学を卒業し、第一銀行を経て農商務省に入った。

新しい制度は、床次《とこなみ》竹二郎（一八六七年生まれ）に始まる。第一高等中学校を卒業し、明治一六年（一八八三年）、大学予備門に入り、二〇年、帝国大学法科大学政治学科に入学し、二三年卒業。大蔵省に入り、のち内務省に転じた。

完成した制度で学んだのは、浜口雄幸らの世代から始まる。浜口は明治三年（一八七〇年）生まれ、高知中学、第三高等学校から帝国大学法科大学政治学科に入り、明治二八年（一八九五年）卒で大蔵省に入った。

要するに、藩閥政府は、自らの地縁的結合を維持するのではなく、日本全体から有能な官僚を集めようとした。そのために帝国大学が作られた。

その結果、藩閥は非郷党化していったのであるが、それはかなり早い時期から始まっていた。当初、長州閥というと、伊藤博文、井上馨、山県有朋のあとは、野村靖、品川弥二郎、青木周蔵らがいた。しかし、そのあとは、非長州系が多い。

平田東助（一八四九年生まれ）は米沢の出身である。慶應義塾に学び、大学南校に学び、岩倉使節団に参加し、藩閥にその能力を知られた。さきに触れた清浦奎吾は一歳の年少であるが、類似のコースである。藩閥といっても、薩摩や長州は、日本を代表するような大きな県でも豊かな県でもない。この点、ドイツにおけるプロイセンとは違う。彼らは有能な若い才能を集めるのに懸命だった。非郷党化は最初からの流れだった。

ただ、確立されたルートから昇進した若い世代の官僚たちは、初期の非薩長系官僚よりも、自らの才能と努力で昇進したと考えるようになり、藩閥のボスに格別恩義を感じることはなくなってくる。かくして、官僚は自立し、藩閥とは距離が広がることになったのである。

内閣制度

さて、官僚制度の頂点に来るのが内閣であった。

本来は、明治一六年（一八八三年）、岩倉具視が没したとき、何らかの制度変更が不可避だった。太政官制度は、太政大臣、左大臣、右大臣を頂点とし、その下に参議が来て、その下に行政長官たる卿が来る、重層的な制度である。世界情勢にも実務にも無経験な公家の中で、岩倉は例外的に有能な人物であった。太政官制度は岩倉が右大臣だったがゆえに機能しえた。

そうすると、伊藤などの実力者を公卿の地位に引き上げるか、それとも新しい制度を作るかしかなかった。宮中や天皇に、新しい制度に対する警戒が強いことを見て、伊藤は右大臣に黒田清隆を起用する案を提示している。しかし天皇もその側近も、黒田が酒乱であることを危惧して反対した。他に候補といえば伊藤しかいなかった。しかし伊藤は右大臣になることも左大臣になることも峻拒し、結局新しい制度を作る以外に方法はないということになり、内閣制度が作られ、伊藤が内閣総理大臣となった。おそらく伊藤は宮中が黒田に反対することを予測して黒田を推したのであろう。またもし黒田が右大臣となっても、短期のことであって、次に内閣制度を作るまでのことと考えていたのであろう(3)。

明治一八年一二月二二日に定められた内閣制度は、太政官制度よりはるかに効率的なものであった。ここに、権限と責任が一致した近代的な制度が成立したのである。

あわせて注目すべきは、公文式《こうぶんしき》一号（明治一九年二月二六日公布）において、すべての法律、勅令は内閣が起草し、副署するということが決められたことである。すなわち、内閣及び内閣総理大臣の権限は絶大なものとなったのである。

もう一つ注目すべきは、伊藤の出自と年齢である。伊藤の父は農民から足軽になった人物である。武士の中では最も低い身分である。その伊藤が、徳川時代でいえば将軍以上の地位に就いたのである。そして年齢は四四歳であった。明治維新が能力主義の革命であるという点は、ここにもっとも顕著であった。福沢は、明治一四年政変以来、伊藤をよく思っていなかったが、この制度改革は、実力者がもっとも重要な地位に就いたという点で、高く評価している。

ただ、内閣の具体的な力については、憲法制定の最後の大きな課題となるので、そこでもう一度論じたい。

天皇と内閣

明治一九年ごろになって、天皇と伊藤との間に信頼関係が深まっていった。

明治一九年（一八八六年）六月、皇后の洋装化を許可し、七月、皇后は華族女学校に洋装で行啓された。これを見た天皇は不快感を示さなかった。

これが翌年の仮装舞踏会につながっていく。洋装で着飾った女性が参加した。これを皮肉る人も多いが、しかし、西洋諸国の態度は大きく変わったと言われている。すなわち、異文化を見る視線から、近い文化を見る視点に変わりつつあった。

伊藤と宮中の関係で重要なのは、機務六条の制定である。伊藤は明治一九年九月七日、天皇と内閣の関係に関する六ヶ条を上奏し、天皇はほぼこれを受け入れた。それは以下のとおりである。

1、内閣に於て重要の国務会議の節は、総理大臣より臨御《りんぎょ》及上奏候上は、直ちに御聴許《ごちょうきょ》可被為在《あらせらるべき》事《こと》。

2、各省より上奏書に付、御下問被為在《あらせられ》候節は主務大臣又は次官被召出、直接御下問被為在度事《あらせられたきこと》。
（これは、助言の相手を大臣次官に限ろうとするもので、それ以外からのインプットを限定しようとしたものである）

3、必要の場合には地方行幸被為在度事。

4、総理大臣又は外務大臣より、内外人至当の資格ある者に御陪食を願出候節は、御聴許可被《おおせつけ》仰付事《らるべきこと》。

5、国務大臣、主管事務上に付拝謁願出候節は、直ちに御聴許可被為在事。

6、御仮床又は入御《じゅぎょ》等之節は、国務大臣御内儀に於て拝謁被仰付事。但書面又は出仕等の伝奏にては到底事情を難尽《つくしがたく》、為に機務を処理するに於て往々機会を失する虞有之《おそれこれあり》候事。

これまでは、明治一三年以来、日々臨御とされ、実際に毎日ではなかったものの、かなり出席したが、以後、天皇は毎回閣議に出るのではなく、総理大臣の上奏によって、出席することとなった。

憲法の制定

内閣制度が制定されたのち、しばらくして、本格的な憲法制定が始まった。明治一九年ごろのことである。レスラーが憲法私案（ドイツ語）を法制局長官井上毅に提出したのは、明治二〇年（一八八七年）四月三〇日のことであった。井上は五月二三日、甲案、乙案を作成し、伊藤首相に提出している。

伊藤が伊東巳代治《みよじ》および金子堅太郎の両秘書官とともにレスラー草案などをもとにした案を作成したのは、八月中旬のことである。伊藤の夏島（現神奈川県横須賀市）の別荘で審議されたので、夏島草案といわれている。一〇月中旬、伊藤は東京・高輪の別邸に井上毅、伊東、金子の三人を招いて夏島草案の修正会議を開いた。これが一〇月草案である。さらに修正が加えられて、（明治二一年）二月草案となった。

夏島の前には、神奈川県金沢の旅館で討議がなされたが、途中で泥棒が入り、憲法草案の入った伊東のカバンが盗まれるという事件が起こった（中身は無事だった）ので、伊藤の夏島の別荘に移って作業が続けられた。この別荘は粗末なもので、庭園に趣味を持つ山県有朋の邸宅などとは比較にならなかった。そこでの議論は、大臣、秘書官という立場を越えて対等の憲法学者として行いたいという伊藤の提案で、率直そのものだった。伊藤が井上のことを「腐儒《ふじゅ》」といい、伊東のことを「三百代言」と罵ったりすることもあった。怒った井上が帰ってしまい、続いて伊東と金子も帰って、伊藤が一人取り残されるといったこともあった（坂本多加雄『明治国家の建設 1871〜1890』、三八〇—三八一頁）。

驚くべきは、憲法制定がきわめて困難な政治状況の中で行われたことである。すでに述べたとおり、明治二〇年四月二〇日の仮装舞踏会を契機として、政府の西洋化政策の行き過ぎに対する強い批判が噴出し、井上馨の条約改正案の内容が漏れ、閣内で谷干城農商務大臣が辞職するという事態が発生した（七月）。井上は条約改正をいったん延期し（七月）、結局井上は外相を辞めて伊藤がこれを兼任し、かつ伊藤は宮内大臣兼任をやめ（九月）、在野からは旧自由党を中心に三大事件建白運動が盛り上がり（一〇月）、これに対して政府は保安条例を制定して取り締まりを強化する（一二月）という政治的危機の最中に、夏島および高輪での審議は行われていたのである。

天皇大権の強大

明治憲法の特質は、何よりも、天皇大権の強大さである。天皇は万世一系、神聖不可侵、法律を制定し、予算を決定し、宣戦布告、和平講和、戒厳の布告、官僚の任命など、ほとんどすべての権限を持っていた。しかし、それをどのように行うのか、それが問題だった。

草案策定までの大きな論点は、天皇の意思を重視しようとした井上毅と、助言機関の役割とくに内閣の役割を重視した伊藤との対立だった。

たとえば夏島草案には、第四条に、「天皇は帝国の元首にして一切の国権を総攬《そうらん》し此の憲法の主義に基き大政を施行す」となっていたが、伊藤はこれに満足せず、「天皇は諸大臣の輔弼《ほひつ》を以て大政を施行す」という第六条を挿入し、また、第七〇条に「行政権は内閣において統一す」を挿入しようとした。

伊藤の立場はレスラーの主張する能動的君主のあり方とも異なっていた。レスラーの場合、予算に関する協議がまとまらない時は、天皇が決裁することになっていた。それは、しかし伊藤から見て、天皇が最終的な決定者となり、したがって責任を負う危険な制度だった。伊藤にとって、実質的な最終的決定者は内閣または首相でなければならなかった。

井上は天皇の大権を重視し、また個々の大臣の役割を重視した。内閣が大臣を統括する役割を持てば、結局、天皇に代わる力を持つことになる。こうした見地から、井上は徹底的に抵抗し、伊藤の内閣責任論を排除した。

枢密院の審議

こののち、枢密院の審議が行われた。

枢密院を構想したのも伊藤だった。二月草案に、「枢密院は天皇の諮問に答う」という案が登場した。伊藤は予算その他において政府と議会が対立して行き詰まったとき、枢密院が判断することを考えていた。しかし井上は反対した。そういう機関があれば、議会の中からは、そうした機関の活動を見越して策動するものが出てくるという懸念を述べた。そして政府は天皇と一体であるべきだという考えから、大きな役割を持つ枢密院という構想には反対し、その結果、憲法審議にあたる機関として、枢密院が設置された。

そして明治二一年(一八八八年)四月、枢密院が作られると、伊藤は首相を辞任して黒田清隆にその地位を譲り、自身は枢密院議長となって、審議にあたった。

枢密院では、同年五月八日に開院式が行われ、五月二五日から六月一五日まで皇室典範の審議が行われた。そして憲法の審議は六月一八日から始まった。天皇臨御のもと、伊藤が議長として、三審会三読会方式で逐条審議が行われ、六月一八日から七月一三日まで審議を続けたあと、明治二二年一月一六日、再審会議を開き、さらに一月二九日から三一日にかけて推敲が加えられ、皇室典範、議院法、衆議院議員選挙法、貴族院令ともども字句の統一を行い、二月五日の枢密院本会議で確定され、二月一一日、公布された。


なお、枢密院の開院において天皇が勅語を読んだが、その原稿は、前日まで届けられず、天皇は激怒したという。これに対し伊藤は陳謝して、ようやくその怒りを解くことができたという。これは、三五歳になって、相当の経験を積みながら、重要なメッセージの作成から排除されかかった天皇の怒りであり、そこに、天皇と行政府との微妙な関係が示されていた。天皇の権力は絶対であるが、しかも内閣と齟齬《そご》があってはならなかったのである。

伊藤はまず審議冒頭の演説において、日本において憲法を制定することの歴史的意義を強調し、西洋においては、宗教が国家の機軸をなしているが、日本にそうした宗教はないとして、「我国に在《あり》て機軸とすべきは独り皇室あるのみ、是を以て此憲法草案に於ては専ら意を此点に用い、君権を尊重して成るべく之を束縛せざらんことを勉《つと》めり」と全体の趣旨を述べた。

ところが、伊藤は逐条審議になると、君主権を制約する議論に与《くみ》することが多かった。

審査会の中で、「臣民の権利義務」が議論されたとき、天皇大権の日本では、臣民には義務はあるが、権利はない、という批判があった。森有礼文部大臣が臣民の権利を書き込むことに反対して、「臣民の分際」とすべきだと述べた。井上毅（報告員）に、それは英語で何というかと問われて、森は responsibility であると答えた。これに対し伊藤は、「一四番（森）の説は憲法学及国法学に退去を命じたるの説と云うべし」として、国民の権利を認めない憲法はありえない、と厳しく反論している(4)。

また、原案第四条において、「天皇は統治権を総攬し、この憲法の条規により、これを行う」という点に関しても、天皇は大権を持つのだから、「この憲法の条規により」は不要だという声があったが、これまた伊藤は厳しく退けている。

大きな懸念は予算審査権だった。衆議院の予算審査権は藩閥から見て危険な武器だった。レスラーはその付与に反対した。中間的な案としてレスラーは、新規の税金についてのみ、議会に議論する権利を与えるという案を提案していた。

もし予算が成立しなかった場合、前年度の予算を執行するという案は、少なくとも明治一四年ごろから、岩倉具視が主張したところであった。しかし、初期議会で明らかになるとおり、富国強兵をめざし、成長を続ける日本にとって、前年と同じ予算ではまったく不十分だった。

もう一つの論点は、その後、憲法六七条に結実したものである。すなわち六七条では、法律による、あるいは政府の義務による規定の歳出には、議会の権力は及ばなかった。しかし、この点でも、前条と同様、政府の自由は相当に制約されていた。

原案第五条「天皇は帝国議会の承認を経て立法権を施行す」については、激しい議論が行われた。六月一八日午前の第一読会において、森文部大臣は、「承認」とは上位の者が下位の者に対して行うものであり、帝国議会が天皇の上位にあるかのような原案は不適当であると批判した。第二読会においては、六月一八日午後と二〇日午前、激しい議論となった。森は一時、「賛襄《さんじょう》」という語に換えることを提案した。寺島宗則枢密院副議長も森の意見を支持した。

七月二日午前、原案第三七条「凡《すべ》て法律は帝国議会の承認を経るを要す」に関する議論において、やはり「承認」という言葉が問題となり、森は激しく原案を批判したところ、伊藤議長は突然起《た》って「一四番（森）の弁論を禁止す」と宣告した。その日の午後の会議で、森は伊藤に対し、弁論禁止の理由をただしたところ、森の演説は問題外にわたったため禁止したと答えた。どこが問題外か問う森に対し、判断するのは議長の職権であるとして、回答を拒み、これに対し、元老院議官の鳥尾小弥太がこれは重要問題であって、熟議を要する、顧問官の発言が問題外かどうか多数に聞くべきだと述べると、伊藤は鳥尾の発言も問題外なので禁止するとした。結局、七月一三日、第五条の「承認を経て」は「翼賛を以て」に修正された。伊藤の議論は強引だったが、おおむね国民の権利を広く認める方向だった。

大きな変化は、議会に法案提出審査権を認めたことである。法案提出権は、最初はなかった。

「帝国議会は政府の提出する議案を議決す」とあっただけであった。鳥尾小弥太は、元老院に法案起草の権利がなかったことを元老院議官の多数は遺憾としており、これを付与すべきだとした。しかし、第二読会でも第三読会でも同調者は一名しかいなかった。

にもかかわらず、伊藤は翌二二年一月の再審会議で第三八条を修正し、「両議院は政府の提出する法律案を議決し及各々法律案を提出することを得」とした。これは明らかに在野の政党の声に応じるものであった。

他方で、議会には条約批准の権限が与えられていない。これは、外交問題が世論の激高を招きうることを恐れたからである。かつて尊王攘夷のために奔走した伊藤が、その危険を知っていたことは、皮肉であるが、当然のことであろう。明治国家の対外関係に関する慎重さは、ここにも現れている。

憲法の評価

明治二二年（一八八九年）二月一一日に憲法が発表されたとき、世間はこれを高く評価した。改進党系では、外相となっていた大隈重信が、予想以上によい憲法だと考えた。世界では、こうした憲法が運営可能かというシニカルな感想が寄せられた。

もっともラディカルな批判者である中江兆民も、『三酔人経綸問答』で、憲法に関する意見を披露している。すなわち南海先生は、「君主の尊厳を尊び、議会は上院と下院から成り立つとし、上院は貴族を基礎とする」と、その概要を述べている。明治憲法はこれにあてはまる。立憲君主制度、華族制度を前提とした二院制度というのは、もっともラディカルと思われた兆民においても、受け入れ可能なものだった。

のちに兆民は憲法が発表されたとき、意見を求められ、笑って答えなかったとされているが、これは思った以上のものであったということであろう。

ただ、兆民は続けて、権利には恩賜の民権と回復の民権があるといっている。与えられた人権よりも、がんらいあった人権を人民が取り戻したときに本当の価値があるということであって、兆民はこの部分を自ら誇っていた(5)。

実際、兆民は衆議院に立候補して当選し、議席を持って行動するが、自らの意見が通らないことを知って、短期で辞職している。民権の外見は立派だが、回復の民権になっていないというのが言い分だったのであろう。

憲法については、いくつか有名なシニカルなコメントがある。国民は憲法の発布を「絹布《けんぷ》の法被《はっぴ》」と勘違いして、法被をもらえると思っていたとか(6)、国民は盛大に祝っているが、誰も中身を知らない（エルヴィン・フォン・ベルツ）というようなコメントである（『ベルツの日記』、明治二二年二月九日）。こうしたコメントには、悪意の「上から目線」を感じる。当時の欧米で、一般国民が自国の憲法についてよく知っていたとは到底思えない。また、現代の国民も、それほど憲法のことをよく知っているとは思えないのである。

明治一四年政変で政府が憲法制定、国会開設を約束してから七年が経過していた。多くの対立を経て、民権派もほぼ受け入れ可能な憲法が成立したのである。それは、参加の拡大が一つの頂点に到達したということであった。

(1) 高瀬暢彦編著『金子堅太郎「政治論略」研究』(日本大学精神文化研究所、二〇〇〇年)。なお、この本は、金子の『政治論略』の復刻とこれに関する研究をまとめたものである。

(2) 金子堅太郎『憲法制定と欧米人の評論』(金子伯爵功績顕彰会、一九三八年)、六五―六六頁。

(3) たとえば、初代総理大臣として、形式的に連続性をおもんずれば、該当者は三条実美だった。しかし、三条がよく閣議を取りまとめ、議会の質問に答えることができるだろうか。とても無理だと、当時の人々は判断したのである(「金子堅太郎談話」、『臨時帝室編修局史料 「明治天皇紀」談話記録集成』第四巻〈二〇〇三年〉所収、六〇―六二頁)。

(4) このような伊藤の考えは、もちろん、近代憲法学を学んだ結果である。ただ、それだけでなく、彼の経歴も関係しているように思われる。すなわち、がんらい足軽から身を起こし、正規の教育すら受けられなかった伊藤にとって、人民には責任だけあって権利はないというような思想は、受け入れられないものだったのではないだろうか。

(5) よく知られているように、『三酔人経綸問答』には、眉批《びひ》という、欄外に記された目次のような批評のような文章があるが、この「恩賜的の民権」と「恢復《かいふく》的の民権」のところに「此一段の文章は少しく自慢なり」という眉批がついている。

(6) 「絹布の法被」の初出は、おそらく『東京朝日新聞』(明治二二年二月七日)であるが、そんなことではいけないので、本紙の一一日以後の解説を読め、と続いている。事柄の真否自体、疑問である。

第11章　議会政治の定着

さて、このように準備された明治憲法は、どのように作動したのだろうか。本書冒頭に引用した石橋湛山の言葉、すなわち明治は民主的変革の時代であったという観点から、検討を加えたい。

憲法発布の翌日、明治二二年（一八八九年）二月一二日、黒田清隆首相が地方長官（知事）らを前に、次のような演説を行った。すなわち黒田は、政党が社会に存立することは情勢の免れざるところと言いながら、「然《しか》れども政府は常に一定の方向を取り、超然として政党の外に立ち、至公至正の道に居らざる可らず」と述べ、「各員宜《よろ》しく意を此に留め、不偏不党の心を以て人民に臨み、撫馭《ぶぎょ》宜しきを得、以て国家隆盛の治を助けんことを勉《つと》むべきなり」と述べた。

これはいわゆる超然演説として知られているもので、政党を無視する態度を表明したものとして悪名高いものである。

憲法起草に深く関与した井上毅、伊東巳代治、金子堅太郎らは、批判的だった。「民の声は神の声」という言葉もあり（ホメロス『オデュッセイア』）、古代中国では禹《う》王は「朕、民の心を追って朕の心とする」と言われ、また五箇条の御誓文には、「広く会議を興し万機公論に決すべし」

とされていることに触れ、超然主義はこれらに矛盾すると批判した。

しかし、黒田内閣には、改進党の事実上のリーダーである大隈重信が外務大臣として入閣しており、また自由党系指導者で大同団結運動を率いていた後藤象二郎も、この一月後の三月二二日に逓信大臣として入閣する。また農商務大臣として入閣していた井上馨は、地方名望家を組織して自治党を設立しようとしていた。決して政党から離れていたのではなかった。

黒田も触れているところであるが、伊藤博文も同年二月一五日の府県会議長に対する憲法演説において、「帝国議会の議員たるものは、自己の選挙せられたる一部の臣民を代表するにあらずして、全国の臣民を代表し、敢て郷里の利害に跼蹐《きょくせき》せずして、汎《ひろ》く全国の利害得失を洞察し、専ら自己の良心を以て判断するの覚悟なかるべからず」と述べる一方、必ず意見の違い、党派の成立は免れがたいとする。そして、「議会又は一社会に於て党派の興起するは免れ難しと雖《いえど》も、一政府の党派は甚だ不可なり」と述べている（瀧井一博編『伊藤博文演説集』、二二一―二二三頁）。

それから一年あまりを経た明治二三年七月一日、最初の衆議院議員総選挙が行われた。有権者は直接国税一五円以上を払う満二五歳以上の男子で、約四五万人だった。それは、国民のわずか一%であった（未成年者と、当時は想定されていなかった女性を除いた人口との比では、三%）ので、これを批判する人もある。しかし、多くの有志にとって、待望の日であった。有権者は羽織袴の正装で投票所に行き、住所氏名を書いて実印を捺して投票した。

政府は超然主義を標榜していたこともあり、選挙干渉を行わなかった。政府はまた、地位と財産のある有権者は政府の方針に対して好意的だろうと期待していた。

第一議会から日清戦争まで——明治二三～二八年

明治二三年（一八九〇年）一一月、議会が始まると、政府の期待に反して、政府を批判する議員が多数を占めた。当時、党派所属は明確ではなかったが、三〇〇議席中少なくとも自由党系が一三〇、改進党系が四一で、過半数を占めていた。彼らは民党と自称し、政府を支持する政党を吏党と呼んだ。官吏に媚《こ》びへつらう政党という意味である。そのネーミングは新聞雑誌に受け入れられた。そこに、すでに民党の優位は現れていた。

初期議会における政党と藩閥との対立については、よく知られている。藩閥は富国強兵を目指し、民党は民力休養すなわち地租の軽減を求めた。

ただ、民党の藩閥批判は、官吏の特権や高圧的な態度、それに特権階級の贅沢に向けられており、富国強兵については、海軍軍拡が過大であるという批判以外は、必ずしも決定的に対立してはいなかった。

第一議会は明治二三年一一月二九日に開かれた。首相として臨んだ山県有朋は、ごく簡潔な施政方針演説を行った。それは、日本は主権線（領土）を守るだけでなく、主権線に密接にかかわる地域（利益線）における影響力を確保しなければならないということだった。

主権線と利益線というような考え方は、とくに珍しいものではなく、イギリスは伝統的にヨーロッパ低地地帯（ベネルックス地域）を利益線と考えており、この地域に問題が起きると軍事的な介入に出ることが少なくなかった。イギリスは、ヨーロッパが大国によって統合されないこと、つまりヨーロッパにおいて勢力均衡が維持されることがイギリスの安全の条件と考え、実際、スペインや、フランス（ナポレオン）や、ドイツがこの地域を押さえることがイギリスの安全を脅かすことが多かった。

また冷戦時代の世界では、アメリカはカリブ地域を利益線と考えることが多く、一九六二年、キューバにソ連のミサイル基地が建設されていることを知って、強硬な政策に出た。またソ連は東欧を利益線と考えていたから、ハンガリー（一九五六年）やチェコ（一九六八年）で反ソ連と見られる運動が起こったとき、すぐに介入して鎮圧したのである。

山県の演説でもう一つ興味深いのは、彼の主な主張は海軍軍備拡張だったことである。後世、陸軍軍人が海軍の軍拡を主張したり、海軍の軍人が陸軍の軍拡を主張したりすることは稀であった。

さて山県内閣は、この年八三一一万円の予算案を提出した。これに対し、衆議院予算委員会は、一二月二七日、九・五％、七八八万円を削減するという査定をした。この案を支持する議員は約一四〇名おり、可決される可能性が高かった。山県はこのことを予期し、自由党土佐派と関係の深い陸奥宗光を入閣させており、陸奥は明治二四年一月、板垣退助と会談するなど、合意点を探っていた。最終的に、自由党から二四名が離反し、政府を支持する政党（吏党）に加わって、予算は六三一万円削減するという妥協案が成立し、衆議院は三月二日、予算案を一五七対一二五で可決し、貴族院も三月六日これを可決し、議会は八日、閉会した。

この間、山県内閣は自由党土佐派を買収で切り崩した。これは土佐派の裏切りとして知られる。しかし、土佐派は買収だけで動いたのではない。彼らにも、何とか最初の議会を成功させたいという考えがあった。政府にも同様の考えがあって、六三一万円（予算の七・六％）もの削減に同意したのである。

しかし、これは危うい政策だった。買収の効果は絶対ではないし、買収の価格はだんだん高価になるものである。それに、買収で切り崩された側は憤って硬化するのが普通だからである。

第二議会は明治二四年一一月二六日に開かれた。そして予算案を提出したところ、ただちに民党の激しい反対を浴びた。第一議会で歳出六三一万円が削減されたにもかかわらず、民党の望む地租軽減は、貴族院の反対で成立せず、結果として六三一万円が宙に浮いていた。松方正義内閣はその多くを軍事力強化にあてる案を出したため、政党は猛反発して、予算削減に踏み切った。これに対し海軍大臣樺山資紀は、政党に対し、諸君は藩閥、藩閥と言って批判するが、ここまで日本をリードしてきたのはいわゆる藩閥の功績ではないかと述べ、そのあまりに乱暴な（正直な）認識に、「蛮勇演説」と呼ばれた。

政府は衆議院を解散して、選挙戦に臨んだ（明治二五年二月一五日投票）。ここで浮上したのは、もし再び民党が優位を占めれば、それは民意として一定の重みを持ってしまうという懸念であった。それゆえ政府は強引な選挙干渉を行い、死者二五名、負傷者三八八名という日本の選挙史上最悪の結果となった。とくに政府が狙い撃ちにしたのは自由党有力者のいる高知県で、死者一〇名、負傷者六六名を数えた。次いで佐賀県で死者八名、負傷者九二名、福岡県で死者三名、負傷者六五名、千葉県で死者二名、負傷者四〇名、熊本県で死者二名、負傷者三九名などであった。

選挙不正ももちろん行われた。高知二区（二名連記）では自由党の片岡健吉と林有造が敗れたと判定されたが、手続きに疑問があるとした訴えが提起された。訴訟では一審でも控訴審でも証拠不十分で訴えは退けられたが、大審院で一審判決を破棄して控訴審に差し戻しになり、全有権者調査によって片岡・林が相手候補を上回ったので、勝利となった。[1] これなどは、一定の司法の独立があったことの証拠と言ってよい。

驚くべきことは、こうした大弾圧にもかかわらず、政府は多数を制することができなかったことである。限られた数の有権者は、いわば特権階級であって、買収や脅迫に対して抵抗力があったのである。

また、こうした強引なやり方について、伊藤博文は、文明的でも立憲的でもないと批判した。こうした藩閥内部ないし政府周辺からの強い反対の結果、松方内閣は八月、総辞職となった。

政府による選挙干渉は、今日でも世界中で行われる。日本でもそうだったわけであるが、注目すべきは、何度でも解散して政党を打倒するという意見は、この第二回選挙以後、あまり出ていないことである。選挙における小さな不正や弾圧などは昭和初期まであったし、今でも完全になくなったわけでもないが、この第二回総選挙をピークに、選挙は暴力や、あからさまな不正のない方向に定着していくのである。

伊藤はこの間、自ら政党を作って難局を切り抜けようと考えた。しかし、これは超然主義に大きく反するし、また成功する保証もなく、失敗した場合の打撃は大きいと考えられて、天皇からも他の藩閥指導者からも、あまり支持が得られなかった。

このようにして明治二五年度予算については、不成立となったので、前年度予算が踏襲されることとなった（三月一八日）。

しかし五月一一日、貴族院は選挙干渉に関して政府に反省を求める建議案を可決し、衆議院は選挙干渉問責決議案を可決し（一四日）、一六日、七日間の停会を命ぜられた。

このような問責決議案や、さらに天皇に対する上奏があると、天皇は政府を一〇〇パーセント支持するのではなく、政府と議会の中間に立って、政府に対しても一定の注意を与えることが多い。それゆえ、こうした問責決議や上奏を、政府はできるだけ避けようとしたのである。

五月三一日、衆議院は予算案を修正して、軍艦建造費などを削除して可決した。すると六月六日、貴族院がこれを復活修正して衆議院に送りかえした。これは憲法上不当だとして、九日、衆議院はこれを貴族院に送りかえした。結局、衆議院の削除したものを貴族院が復活させることが憲法上許されるかどうか、天皇への上奏となり、天皇は枢密院に諮詢《しじゅん》し、予算に関する権限において両院に差はないという判断を得た。その結果六月一四日、両院は協議し、妥協して、予算を成立させた。

そこで伊藤は、すべての有力者の協力を得て、自ら組閣して政党に話しかければ、必ず道は開けると考えて、いわゆる元勲総出の内閣を作った。

しかし、第四通常議会が一一月二九日に開かれると、政党は依然として反政府的であり、予算審議は難航した。翌明治二六年一月一二日、衆議院は軍艦建造費削除、官吏俸給・官庁経費削減など、八七一万円を削減した。一六日、政府はこれに不同意を表明した。

一七日、衆議院は政府の回答を待つため五日間の休会を決議した。

二三日、衆議院は内閣を弾劾する決議案を上程し、五日間の停会を命ぜられた。しかし停会が開けると、二月七日、弾劾上奏案を可決し、政府の処決を待つべく、一九日間の休会を決定した。

ここに伊藤内閣が採用したのは詔勅政策だった。すなわち、二月一〇日、天皇は詔書を発し、軍備拡張のため内廷費から毎年三〇万円を六年間下付し、同期間中は官吏も俸給を一割削減して、建艦費にあてることとした。

これに応じて、二月二二日、衆議院は建艦費を二六二万円削減して修正可決して、貴族院も二六日、これを可決して、予算は成立した。

こういう方策が可能だったのは、伊藤があらかじめ皇室費を潤沢にしておいたためであり、また天皇と信頼関係を築いていたためであった。

しかし、これは危うい手法であった。天皇の詔勅の利用とは、最後の切札であり、もし政党がこれを受け入れなければ、政府のみならず憲法体制が危機に瀕することとなったからである。

藩閥の一部には、憲法停止という案もあった。しかし、それは有力にはならなかった。そんなことをすれば、西洋諸国から、日本は憲法政治を実行しうる民度にないと判断される可能性があった。それは耐え難かった。

残る方法は、藩閥にとって、政党との妥協しかなかった。

政府は地価修正に応じる（地租は地価に比例していたから、地価を見直して、これを下げれば減税と同じ効果を持つ）とともに、予算を政党の望む分野に使うことを考え始めた。地租軽減は行わないものの、その代わりに政党が望む方向の地方事業（鉄道建設、道路工事、土地改良など）に予算を支出することであった。

政党の方も手詰まりだった。彼らは政府の予算を削減することはできたが、これを民力休養つまり地租軽減に結びつけるためには、法律の改正が必要だった。貴族院は、こうした法律を受け入れないから、余剰予算が積み上がるだけだった。どうせ地租を下げられないなら、それをむしろ政党の期待する方向に使えないかというので、民力育成路線が登場したのである。

こうして自由党と伊藤内閣の接近が始まった。明治二六年ごろのことである。

外交政策上の対立

しかし、藩閥政府と政党との間には、もう一つ、対外政策における差異があった。一般に政府は慎重であり、政党はより強引に対外硬（対外強硬政策）の主張をすることが多かった。政府はこの場合も、外交の優位、慎重な外交の原則を貫いた。他方で、議会では条約励行論が高まった。不平等条約は外国人に特権を与えるかわりに内地での行動を厳格に制限しており、これを文字どおり励行すれば、外国人は大いに不便を感じて、条約改正に応じるだろうという議論であった。政府はこれに反対し、明治二六年一二月と二七年六月、二度にわたって衆議院を解散し、総選挙を行った。こうした外交問題では、譲歩の余地はないと考えたのである。

明治二七年七月一六日、日英通商航海条約が調印され、五年後に治外法権の撤廃と内地開放が実現されることが合意された。全面的な関税自主権は明治四四年（一九一一年）まで獲得できなかったが、それにしてもこの条約改正は政府の勝利であり、世論もこぞってこれを歓迎した。

そのころ、明治二七年六月以後、朝鮮情勢は急変しており、七月二五日には日清間の海戦が勃発し、八月一日には宣戦布告が行われた。一般に戦時の挙国一致というものがありうるが、日清戦争時の藩閥政府と政党との協力関係は、たんなる城内和平ではなく、その前にすでに協力の準備ができていたのである。

日清戦後の政治

日清戦争後、日本は莫大な賠償金を得た。しかし、講和条約調印後の三国干渉により、まだまだ日本は弱体だという認識が内外で広がり、政府はさらなる軍備拡張を目指すこととなった。これに対し、政党は協力したが、その取引材料は、大臣などのポストであった。

まず、明治二八年（一八九五年）七月一七日、自由党代議士総会は、軍備拡張を主張するとともに、三国干渉の責任を問わないと決議している。

年末に至って、一一月二二日、自由党は伊藤内閣との提携を宣言した。そして翌二九年四月一四日に至って、自由党総理板垣退助は内務大臣に就任したのである。

内務省は、現在の総務省、国土交通省、厚生労働省、国家公安委員会、警察庁、都道府県知事などの職掌を含む巨大官庁だった。かつ、民権運動からすれば、運動を弾圧した総本山こそが内務省だった。そのトップに自由党の首領が座ったのだから、巨大な衝撃であった。これによって、伊藤から離反して、より超然主義的ないし反政党的と見えた山県有朋に接近する官僚が少なくなかった。しかし伊藤から見れば、これは、政党が責任を持って政治を担う体制への一歩であった。

伊藤はさらに同年八月、大隈重信の入閣も考えたが、閣内の反対で挫折した。そして八月末、辞職する。

次に組閣したのは松方正義だった。松方も伊藤と同様、政党との提携を模索し、大隈を外務大臣に迎えた。一一月、進歩党（改進党の後身）は松方内閣との提携を宣言した。この時は、法制局長官など準閣僚級ポストや、次官・局長級や知事のポストなども与えていた。

藩閥・政党提携の断絶と隈板内閣の成立

明治三一年（一八九八年）一月、第三次伊藤内閣が成立する。伊藤は成立にあたって自由党との提携を工作したが、条件が折り合わず、政党からの入閣なしに成立した。それゆえ、超然内閣と呼ばれた。

予算とその財源をめぐる対立は容易に解消しなかった。

同年六月、自由党と進歩党の二大政党は、政府批判で提携し、衆議院の七割の議席を占める憲政党を結成した。これに対し、藩閥はついに政権維持を断念し、大隈重信と板垣退助を首班とする内閣（隈板内閣《わいはん》）の組織を天皇に奏請した。

藩閥の側では、長年相互に争ってきた自由党系と改進（進歩）党系が、憲政党の中で対立を始めるだろうと考え、また憲政党内閣が真に藩閥にとって認められない方向に進もうとする場合には、陸軍大臣、海軍大臣が反対して、これを阻止できると考えた。同時に、維新にともに参画した大隈と板垣に対する期待も、ある程度あったと言ってよい。

明治憲法のモデルと言われたプロイセン憲法においては、政党員が閣僚になることはなかった。しかし日本ではそれどころではなく、政党は議会開設六年で有力閣僚の地位を獲得し、八年で内閣を組織したのである。それは、大日本帝国憲法が、プロイセン憲法とは大いに違っていたということである。

よく知られているように、マックス・ヴェーバーは、とくに第一次大戦のころ、ドイツ第二帝政に対する厳しい批判者だった。彼の批判は、とくに、帝国憲法（一八七一年制定）第九条が、何人《なんぴと》も連邦参議院の議員と帝国議会の議員を兼任することができない、と定めていることに向けられていた。帝国の政治に大きな影響力を持つためには、連邦参議院の議員であることが必要であり、他方で、政党の領袖がその力を維持するためには、帝国議会内部で影響力を持つ必要があったのに、この二つの両立が禁止されていたのである。その結果、政治指導者としての能力を持つ政治家が、国家の要職から排除され、官僚精神の持ち主しか残らなかったと、批判しているのである（「帝国憲法九条の改正」一九一七年九月二日、マックス・ヴェーバー『政治論集』一、二三四―二三七頁）。同じ論点を、ヴェーバーは戦後に書いた長大な論文、「新秩序ドイツの議会と政府」で展開している（ヴェーバー前掲『政治論集』二、三七四頁）。

日本では、原敬《はらたかし》が政党指導者として衆議院に議席を持つことにこだわり、華族への任命を拒否し続けた（華族は衆議院に議席を持てない）ことは、このヴェーバーの議論に呼応するものを感じさせる。

政友会の成立

ただ、事実として、隈板内閣は一年ももたず、崩壊した。その主な理由は自由党系と改進（進歩）党系の対立だった。自由党系は、同党の板垣退助が内務大臣であって、政党の取締りを職務としていたことを利用し、憲政党の解党届を出して受理せしめ、即日新しい憲政党の結成届を、旧自由党系のメンバーだけで行い、これを内務省が認めるという強引な方法で、憲政党を再結成したのである。

その次に成立した山県有朋の内閣は、明治三一年（一八九八年）一一月の組閣早々、憲政党（自由党の後身）と提携を深めた。そして憲政党は地租増徴を受け入れた。憲政党においてこの方針をリードしたのは星亨《ほしとおる》だった。星は政党同士が提携することに反対で、むしろ藩閥と結んで権力の一角に食い込むことを目指していた。ところが、山県は政党員の入閣を好まず、この取引に応じなかった。

山県との提携に失敗した星は、今度は伊藤博文に接近し、三三年六月一日、伊藤に党首就任を要請した。しかし伊藤は、従来の政党ではなく、政党を包含し、経済人なども含めたまったく新しい政党を結成するのだとして、星の要請を断った（七月）。

伊藤の新党構想が動き始めると、星は憲政党を解党し、伊藤の新党に参加することを決定した（九月一三日）。そして、九月一五日、立憲政友会が成立した。

幸徳秋水《こうとくしゅうすい》は、政友会の成立について『萬朝報《よろずちょうほう》』に「自由党を祭る文」を書き、自由民権運動を担った自由党は死んだと嘆いたが、そういう自由党員は多くなかったかもしれない。体制批判よりも、体制の一角に食い込むことを念願とした政治家がむしろ多かったのではないだろうか。

政友会は、自由党が伊藤に屈服して成立したのではなく、伊藤が政党の虜《とりこ》になったという方が、事実に近かった。政党が日常的に政府の政策決定に参加できるようになったからである。しかし、伊藤から見ても、政党を取り込んだ超然主義とも言えたのであって、伊藤にとっても一つの発展であった（瀧井一博『伊藤博文――知の政治家』）。

政友会の結成を見て、山県首相は退陣し、伊藤を後継首相に推した。伊藤は政友会結成からまもなく、準備ができていないとして難色を示したが、結局、第四次内閣を組織した。一〇月一九日のことだった。

しかし、成立したばかりの政党を指導することは難しく、内閣はわずか一年足らずで瓦解してしまった（明治三四年五月）。そして、桂太郎の内閣が成立した。山県有朋系の超然内閣だった。

その後、日露戦争が近づくと、増税が不可避となり、伊藤が元老としてこれに反対することが難しくなり、増税に反対する政友会総裁を続けることが難しくなった。それゆえ、伊藤は政友会総裁を辞し、枢密院議長にならざるを得なかった（明治三六年七月）。その後任には、西園寺公望《さいおんじきんもち》が就任した。

そして日露戦争において、政友会は政府支持を貫いた。とくに日露講和条約について、激しい批判が起こったとき、これに同調しなかった。これが藩閥における政友会の信頼を高め、日露戦争後、明治三九年（一九〇六年）の政友会内閣の成立につながったのである。それまでの政友会内閣は、元老伊藤の内閣であったが、西園寺内閣が成立したのであった。

以後、藩閥・官僚閥を代表する桂太郎と政友会の西園寺が政権を交互に担当する桂園《けいえん》時代が、大正元年（一九一二年）まで続いた。

桂園時代の安定は、大正政変で終わり、以後、第三次桂、第一次山本権兵衛《ごんのひょうえ》、第二次大隈、寺内正毅《まさたけ》内閣と、激しい政権交代が続いたのち、大正七年（一九一八年）、原敬内閣が成立した。かつての朝敵である盛岡の出身であり、爵位を持たない平民であり、衆議院に議席を持つ原の総理就任は、画期的だった。

政権交代の定着

初期議会は、従来、政党の挫折や権力闘争が強調され、批判的に捉えられることが多かった。しかし、議会は閉鎖されることもなく運営され、かつては国賊呼ばわりされた民党から閣僚が登場し、さらに政党が政権を担当するようになった。政権への参加は、ジグザグの道筋をたどりながら、着実に広がっていったのである。

福沢諭吉は、長年官民調和論を唱え、政党は政府の政策を好意的に検討し、できればそれを受け入れ、一方で藩閥政府は胸襟を開いて政党と提携し、できれば政党指導者を閣内に受け入れるように主張した。それが実現されていったのである。

これは維新の理念である公議輿論が、勝利を納めたということでもあった。

世界の多くで、政治闘争がルール化されることはごく稀なことである。政治は人の頭を叩き割るかわりに頭の数を数えることだというアフォリズムがある。それは一種の戦争である。それゆえに政権にある勢力はいかなることをしても政権を維持しようとし、また在野派は暴力に訴えてでも政権を奪取しようとする。先進国の一員であり、OECD（経済協力開発機構）の一員である韓国においてすら、選挙による政権交代は行われるが、政権交代のあとには前政権のリーダーや関係者が警察や検察の手入れを受け、前大統領は逮捕されることが多く、甚だしいときは自殺することまであった。平和裡の政権交代はまことに難しいものであり、明治の初期議会は稀な成功例の一つなのである。

（1） 末木孝典「明治二十五年・選挙干渉事件と立憲政治——系統的指令説と暴発説をめぐって」、『近代日本研究』第三二巻（二〇一六年二月）所収。

終章　明治革命の終わり

天皇大権のイデオロギー

明治維新の帰結である明治憲法には、二つの相互に密接に関係する弱点があった。一つは天皇であり、もう一つは軍であった。

まず天皇については、やはり相互に関連するが、一つはイデオロギー的な問題点、もう一つは実質的な問題点があった。

イデオロギー的には、天皇は万世一系で、代々国民を慈しみ、全ての権力の源泉であると同時にすべての道徳の源泉であり、天皇を中心とする国体は世界に無比たるもので、批判を許さないものであった。

しかし、それは建前であって、これをあまり徹底すると、たちまち難しい限界にぶつかってしまう。

たとえば南北朝正閏《せいじゅん》論である。明治三六年（一九〇三年）以来、小学校国定教科書では、南北朝は並立していたものとして書かれていた。ところが、明治四三年（一九一〇年）の大逆事件を契機に、これを問題にするものが出始め、野党がこれを利用して攻撃を強めたため、政府は教科書改訂を約束し、従来教科書執筆責任者だった喜《き》田《だ》貞吉《さだきち》を休職処分とし、明治四四年、三種の神器を保持していた南朝を正統とすることとした。

また、万世一系ということを突き詰めると、学問的には証明不可能なのはいうまでもない。古代史の研究は行き詰まりとなってしまう。

明治維新の勢いを象徴する岩倉使節団において、オフィシャル・ヒストリアンを務めた久米邦武は、のち帝国大学教授となったが、明治二四年（一八九一年）の『史学雑誌』に「神道は祭天の古俗」という論文を書き、翌年、田口卯吉《うきち》の『史海』に転載したところ、これは神道に対する侮辱であるという批判が出て、久米は帝国大学教授の地位を追われることになる。岩倉使節団は、すでに紹介したとおり、また久米自身が『米欧回覧実記』の序文で書いているとおり、明治維新の精神を体現したものであった。それは、厳密な意味の国体イデオロギーとは矛盾するのである。

しかし、そうしたイデオロギーの強調が一直線に進んだのではなかった。むしろ、美濃部達吉の天皇機関説（あるいは国家法人説）が主流となって受け入れられる時代が、一九三〇年代の前半まで続いた。

昭和に入って、同九年（一九三四年）、商工大臣だった中島久万吉《くまきち》が、かつて足利尊氏《たかうじ》を評価する文章を書いた（一九二一年）ことについて、逆臣足利尊氏を評価することは許されないと批判され、辞職に追い込まれるという事件があった。

これは幕末に起こった足利三代木像梟首《きょうしゅ》事件（一八六三年）の再来というべき事件だった。それは、過激な尊王攘夷運動の一つで、京都等持院《とうじいん》にあった足利尊氏、義詮《よしあきら》、義満《よしみつ》の三代の木像と位牌《いはい》が持ち出され、鴨川の河原にさらされた事件であった。これと同様、中島を辞職に追い込んだのは、文明開化を実現し、憲法政治を実現し、政党政治を実現していた日本が、七〇年前にまで後戻りした野蛮な事件だった。

それが、翌年の貴族院議員菊池武夫による美濃部達吉批判、いわゆる天皇機関説事件に発展し、政府は天皇を中心とする国体は絶対であって、天皇を国家の機関とする天皇機関説は、日本の国体と相容《あいい》れないという、いわゆる「国体明徴《めいちょう》声明」を、昭和一〇年、二度にわたって出すことになったのである。

天皇の問題にもっとも鋭い考察をしていたのは、再び福沢諭吉である。福沢は福地源一郎（桜痴）が明治一五年（一八八二年）に立憲帝政党を作ったとき、これを厳しく批判した。政党の名称とは、その目的を示すのみならず、自他を区別するものでなければならない、ところが、日本人はすべて天皇を支持しているのに、そこで帝政を名乗るのは何事か。これは加賀前田藩で前田党を名乗り、他を非前田党と呼ぶようなものである。このように、福沢は天皇の利用を戒めた。

福沢はまた、国体と政体と血統を区別すべきだと唱えている。福沢は国体という言葉に独特の意味を与えており、日本人が日本を統治していることが、国体が維持されているということだと定義した。たとえば、日本は天皇が支配していても、貴族が支配していても、武士が支配しても、日本人が日本を支配しているので、国体は万全である。他方で、インドにおいて、ムガール帝国はなお続いているが、イギリスの支配下に入っているから、国体は維持されていない、とする。

これはかなり独特の定義であり、昭和期には間違いなく「危険思想」であったが、この定義によって、福沢は日本の政治体制を相対化することができた。

言い換えれば、福沢は皇室が国民を統合する力を強く持っていることを理解しており、日本の重要なアセットだと考えていた。それゆえに、天皇の政治利用には厳しい警告をしていたのである（『帝室論』）。

天皇大権の実態

より重要なのは天皇大権の具体的な行使のあり方である。

明治憲法は、天皇大権を絶対としていた。伊藤博文は、他の閣僚に対する首相の権限を強化すべきだと主張したが、受け入れられなかった。天皇に代わるほど大きな力を持つものは、あってはならなかったのである。

しかし、すべてのことを、天皇が決定できるはずがない。現実には、天皇は各助言機関の助言にしたがって国政を運営することが期待された。したがって、天皇に対する助言機関が、相互に協力して、合意を作り出さなければならなかった。しかし、合意の形成が難しいことも、当然あった。その場合、合意を作るべく努力したのが、元老であった。彼らは明治国家を作り上げたことへの責任感から、普段は意見を異にし、対立していても、協力しあったのである。

その最後の例を一つ紹介しよう。

明治三九年（一九〇六年）五月二二日、首相官邸で、ある会合が開かれた。日露戦争後の満洲において、日本が従来の門戸開放の約束に反して、英米に対して排他的な政策をとっていると、英米が共同で抗議してきたのである。これにどう対処すべきかを決定するため、伊藤博文の呼びかけで、伊藤（韓国統監）、山県有朋（枢密院議長）、大山巌（元帥）、松方正義（枢密顧問官）、井上馨の五人の元老と、内閣から西園寺公望首相、寺内正毅陸軍大臣、斎藤実《まこと》海軍大臣、阪谷芳郎《よしろう》大蔵大臣、林董《ただす》外務大臣の五人、児玉源太郎参謀総長、それに桂太郎（前首相）、山本権兵衛（前海軍大臣）の一三人が集まったのである（外務省編『日本外交年表竝主要文書』上）。

伊藤にこういう会議を招集する権限があったわけではない。伊藤が元老筆頭と決まっていたわけでもない。しかし、事実上、伊藤は元老の筆頭であり、とくに外交問題では、伊藤がリーダーシップをとるのは当然と理解されていた。

さらに陸軍から児玉源太郎参謀総長が出席しているが、昭和であれば、こういう時にはかならず海軍の統帥部を代表する海軍軍令部長（時代によっては軍令部総長）が出席したものである。ことは満洲の問題であり、海軍に関係は少ないとしても、昭和なら陸海対等にこだわったであろう。

さらに海軍からは山本権兵衛前海軍大臣が参加している。これも制度的には正当化しにくい。しかし、この時期、海軍最大の実力者は山本であり、山本がいれば他の海軍軍人は不要であり（斎藤海軍大臣は出席しているが）、山本がいなければ、海軍の声を代表する点では不十分である。要するに、これは制度的な枠組みを超えた実力者を動員した会議だったのである。

会議では、議論の末、おおよその合意が成立した。だいたいこの結論で行くということになったとき、伊藤は、だいたいではダメだ、キチンと書き残すとして、自ら筆をとって要点を書き示しているのである。

本当の挙国一致の決定というのは、このようなものではないだろうか。これは元老を中心とする明治のリーダーの非制度的な性格を如実に示した会議だった。

なお、元老と主要閣僚が集まって重要な国事を議論する会議が、その次に開かれたのは、大正三年（一九一四年）八月、第一次大戦参戦問題をめぐって開かれたものであった。その時は、大隈内閣と山県有朋を中心とする元老との関係は刺々しく、内閣が元老の懸念を排して戦争への参加を進めていった。

明治三九年の満洲問題に関する協議会は、元老を中心とするインフォーマルな明治のリーダーシップの最後のものだったのである。

元老から政党へ

元老は英語では、senior statesman とされることが多いが、より正確には、founding fathers すなわち建国の父祖たちであった。彼らにはそのような責任感と重みがあったのである。しかし、やがて元老が衰え、死に絶える。建国の父祖たちは、再生産されえない。

元老の影響力が強かったのは、日露戦争まで、せいぜい明治四二年（一九〇九年）に伊藤が暗殺されるまでであった。伊藤没後には、山県有朋が強力であったが、山県は伊藤と比べ陸軍を基盤にしており、その意味では力があったものの、そのセクショナル・インタレスト（組織的利益）を重視するところがあって、伊藤とは違っていた。

それ以外には、井上馨、松方正義、大山巌らがあったが、一時期の井上を除けば、発言力は限られていた。彼らの次の世代では桂太郎と西園寺公望が元老とされたが、いずれも維新以後の政治家であって、建国カリスマはなかった。彼らが日露戦後の数年間に大きな影響力を持ったのは、現役政治家として影響力があったからであって、元老としてではなかった。そして桂は早く死に（一九一三年）、西園寺だけ長生きしたが、その力は、伊藤にも山県にもまったく及ばなかった。[1]

明治維新の最大の目標は、日本の独立であった。列国と並び立つことだった。日露戦争の勝利によって、元老の役割がほぼ終わったのは、自然なことだった。加えて言えば、日露戦争以後、明治天皇も気力体力の衰えが目立つようになったといわれている。

さて、元老が衰えたとき、これに代わる勢いを示したのが政党であった。原敬（首相：一九一八～二一）は政友会を指導し、衆議院以外の貴族院にも勢力を伸ばし、多くの官僚を政友会に入党させるなど、官僚にも影響力を持った。田中義一陸軍大臣、加藤友三郎海軍大臣を通じ、陸海軍にも影響力を持ち、鈴木喜三郎らを通じて、司法にも大きな力を持ち、首相時代にはかなりの程度、国政を統合することができた。

それ以後では、憲政会の加藤高明（首相：一九二四～二六）も、貴族院、官僚、軍にも一定の影響力を持ち、軍縮を実行し、また国際協調を重視する幣原（喜重郎）外交を実行した。また、立憲民政党の浜口雄幸（首相：一九二九〜三一）も、海軍軍縮を実行しうる強力なリーダーだった。しかし、加藤は病気、浜口はテロによって短期でその地位を退いており、本当に強いリーダーにはなれなかった。

こうして、政党の力は十分でなかった。政治経済が順調なときはともかく、一九二〇年代後半から、日本が大きな困難に直面したとき、これを乗り越えるほどの力を安定的に持つことはできなかった。

軍の問題

ところで、もう一つの問題、すなわち軍の地位について触れておきたい。

天皇の地位が絶対であることが、もっとも直接に現れるのが軍の位置であった。軍人勅諭（明治一五年）において、兵士と天皇との関係は特別密接であると述べられていた。また憲法において、一般の統治権と軍の統帥権は分離され、軍の統帥権は内閣総理大臣の輔弼事項の例外とされた。

明治初期、前期の政治家は、この点について敏感であった。

大久保利通は、明治七年（一八七四年）の佐賀の乱の際、全権を掌握して、現地に鎮圧に赴いている。同年の台湾出兵の際、北京に交渉に赴くとき、和平の全権を掌握して、行っている。大久保が生きている間は、軍が大久保の意向に反して動くことはあり得なかった。

伊藤も軍の独立性には反対だった。日清戦争が起こったとき、伊藤は大本営に参加することを要求し、認められている。がんらい、大本営は軍の組織であって、文官は入れないことになっていた。しかし、伊藤は軍事情勢の詳細を知らずに政治はできないと主張し、天皇の強い信任もあって、大本営に出席し、実質的な作戦に関する意見も述べていた。たとえば、戦争末期に北京攻略を唱える者があったのに対し、相手がいなければ戦争終結は難しいとして反対し、講和条件に注目して台湾での作戦を重視するよう主張した。これは、日中戦争当時、近衛文麿首相が文官であったがゆえに大本営には出席できなかったことと、大きな違いであった（日露戦争当時、桂太郎首相は軍人なので大本営出席は可能だった）。

また、伊藤は日露戦後、韓国統監に任命されたとき、軍隊指揮権を掌握して赴任している。陸軍は、文官の軍隊指揮には強く反対したが、新しい植民地を統治するのに軍隊指揮権は不可欠だと主張し、やはり天皇の厚い信任によって、これを実行している。

日露戦後、軍の独立性は進んだ。これを抑える伊藤のような元老はいなくなった。明治四〇年（一九〇七年）には法律以外に軍令という法形式が定められ、軍の独自性の根拠となった。軍部大臣現役武官制は、それより前、山県有朋によって明治三三年に制度化されており、大正元年（一九一二年）には悪用されて、第二次西園寺内閣の倒閣に利用された。

しかし、こうした軍の力の増大も、一直線に進んだのではない。

大正二年（一九一三年）、第一次山本権兵衛内閣は、現役武官制の修正を行い、大正八年には、原敬内閣が、植民地総督の地位を、それまで現役陸海軍大将・中将に限られていたのを、予備役ないし文官にまで広げるなど、軍の特権を掘り崩す決定を行っている。

軍の進出は、先の天皇大権イデオロギーと同様、一九三〇年代になってからのことであり、政党が難局処理に失敗したとき、軍が、天皇に直結する集団であるという理論を背景に、政治に進出していったのである。

このように考えれば、明治維新の中に、昭和の崩壊の芽があったと言うことは、まったくの誤りではないが、日露戦後から昭和初期にかけての多くの動きを捨象してしまう議論で、乱暴すぎる。

たとえば、一八七八年に大久保利通が暗殺されなかったら、その後の事態は大いに違っていたかもしれない。

伊藤博文が一九〇九年に暗殺されなかったら、それ以後の日本の政策は随分違っていたかもしれない。

同様に、一九二一年に原敬が暗殺されていなければ、その後の政軍関係はもっと違っていたかもしれない。六五歳の原が暗殺され、その三ヶ月後に八三歳の山県有朋が死んだのだが、原の方が長生きする可能性は十分あった。その場合、のちの政治史は異なったものになったであろう。

さらに一九二九年の浜口内閣における旧平価による金輸出解禁とほぼ同時に大恐慌が起こったことは、不幸だった。私は旧平価による解禁は誤りだったと思うが、その誤りがなければ、あるいは、同時にアメリカで大恐慌が起こらなければ、浜口内閣の統制力はより強いものだったろう。

私は何も歴史上のifを弄んでいるのではない。これらのテロやクーデタや偶然が歴史を変えてしまったこと、そこまでは明治維新の責任とは言えないことを指摘したかった次第である。

政治の制度化と合理化

では、何がいけなかったのだろうか。

私は日露戦争以後、様々な集団において制度化、合理化（マックス・ヴェーバー）が進み、それとともに、リーダーの凡庸化、平凡化が進んだことではないかと考える。

政友会では、西園寺総裁の下で、実務を取り仕切ったのは原敬だった。原は盛岡藩の家老の息子に生まれ、朝敵の子として辛酸を舐め、陸奥宗光に見出されて外交官として成功し、退官して大阪毎日新聞の社長をつとめたのち、伊藤博文に誘われて立憲政友会に入党した。

原は優れた外交感覚と同時に、戦前戦後を通じておそらく最高の政党指導者であって、他の政治家の追随を許さぬ力量の持ち主であった。

原が死んだあとの政友会では、どの領袖も五十歩百歩だった。大蔵大臣就任（第一次山本内閣）と同時に政友会に入った高橋是清《これきよ》が、かつがれて総裁・首相となったが、党歴は他のリーダーより短く、原ほどのカリスマ性はなく、その後の政友会は内紛に苦しむこととなった。

さらに昭和になると、鈴木喜三郎のような右翼イデオロギーの持ち主や、久原《くはら》房之助《ふさのすけ》のような資金の持ち主が、力を持つようになった。

憲政会・民政党においては、加藤高明、若槻礼次郎、浜口雄幸というリーダーが、いずれもエリート的性格を顕著に持っていた。加藤（一八六〇～一九二六）は三度外務大臣を務め、桂太郎の勧誘にしたがって一九一三年、桂新党に入り、桂の死後、党首となった（立憲同志会）。当時の主流派であった親英派を代表し、しかも三菱の女婿として、豊かな資金を有していた。のち、憲政会のいわゆる「苦節一〇年」（一九一六年の第二次大隈内閣総辞職によって政権を離れ、一九二四年の第一次加藤高明内閣で政権に復帰するまで長期に野党だったこと。実際は七年八ヶ月）を支えたのは、その資金力であった。

若槻（一八六六〜一九四九）は、第二次桂太郎内閣（一九〇八〜一一）で大蔵次官を務めた。大蔵大臣は桂首相の兼任だったから、若槻は事実上の蔵相だった。その後、貴族院議員に勅撰され（一九一一年）、第三次桂内閣で短期ながら大蔵大臣を務めて、桂にしたがって桂新党に入った。

浜口（一八七〇〜一九三一）は逓信次官、大蔵次官をつとめて立憲同志会に入り、加藤高明内閣で大蔵大臣、若槻内閣で内務大臣を務め、総理大臣となった。

しかし、浜口の後継者は自明ではなかった。若手党人は選挙の神様といわれた安達謙蔵のもとに結集した。そして従来の官僚路線と安達の対立が、満洲事変後の民政党の分裂と政権喪失につながったのである。

こうしたリーダーシップの変化の背景にあったのは、明治後半から始まった有権者の増加であった。一八九〇年には直接国税一五円以上を支払うことが条件で、有権者はおよそ（以下同）四五万人だったが、一九〇二年には直接国税一〇円以上となり、有権者は九八万人となった。一九〇八年には日露戦争の増税によって、納税資格を満たすものが増え、一六〇万人となった。一九二〇年には、直接国税三円以上となり、三〇六万人となった。一九二五年の男子普通選挙の実現によって、有権者は一二四〇万人となった。こうして選挙資金が膨大となり、資金を持つものが党内で発言力を持つようになった。

かつての原、加藤、若槻、浜口らのような、ナショナル・リーダーから政党に転じたリーダーは、すでに国家的立場から日本をリードする視点を持っていた。それに続いた党人たちには、国家的見地は必ずしも必要ではなかった。選挙を勝ち抜くための資金力と、有権者にアピールするイデオロギーと、相手党のスキャダルを厳しく追及する能力の方が、より合理的かつ重要となったのである。

メディアの責任

かつて自由民権運動を支えたメディアも変質していった。福沢の『時事新報』や徳富蘇峰《とくとみそほう》の『国民新聞』のように、個人の名前で知られる新聞は衰退し、客観的な報道を標榜し、機械力、資本力を持つ『朝日新聞』、『毎日新聞』などが急速に台頭した。彼らはワシントン会議などの国際会議を取材し、また満洲事変以後の戦争を取材する能力において強力だった。

こうして新聞は社会を啓蒙し、リードすることから、売れるために発行する方向へと変化していった。政治家のスキャンダルは格好のネタであった。原敬が暗殺されたとき、メディアはかなり冷淡だった。原のような強力な権力者は格好の批判の対象だったからである。暗殺やテロが横行することが、どれほど危険なことなのか、彼らは大久保や伊藤の例から学ぶことはなかった。

そして、戦争は、メディアにとって、絶好のネタであった。満洲事変の勃発以後、大新聞は一斉にこれを賛美し、報道した。商業新聞としては、合理的な行動だったのである。

軍における制度化

このような政治集団の制度化、合理化は、軍においても見られた。明治期の陸軍は、長州閥の中心であった。それゆえに、しかし、陸軍は自己の利益だけを振り回すことはなかった。

桂太郎は、文官としても卓越した能力を持ち、第二次内閣においては大蔵大臣を兼任し、大正政変後にはみずから政党を率いようとした。大正政変において、桂が陸軍を使って西園寺内閣を倒したように思われたのは、誤解であって、実は、伊藤の政友会と並ぶ大政党を結成し、軍を抑えようとしたのである(2)。

児玉源太郎は日露戦争における陸軍の成功の最大の立役者だったが、早期講和論者であって、賠償金よりも領土獲得よりもロシアとの講和が重要だと強く主張した。なお、この点、山県有朋は元老でありながら、常に組織の利害を擁護する傾向があって、児玉ほどの度量はなかった。

寺内正毅は、個人としては優れた思想や力量の持ち主とは思えないが、九年半陸軍大臣を務め、朝鮮総督を務め、元帥となり、長州閥の力を背景にする重みがあり、寺内内閣時代には、陸軍軍備拡張に対しては、むしろ抑制的であった。

もう少し時代を降っても、田中義一は長州閥の寵児と目されたが、原内閣当時は陸軍大臣でありながら、海軍の軍拡に理解を示すステーツマンシップを見せることがあった。

その後の宇垣一成《うがきかずしげ》は、一九二五年、軍備近代化のために、二一個師団から四個師団を削減するという決断をした。これは、多数の高級将官ポストを削減するものだったが、陸軍近代化のために必要だとして、宇垣はこれを断行した。それゆえ、のちに宇垣は多くの反対派に嫌われ、ついに首相になれなかった。


海軍においては、薩摩閥を背景として山本権兵衛が海軍を支配し、その後を斎藤実が襲った。山本・斎藤がシーメンス事件（一九一四年）で批判され、予備役に編入されたのちに、海軍を立て直したのは加藤友三郎《ともさぶろう》で、実に四代の内閣で七年間海軍大臣を務め、そのあと、首相となった（自身の内閣でも海相兼任）。それゆえに、内部の反対を抑えて、一九二一〜二二年のワシントン会議における主力艦制限を受け入れ、かつ部内を黙らせることができた。

しかし、一九三〇年のロンドン海軍軍縮会議においては、財部彪《たからべたけし》海軍大臣が会議で譲歩した（と信じられた）ことは、海軍内部の伝統的な国際協調派（条約派）の力を弱め、艦隊増強というセクショナルな正義を振りかざす艦隊派の台頭をもたらした。

要するに、昭和の軍において、リーダーはいずれもセクショナル・インタレストを振り回すだけになってしまった。

彼らは、現場から、下からの突き上げを、大局的な国益判断によって、押さえつけることができなかったのである。

昭和の陸軍の下克上を知ったら、山県有朋はさぞ驚いたことであろう。山県にとって、陸軍の利益は陸軍のトップ・リーダーによって推進されるべきものであった。その意味で、山県は天皇機関説の強い支持者だったのである。

戦後政治の制度化

ところで、このような政治の「制度化」は、戦後にも起こっている(3)。

戦後、吉田茂のもとに最初に台頭した保守党のリーダーは、池田勇人《はやと》と佐藤栄作だった。彼らはそれぞれ大蔵次官そして運輸次官から政界に入り、佐藤は一九四八年、当選前に官房長官に起用され、池田は一九四九年、当選一回で大蔵大臣に起用され、以後、重要な地位につき続けた。

それ以後のリーダーでも、福田赳夫《たけお》、大平正芳《おおひらまさよし》、宮沢喜一《きいち》などは、政界に入るとほとんど同時に、すでにリーダー候補だった。党人派といわれるリーダーでも、田中角栄、三木武夫、中曽根康弘などは、長くリーダーと目されて派閥を率いて国政に参画していた。

しかし、佐藤内閣のころから、党歴、政治家歴が何よりも重視される当選回数至上主義が台頭した。それが、党内の和をもっとも保ちやすい方法だからである。そのようなものとして、自民党政治は完成し、ダイナミズムを失っていった。

一九九〇年代には、一九九四年の政治改革（小選挙区比例代表並立制の導入など）の結果、また新しい政治が始まっているので、改めて分析が必要である。しかし、佐藤のあとを争った田中、三木、福田、大平、中曽根が、それなりに戦争経験に原点を持ち、独自のヴィジョンを持っていたことに比べると、活力ある政治が行われているとは思えない。

おわりに

明治維新のキーワードは公議輿論だった。しかし、それはただの多数意見ではなかった。江戸時代に発言できなかった者が発言し、政治を担う意思と能力のある人間の間で徹底して議論を尽くし、しかもその間、私的な利害は度外視して国益だけを考えて、ベストの議論を取る。それが大久保の言う公議輿論だった(4)。

それが、石橋の言う「デモクラチックの改革」をもたらし、明治維新となり、五箇条の御誓文となり、憲法制定、議会開設となり、政党政治の発展となった。

明治維新はたしかに民主化であった。しかし民主化の行き着くところは大衆化であった。優れたリーダーが多数の支持を受け、政党やその他の組織をリードしたこともあった。しかし、徐々に、多数をとることに優れたリーダーや、組織に利益をもたらすリーダーが、国政に対する見識や能力にかかわらず、政党やその他の組織を率いることになっていった。それが、日露戦争から昭和にかけて起こったことであった。

明治維新以来の政治でもっとも驚くべきことは、日本が直面した最重要課題に政治が取り組み、ベストの人材を起用して、驚くべきスピードで決定と実行を進めていることである。

現在の日本は、きわめて閉塞的な状況にある。そのために何をすべきか、簡単な答えはない。

ただ、重要な判断基準は、日本にとってもっとも重要な問題に、もっとも優れた人材が、意思と能力のある人の衆知を集めて、手続論や世論の支持は二の次にして、取り組んでいるかどうか、ということである。それを明治維新の歴史は教えてくれている。

（1）元老の概念、役割の生成と変遷については、伊藤之雄『元老――近代日本の真の指導者たち』（中公新書、二〇一六年）が詳しい。

（2）このことは、すでに私が『日本陸軍と大陸政策――1906―1918年』（東京大学出版会、一九七八年）において示したところであるが、最近は広く受け入れられている。

（3）私は、かつて「自由民主党――包括政党の合理化」という論文を書いている（神島二郎編『現代日本の政治構造』〈法律文化社、一九八五年〉所収）。それをのちに発展させて、『自民党――政権党の38年』（読売新聞社、一九九五年。のち、中公文庫、二〇〇八年）としている。

（4）これは、マックス・ヴェーバーの議会制民主主義論を思い出させるところがある。ヴェーバーは、議会制民主主義を、人民の自己決定原理の実現と見たのではなく、純粋なカリスマ的資質の持ち主である政治家を――狭量な官僚ではなく――権力の座につける制度として支持していた（W・J・モムゼン、得永新太郎訳『官僚制の時代――マックス・ヴェーバーの政治社会学』、未來社、一九八四年、一一五頁）。

あとがき

明治維新一五〇年にあたる二〇一八年、世界各地で明治維新に関する研究会が行われた。七月には天津の南開大学で国際シンポジウムが行われ、私も報告をした。中国では学問研究の自由が徐々に圧迫されているが、明治維新は概ね当局の許容範囲内にある。そのため、予想を遥かにこえる研究者が熱心に参加された。また一二月には、京都の国際日本文化研究センターで、明治維新に関する国際シンポジウムが開かれ、私も報告して、内外の研究者と旧交を温めることができた。

それより前、同年の三月、新潮社と明治維新について書き下ろす約束をしていた。そして、私が国連大使としてニューヨークに勤務していたころ（二〇〇四〜〇六年）、その日々をつづったエセーを雑誌『フォーサイト』に連載させていただいた時の編集者である堤伸輔さんが編集を担当されることも決まっていた。二〇一八年の二つの講演は、書き下ろしの明治維新論についての考えをまとめるための重要な機会でもあった。本格的に執筆にかかったのは、二〇一八年の末ころだった。うまくいけば、一年くらいで書き上げられるかなと思っていた。

というのも、明治維新は私の専門である日本政治外交史（あるいは日本政治史）の重要部分であり、大学での講義も、明治維新（およびその前提としての江戸時代）から始めることが普通であったため、よく知っているつもりだったからである。

しかし、思った以上に時間がかかった。それは何よりも本務が多忙だったためである。しかしそれだけではなく、あらためて細部を検討すると、これまでの研究の蓄積の厚みに圧倒され、また、原史料の多さに圧倒されたからである。

私は厳密な意味では明治維新の専門家ではない。歴史における専門家とは、その時代、その分野、そのテーマについての研究はおよそ読みこなし、主要な史料は未刊行資料に至るまで読みこなしている人のことを指す。私にはいくつか、専門と称しうる時代、分野、テーマはあるが、明治維新については、専門家と自称できるものではなかった。

ただ、維新の専門家の研究の中には、世界史的な、あるいは比較史的な視点が欠けていると感じることが時々あった。そこに、純専門家でない、準専門家の立場から、新しい問題提起をする余地は十分あるように思われた。なぜ、こんなことが見過ごされていたのか、と感じることもしばしばあった。専門への没頭と、視野の広さは、両方が必要なのである。

とくに、先行業績の中には、何らかの意味で西洋近代をモデルとして、これと日本を対比し、日本の歪みや遅れを指摘するものが依然として少なくないように思われた。しかし、現在、世界最大の民主主義であるアメリカで、ドナルド・トランプ氏が大統領となり、一番の老舗であるイギリスで、ボリス・ジョンソン氏が首相となり、民主主義に対する幻滅が広がっている。日本が無条件にモデルと考えたものは、やや誇張して言えば、実際には存在しなかったのである。それぞれの国の政治は、それぞれの文脈と課題の中で判断されるべきなのである。

他方で、史料の多さには圧倒された。大久保利通のような、文久元年（一八六一年）の上京以来、明治一一年（一八七八年）に暗殺されるまでの一六年間、日本の抱えた重要な課題のほとんどを背負って、四八年の人生を駆け抜けた人物が、これほどの史料を残すことができたことは、奇跡のように思える。大久保の手元の日記、書簡、意見書のみならず、大久保が送った書簡も、よく収集され、残っている。それは、政府の顕彰の努力だけではなく、大久保の遺族その他関係者の並々ならぬ努力の結果であることは明らかである。

それは、大久保自身、また遺族や関係者も、大久保の行動が歴史に残る重要な仕事であることを理解し、歴史に対する責任を痛感していたからこそ、可能となったと言えるだろう。これはもちろん、木戸孝允、伊藤博文その他の政治家についても同様である。こうした史料の中で、そういうことを実感できた時間は私にとって幸福な時間であった。

こうした研究書や史料を読むため、私は週末を利用してＧＲＩＰＳ（政策研究大学院大学）の図書館や古巣である東京大学法学部の図書室に通い、手に入る本は片っ端からアマゾンや古書店で購入した。

第一稿は二〇二〇年の一月にほぼ書き上げたが、そのころから日本は新型コロナに襲われた。図書館が閉まってしまうかもしれないので（実際、閉まってしまった）、さらに寸暇を惜しんで図書館に通い、本を買った。

その後、パンデミックのため、出版社も機能しなくなり、五月刊行予定の本は、九月刊行となった。その遅れは、私にとっては、時間的余裕ができて、むしろ幸運と思えたが、テレビでレギュラーのコメンテイターを務めておられた堤さんは大変だったと思う。それまでの叱咤激励と、様々な示唆、綿密な編集、校閲作業に、心からお礼を申し上げたい。

多忙の中、細切れの時間を使い、パンデミックのなかで何とか書き上げたが、少なからぬ誤りが残っているかもしれない。それは私の責任であり、ご教示があれば、あるいは自ら気づいた場合には、いつでも訂正したいと思っている。

明治維新を再検討してみて、もっとも印象的なのは、終章の末尾にも述べたとおり、日本が直面したもっとも重要な課題に、もっとも優れた才能が、全力で取り組んでいたということである。国際協力機構（ＪＩＣＡ）の理事長として、世界の途上国と向き合う時も、その国が直面するもっとも重大な課題に、もっとも優れた才能が全力で取り組んでいるかどうかが決定的に重要だと痛感していることを述べて、擱筆の言葉としたい。

文京区本郷の書斎にて

北岡伸一

参考文献一覧

【基礎史料・文献】

板垣退助監修（遠山茂樹・佐藤誠朗校訂）『自由党史』全3巻（岩波文庫、岩波書店、一九五七—五八年）
伊藤博文述、小松緑編『伊藤公直話』（千倉書房、一九三六年）
伊波普猷「序に代へて——琉球処分は一種の奴隷解放也」、喜舎場朝賢『琉球見聞録』（一九一四年）所収
ヴェーバー、マックス（中村貞二他訳）『政治論集』全2巻（みすず書房、一九八二年）
榎本武揚著、講談社編『榎本武揚　シベリア日記』（講談社学術文庫、講談社、二〇〇八年）
大山梓編『山縣有朋意見書』（原書房、一九六六年）
小野　梓「条約改正論」、早稲田大学大学史編集所編『小野梓全集』3（早稲田大学出版部、一九八〇年）所収
外務省編『日本外交年表竝主要文書　1840—1945』上下（原書房、一九六五年）
勝海舟全集刊行会編『勝海舟全集』全22巻（講談社、一九七二—八三年）
カッテンディーケ（水田信利訳）『長崎海軍伝習所の日々』（東洋文庫、平凡社、一九六四年）
金子堅太郎編訳『政治論略』（忠愛社、一八八一年）＊バーク『フランス革命の省察』の抄訳
金子堅太郎『憲法制定と欧米人の評論』（金子伯爵功績顕彰会、一九三八年）
「金子堅太郎談話」、『臨時帝室編修局史料　「明治天皇紀」談話記録集成』4（ゆまに書房、二〇〇三年）所収
宮内庁編『明治天皇紀』全12巻（吉川弘文館、一九六八—七五年）
金玉均・朴泳孝・兪吉濬・徐載弼（月脚達彦訳注）『朝鮮開化派選集』（東洋文庫、平凡社、二〇一四年）
久米邦武編（田中彰校注）『特命全権大使 米欧回覧実記』（岩波文庫、岩波書店、一九九〇年）
久米邦武、中野礼次郎他編『久米博士九十年回顧録』上下（早稲田大学出版部、一九三四年）
慶應義塾編『福澤諭吉全集』全21巻（岩波書店、一九六九—七一年）
河野広中『南遊日誌——河野広中手記』（東北経済研究所、一八七九年）
渋沢栄一編（大久保利謙校訂）『昔夢会筆記——徳川慶喜公回想談』（東洋文庫、平凡社、一九六六年）
渋沢栄一『徳川慶喜公伝』4（東洋文庫、平凡社、一九六八年）
春畝公追頌会編刊『伊藤博文傳』全3巻（一九四〇年）
大西郷全集刊行会編『大西郷全集』全3巻（大西郷全集刊行会、一九二七年）
瀧井一博編『伊藤博文演説集』（講談社学術文庫、講談社、二〇一一年）
田口卯吉（嘉治隆一校訂）『日本開化小史』（岩波文庫、岩波書店、一九五〇年）
竹越与三郎（西田毅校注）『新日本史』上下（岩波文庫、岩波書店、二〇〇五年）

多田好問解題『岩倉公実記』全3巻（原書房、一九六八年）
田辺太一（坂田精一訳・校注）『幕末外交談』1（東洋文庫、平凡社、一九六六年）
東京大学史料編纂所『明治史要』（東京大学出版会、一九六六年。原刊は一八八五年）
東京帝国大学編『東京帝国大学五十年史』上（東京帝国大学、一九三二年）
トクヴィル、アレクシス・ド（松本礼二訳）『アメリカのデモクラシー』全4巻（岩波文庫、岩波書店、二〇〇五年）
徳富蘇峰『近世日本国民史』全100冊（近世日本国民史刊行会、一九六〇―六六年）
中江兆民（桑原武夫・島田虔次訳・校注）『三酔人経綸問答』（岩波文庫、岩波書店、一九六五年）
日本史籍協会編『大久保利通日記』上下（マツノ書店、二〇〇七年。原刊は一九二七年）
日本史籍協会編『大久保利通文書』全10巻（マツノ書店、二〇〇五年。原刊は一九二七―二九年）
日本史籍協会編『木戸孝允日記』全3巻（マツノ書店、一九九六年。原刊は一九三二年）
バーク、エドマンド（半澤孝麿訳）『フランス革命の省察』（みすず書房、一九九七年）
A・ハミルトン、J・ジェイ、J・マディソン（斎藤眞・中野勝郎訳）『ザ・フェデラリスト』（岩波文庫、岩波書店、一九九九年）
林　子平『三国通覧図説』（宝文堂出版販売、一九七七年）
福岡孝弟「五箇条御誓文と政体書の由来に就いて」、国家学会編刊『明治憲政経済史論』（一九一九年）所収
福沢諭吉（富田正文校訂）『新訂 福翁自伝』（岩波文庫、岩波書店、二〇〇八年〈改版〉。福沢の原刊は一八九九年）
福沢諭吉『学問のすゝめ』（岩波文庫、岩波書店、一九七八年。福沢の初編原刊は一八七二年）
福沢諭吉「旧藩情」、『福沢諭吉選集』12（岩波書店、一九八一年）所収
福沢諭吉（松沢弘陽校注）『文明論之概略』（岩波文庫、岩波書店、一九九五年。福沢の原刊は一八七五年）
福沢諭吉『西洋事情』（福澤諭吉著作集1）（慶應義塾大学出版会、二〇〇二年。福沢の初編原刊は一八六六年）
福沢諭吉『時事小言・通俗外交論』（福澤諭吉著作集8）（慶應義塾大学出版会、二〇〇三年。福沢『時事小言』の原刊は一八八一年）
福沢諭吉「帝室論」、『福澤諭吉著作集』9（慶應義塾大学出版会、二〇〇二年）所収（福沢の初出は一八八二年）
福沢諭吉「脱亜論」、『福澤諭吉著作集』8（慶應義塾大学出版会、二〇〇三年）所収（福沢の初出は一八八五年）
福地源一郎（石塚裕道校注）『幕府衰亡論』（東洋文庫、平凡社、一九六七年）
ペリー、M・C（F・L・ホークス編纂、宮崎壽子監訳）『ペリー提督日本遠征記』上下（角川ソフィア文庫、KADOKAWA／角川学芸出版、二〇一四年）
牧野伸顕『回顧録』上下（中公文庫、中央公論新社、二〇一八年）
松尾尊兊編『石橋湛山評論集』（岩波文庫、岩波書店、一九八四年）

松田道之「琉球処分」（明治一二年一二月）、明治文化資料叢書刊行会編『明治文化資料叢書　第四巻　外交編』（風間書房、一九六二年）所収
松原致遠編『大久保利通』（新潮社、一九一二年。のちマツノ書店、二〇〇三年）
リップマン、ウォルター（掛川トミ子訳）『世論』上下（岩波文庫、岩波書店、一九八七年）
ルイス、ウィリアム・村上直次郎編（富田虎男訳訂）『マクドナルド「日本回想記」――インディアンの見た幕末の日本』（刀水歴史全書、刀水書房、一九七九年。二〇一二年、再訂版）

【研究文献・論文】

赤嶺　守『琉球王国――東アジアのコーナーストーン』（講談社選書メチエ、講談社、二〇〇四年）
アキタ、ジョージ（荒井孝太郎・坂野潤治訳）『明治立憲政と伊藤博文』（東京大学出版会、一九七一年）
安藤良雄編『近代日本経済史要覧』（東京大学出版会、一九七五年）
家近良樹『西郷隆盛――人を相手にせず、天を相手にせよ』（ミネルヴァ書房、二〇一七年）
五百旗頭薫『大隈重信と政党政治――複数政党制の起源　明治十四年―大正三年』（東京大学出版会、二〇〇三年）
五百旗頭薫『条約改正史――法権回復への展望とナショナリズム』（有斐閣、二〇一〇年）
五百旗頭薫・奈良岡聰智『日本政治外交史』（放送大学教育振興会、二〇一九年）
石井寛治『日本流通史』（有斐閣、二〇〇三年）
石河幹明『福澤諭吉傳』全4巻（岩波書店、一九八一年。原刊は一九三二年）
石原藤夫『国際通信の日本史――植民地化解消へ苦闘の九十九年』（東海大学出版会、一九九九年）
伊藤正徳『新聞五十年史』（鱒書房、一九四三年）
伊藤之雄『明治天皇――むら雲を吹く秋風にはれそめて』（ミネルヴァ書房、二〇〇六年）
伊藤之雄『伊藤博文――近代日本を創った男』（講談社、二〇〇九年）
伊藤之雄『山県有朋――愚直な権力者の生涯』（文春新書、文藝春秋、二〇〇九年）
伊藤之雄『元老――近代日本の真の指導者たち』（中公新書、中央公論新社、二〇一六年）
伊藤之雄『大隈重信』上下（中公新書、中央公論新社、二〇一九年）
稲田正次『明治憲法成立史』上下（有斐閣、一九六〇―六二年）
犬塚孝明編『明治国家の政策と思想』（吉川弘文館、二〇〇五年）
井上　勲『王政復古――慶応三年十二月九日の政変』（中公新書、中央公論社、一九九一年）
井上幸治『秩父事件――自由民権期の農民蜂起』（中公新書、中央公論社、一九六八年）
井上寿一編『日本の外交　第1巻　外交史　戦前編』（岩波書店、二〇一三年）

井上光貞・大久保利謙他編『開国と幕末政治〈日本歴史大系　普及版　12〉』（山川出版社、一九九六年）
上野堯史『薩摩藩の参覲交替――江戸まで何日かかったか』（ラグーナ出版、二〇一九年）
梅村又次・山本有造編『開港と維新〈日本経済史3〉』（岩波書店、一九八九年）
エドストロム、ベルト「スウェーデン　使節団に対する接待外交」、イアン・ニッシュ編『欧米から見た岩倉使節団』（ミネルヴァ書房、二〇〇二年）所収
老川慶喜『日本鉄道史　幕末・明治篇――蒸気車模型から鉄道国有化まで』（中公新書、中央公論新社、二〇一四年）
大江志乃夫『徳川慶喜評伝』（立風書房、一九九八年）
大江洋代『明治期日本の陸軍――官僚制と国民軍の形成』（東京大学出版会、二〇一八年）
大久保利謙「岩倉使節派遣の研究」、大久保利謙編『岩倉使節の研究』（宗高書房、一九七六年）所収
大久保泰甫『ボワソナアド――日本近代法の父』（岩波新書、岩波書店、一九七七年）
大久保泰甫『ボワソナードと国際法――台湾出兵事件の透視図』（岩波書店、二〇一六年）
大澤博明『陸軍参謀川上操六――日清戦争の作戦指導者』（吉川弘文館、二〇一九年）
大野哲弥『通信の世紀――情報技術と国家戦略の一五〇年史』（新潮選書、新潮社、二〇一八年）
大日方純夫『自由民権運動と立憲改進党』（早稲田大学出版部、一九九一年）
岡本隆司『属国と自主のあいだ――近代清韓関係と東アジアの命運』（名古屋大学出版会、二〇〇四年）
岡本隆司『李鴻章――東アジアの近代』（岩波新書、岩波書店、二〇一一年）
岡本隆司編『宗主権の世界史――東西アジアの近代と翻訳概念』（名古屋大学出版会、二〇一四年）
岡　義武『近代日本の政治家』（岩波文庫、岩波書店、二〇一九年。初出は一九六〇年）
岡　義武『明治政治史』上（岩波文庫、岩波書店、二〇一九年。原刊は一九六二年。初出は『近代日本政治史』1、一九六二年）
奥　武則『幕末明治新聞ことはじめ　ジャーナリズムをつくった人びと』（朝日選書、朝日新聞出版、二〇一六年）
刑部芳則『公家たちの幕末維新――ペリー来航から華族誕生へ』（中公新書、中央公論新社、二〇一八年）
尾佐竹猛『幕末遣外使節物語――夷狄の国へ』（講談社学術文庫、講談社、一九八九年。原刊は一九二九年）
落合弘樹『秩禄処分――明治維新と武家の解体』（講談社学術文庫、講談社、二〇一五年。原刊は中央公論新社、一九九九年）
尾脇秀和『刀の明治維新――「帯刀」は武士の特権か？』（吉川弘文館、二〇一八年）
笠原英彦『天皇親政――佐々木高行日記にみる明治政府と宮廷』（中公新書、中央公論新社、二〇〇八年）
柏原宏紀『明治の技術官僚――近代日本をつくった長州五傑』（中公新書、中央公論新社、二〇一八年）
勝田孫弥『甲東逸話』（冨山房、一九二八年）
勝田孫弥『大久保利通伝』全3巻（臨川書店、一九七〇年）
勝田政治『内務省と明治国家形成』（吉川弘文館、二〇〇二年）

勝田政治『〈政事家〉大久保利通――近代日本の設計者』（講談社選書メチエ、講談社、二〇〇三年）
勝田政治『廃藩置県――近代国家誕生の舞台裏』（角川ソフィア文庫、KADOKAWA／角川学芸出版、二〇一四年。原刊は講談社、二〇〇〇年）
勝田政治『大久保利通と東アジア――国家構想と外交戦略』（吉川弘文館、二〇一六年）
勝田政治『明治国家と万国対峙――近代日本の形成』（角川選書、KADOKAWA、二〇一七年）
我部政男『明治国家と沖縄』（三一書房、一九七九年）
我部政男『近代日本と沖縄』（三一書房、一九八一年）
苅部　直『「維新革命」への道――「文明」を求めた十九世紀日本』（新潮選書、新潮社、二〇一七年）
芳　即正『島津久光と明治維新――久光はなぜ、討幕を決意したか』（新人物往来社、二〇〇二年）
キーン、ドナルド（角地幸男訳）『明治天皇』上下（新潮社、二〇〇一年）
北岡伸一『日本陸軍と大陸政策――1906―1918年』（東京大学出版会、一九七八年）
北岡伸一『自民党――政権党の38年』（中公文庫、中央公論新社、二〇〇八年。原刊は読売新聞社、一九九五年）
北岡伸一『増補版　清沢洌――外交評論の運命』（中公新書、中央公論新社、二〇〇四年）
北岡伸一『官僚制としての日本陸軍』（筑摩書房、二〇一二年）
北岡伸一『門戸開放政策と日本』（東京大学出版会、二〇一五年）
北岡伸一『増補版　日本政治史――外交と権力』（有斐閣、二〇一七年）
北岡伸一『独立自尊――福沢諭吉と明治維新』（ちくま学芸文庫、筑摩書房、二〇一八年）
鬼頭　宏『人口から読む日本の歴史』（講談社学術文庫、講談社、二〇〇〇年）
鬼頭　宏『文明としての江戸システム』（日本の歴史19）（講談社学術文庫、講談社、二〇一〇年。原刊は二〇〇二年）
木村　幹『高宗・閔妃――然らば致し方なし』（ミネルヴァ書房、二〇〇七年）
清沢　洌『外政家としての大久保利通』（中央公論社、一九四二年。中公文庫、一九九三年）
久保田哲『帝国議会――西洋の衝撃から誕生までの格闘』（中公新書、中央公論新社、二〇一八年）
国立教育研究所編『日本近代教育百年史』３（教育研究振興会、一九七四年）
小林和幸『谷干城――憂国の明治人』（中公新書、中央公論新社、二〇一一年）
小林和幸編『明治史講義〈テーマ篇〉』（ちくま新書、筑摩書房、二〇一八年）
小林和幸編著『明治史研究の最前線』（筑摩選書、筑摩書房、二〇二〇年）
酒井裕美『開港期朝鮮の戦略的外交　１８８２―１８８４』（大阪大学出版会、二〇一六年）
坂本一登『伊藤博文と明治国家形成――「宮中」の制度化と立憲制の導入』（講談社学術文庫、講談社、二〇一二年。原刊は吉川弘文館、一九九一年）

坂本一登・五百旗頭薫編著『日本政治史の新地平』（吉田書店、二〇一三年）
坂本一登『岩倉具視――幕末維新期の調停者』（山川出版社、二〇一八年）
坂本多加雄『明治国家の建設　1871～1890〈日本の近代2〉』（中公文庫、中央公論新社、二〇一二年。原刊は一九九九年）
佐々木克監修『大久保利通』（講談社学術文庫、講談社、二〇〇四年）
佐々木隆『メディアと権力〈シリーズ日本の近代〉』（中公文庫、中央公論新社、二〇一三年。原刊は一九九九年）
佐々木隆『伊藤博文の情報戦略――藩閥政治家たちの攻防』（中公新書、中央公論新社、一九九九年）
佐々木雄一『陸奥宗光――「日本外交の祖」の生涯』（中公新書、中央公論新社、二〇一八年）
佐藤誠三郎『「死の跳躍」を越えて――西洋の衝撃と日本』（千倉書房、二〇〇九年。原刊は都市出版、一九九二年）
司馬遼太郎『花神』（新潮文庫、新潮社、一九七六年。原刊は一九七二年）
シムズ、リチャード（矢田部厚彦訳）『幕末・明治日仏関係史――1854～1895年』（ミネルヴァ書房、二〇一〇年）
下村冨士男『日本全史　第9巻　近代Ⅱ』（東京大学出版会、一九六八年）
下山三郎「近代天皇制研究序説」その三〈明治新政府の直轄領をめぐって〉（『東京経大学会誌』62、一九六九年）
Jansen, Marius B. *The Making of Modern Japan*. Cambridge, Mass: Harvard University Press, 2002.
庄司吉之助『日本政社政党発達史――福島県自由民権運動史料を中心として』（御茶の水書房、一九五九年）
白石仁章『プチャーチン――日本人が一番好きなロシア人』（新人物往来社、二〇一〇年）
末木孝典「明治二十五年・選挙干渉事件と立憲政治――系統的指令説と暴発説をめぐって」、『近代日本研究』第32巻（二〇一六年二月）所収。単行本は『選挙干渉と立憲政治』（慶應義塾大学出版会、二〇一八年）
鈴木　淳『維新の構想と展開〈日本の歴史20〉』（講談社、二〇〇二年）
石　平『朝鮮通信使の真実――江戸から現代まで続く侮日・反日の原点』（ワック、二〇一九年）
祖田　修『前田正名』（吉川弘文館、一九七三年）
高島正憲『経済成長の日本史――古代から近世の超長期GDP推計　730―1874』（名古屋大学出版会、二〇一七年）
高瀬暢彦編著『金子堅太郎「政治論略」研究』（日本大学精神文化研究所、二〇〇〇年）
高田誠二『久米邦武――史学の眼鏡で浮世の景を』（ミネルヴァ書房、二〇〇七年）
高橋秀直『日清戦争への道』（東京創元社、一九九五年）
髙橋昌明『武士の日本史』（岩波新書、岩波書店、二〇一八年）
瀧井一博編『文明史のなかの明治憲法――この国のかたちと西洋体験』（講談社選書メチエ、講談社、二〇〇三年）
瀧井一博『伊藤博文――知の政治家』（中公新書、中央公論新社、二〇一〇年）
瀧井一博『明治国家をつくった人びと』（講談社現代新書、講談社、二〇一三年）

武井弘一『江戸日本の転換点――水田の激増は何をもたらしたか』（NHK出版、二〇一五年）
田代和生『倭館――鎖国時代の日本人町』（文春新書、文藝春秋、二〇〇二年）
田代和生『新・倭館――鎖国時代の日本人町』（ゆまに書房、二〇一一年）
田保橋潔『近代日鮮関係の研究』上下（朝鮮総督府中枢院、一九四〇年）
中公新書編集部編『日本史の論点――邪馬台国から象徴天皇制まで』（中公新書、中央公論新社、二〇一八年）
張　偉雄『文人外交官の明治日本――中国初代駐日公使団の異文化体験』（柏書房、一九九九年）
月脚達彦『福沢諭吉の朝鮮――日朝清関係のなかの「脱亜」』（講談社選書メチエ、講談社、二〇一五年）
角山　榮『「通商国家」日本の情報戦略――領事報告をよむ』（日本放送出版協会、一九八八年）
寺崎　修『自由民権運動の研究――急進的自由民権運動家の軌跡』（慶應義塾大学法学研究会、二〇〇八年）
寺崎昌男『東京大学の歴史――大学制度の先駆け』（講談社学術文庫、講談社、二〇〇七年。底本『プロムナード東京大学史』は東京大学出版会、一九九二年）
ドーア、ロナルド（松居弘道訳）『江戸時代の教育』（岩波書店、一九七〇年）
ドーア、ロナルド（松居弘道訳）『学歴社会　新しい文明病』（岩波書店、一九七八年）
長井純市『河野広中』（吉川弘文館、二〇〇九年）
西川俊作・阿部武司編『産業化の時代　上〈日本経済史4〉』（岩波書店、一九九〇年）
西川　誠『明治天皇の大日本帝国〈天皇の歴史7〉』（講談社学術文庫、講談社、二〇一八年。原刊は二〇一一年）
沼田哲編『明治天皇と政治家群像――近代国家形成の推進者たち』（吉川弘文館、二〇〇二年）
野口武彦『幕府歩兵隊――幕末を駆けぬけた兵士集団』（中公新書、中央公論新社、二〇〇二年）
野口武彦『鳥羽伏見の戦い――幕府の命運を決した四日間』（中公新書、中央公論新社、二〇一〇年）
橋本寿朗・大杉由香『近代日本経済史』（岩波書店、二〇〇〇年）
パッシン、ハーバート（國弘正雄訳）『日本近代化と教育――その特質の史的解明』（サイマル出版会、一九八〇年。原刊は一九六九年）
速水融編『歴史のなかの江戸時代』（藤原書店、二〇一一年）
原田　環『朝鮮の開国と近代化』（溪水社、一九九七年）
坂野潤治『明治デモクラシー』（岩波新書、岩波書店、二〇〇五年）
坂野潤治『近代日本の国家構想　1871―1936』（岩波現代文庫、岩波書店、二〇〇九年）
坂野潤治・大野健一『明治維新　1858―1881』（講談社現代新書、講談社、二〇一〇年）
坂野潤治『日本近代史』（ちくま新書、筑摩書房、二〇一二年）
坂野潤治『近代日本の構造――同盟と格差』（講談社現代新書、講談社、二〇一八年）

廣瀬彦太「両日記の解説――榎本武揚小伝」、榎本武揚著・講談社編『榎本武揚　シベリア日記』（講談社学術文庫、講談社、二〇〇八年）所収
福地　惇『明治新政権の権力構造』（吉川弘文館、一九九六年）
藤田　覚『幕末の天皇』（講談社選書メチエ、講談社、一九九四年）
藤田　覚『江戸時代の天皇〈天皇の歴史6〉』（講談社学術文庫、講談社、二〇一八年。原刊は二〇一一年）
藤田　覚『勘定奉行の江戸時代』（ちくま新書、筑摩書房、二〇一八年）
藤田達生『藩とは何か――「江戸の泰平」はいかに誕生したか』（中公新書、中央公論新社、二〇一九年）
伏見岳人『近代日本の予算政治　1900―1914――桂太郎の政治指導と政党内閣の確立過程』（東京大学出版会、二〇一三年）
古川　薫『幕末長州藩の攘夷戦争――欧米連合艦隊の来襲』（中公新書、中央公論社、一九九六年）
ベラー、ロバート・N（池田昭訳）『徳川時代の宗教』（岩波文庫、岩波書店、一九九六年）
ペリン、ノエル（川勝平太訳）『鉄砲を捨てた日本人――日本史に学ぶ軍縮』（中公文庫、中央公論社、一九九一年）
ベルツ、トク編（菅沼竜太郎訳）『ベルツの日記』上下（岩波文庫、岩波書店、一九七九年）
保谷　徹『戊辰戦争』（吉川弘文館、二〇〇七年）
Boulding, Kenneth. *A Primer on Social Dynamics: History as Dialectics and Development*. New York: Free Press, 1970.
前田　愛『幻景の明治』（朝日選書、朝日新聞社、一九七八年。岩波現代文庫、二〇〇六年）
前田亮介『全国政治の始動――帝国議会開設後の明治国家』（東京大学出版会、二〇一六年）
松浦　玲『横井小楠』（ちくま学芸文庫、筑摩書房、二〇一〇年。原刊は『横井小楠――儒学的正義とは何か〈増補版〉』朝日選書、朝日新聞社、二〇〇〇年）
松尾正人『廃藩置県――近代統一国家への苦悶』（中公新書、中央公論社、一九八六年）
松尾正人『木戸孝允』（吉川弘文館、二〇〇七年）
松尾龍之介『小笠原諸島をめぐる世界史』（弦書房、二〇一四年）
松方冬子『オランダ風説書――「鎖国」日本に語られた「世界」』（中公新書、中央公論新社、二〇一〇年）
松沢弘陽『近代日本の形成と西洋経験』（岩波書店、一九九三年）
松田裕之『明治電信電話ものがたり――情報通信社会の〈原風景〉』（日本経済評論社、二〇〇一年）
松本健一『開国・維新　1853〜1871〈日本の近代1〉』（中公文庫、中央公論新社、二〇一二年。原刊は一九九八年）
御厨　貴『明治史論集――書くことと読むこと』（吉田書店、二〇一七年）
三谷　博『明治維新を考える』（岩波現代文庫、岩波書店、二〇一二年）
三谷　博『維新史再考――公議・王政から集権・脱身分化へ』（NHK出版、二〇一七年）

三谷　博『日本史のなかの「普遍」――比較から考える「明治維新」』（東京大学出版会、二〇二〇年）
三野行徳「明治維新と旗本・御家人――幕臣本領安堵と幕府官僚組織の再編」（総合研究大学院大学博士論文、二〇一二年、第二章）
宮地正人『幕末維新像の新展開――明治維新とは何であったか』（花伝社、二〇一八年）
宮地正人『幕末維新変革史』上下（岩波現代文庫、岩波書店、二〇一八年）
室山義正『松方正義――我に奇策あるに非ず、唯正直あるのみ』（ミネルヴァ書房、二〇〇五年）
室山義正『近代日本経済の形成――松方財政と明治の国家構想』（千倉書房、二〇一四年）
モムゼン、W・J（得永新太郎訳）『官僚制の時代――マックス・ヴェーバーの政治社会学』（未來社、一九八四年）
文部省調査局編『日本の成長と教育――教育の展開と経済の発達』（一九六二年）
文部省編『学制百年史』（帝国地方行政学会、一九七二年）
安岡昭男『副島種臣』（吉川弘文館、二〇一二年）
山内昌之・細谷雄一編著『日本近現代史講義――成功と失敗の歴史に学ぶ』（中公新書、中央公論新社、二〇一九年）
山口　修『前島密』（吉川弘文館、一九九〇年）
山本博文『参勤交代』（講談社現代新書、講談社、一九九八年）
山本正身『日本教育史――教育の「今」を歴史から考える』（慶應義塾大学出版会、二〇一四年）
吉澤誠一郎『清朝と近代世界――19世紀〈シリーズ中国近現代史1〉』（岩波新書、岩波書店、二〇一〇年）
ルビンジャー、リチャード（川村肇訳）『日本人のリテラシー――1600―1900年』（柏書房、二〇〇八年）
渡辺　浩『東アジアの王権と思想』（東京大学出版会、一九九七年）
『日本資本主義発達史講座』全7巻（岩波書店、一九三二―三三年）

明治維新年表

＊明治五年の改暦までは、原則として旧暦表記とした。
＊本書における記述箇所を中心とし、それ以外の時期については簡略化した。

一七〇五	宝永二	ロシアのピョートル一世、サンクトペテルブルクに日本語学習所開設。
一七六四	宝暦一二	ロシアのエカテリーナ二世、イルクーツクに日本航海学校開設。
一七七八	安永七	ロシア船、蝦夷地に来航。
一七九一	寛政三	林子平、『海国兵談』全一六巻刊行了。
一七九二	寛政四	ロシア使節ラックスマン、蝦夷地・根室に来航、通商を要求。
一七九八	寛政一〇	近藤重蔵ら、千島探査。
一八〇四	文化一	ロシア使節レザノフ、長崎に来航、通商を要求。
一八〇六	文化三	文化の薪水給与令。レザノフ配下のロシア海軍士官、樺太を襲撃。
一八〇八	文化五	イギリス軍艦フェートン号が長崎湾に侵入（フェートン号事件）。
一八一六	文化一三	イギリス軍艦ライラ号・アルセスト号、琉球に来航。
一八一八	文政一	イギリス人ゴルドン、浦賀に来航。
一八二四	文政七	イギリス捕鯨船員、常陸大津浜に上陸し水戸藩に捕らえられる（大津浜事件）。 イギリス捕鯨船員、薩南諸島の宝島に上陸し騒動を起こす（宝島事件）。
一八二五	文政八	幕府、異国船打払令（無二念打払令）。
一八二八	文政一一	シーボルト事件。
一八三〇	文政一三・天保一	ハワイ王国の白人五人と太平洋諸島出身者二五人が小笠原諸島に入植。
一八三七	天保八	徳川家慶、将軍就任。 日本人漂流民七名を伴い対日通商と布教を目指して浦賀に来航した米船（当時は英船とされていた）モリソン号に幕府が江戸湾にて砲撃。次いで薩摩山川でも砲撃を受けモリソン号退去（モリソン号事件）。
一八三九	天保一〇	前年のモリソン号事件での幕府の排外政策を批判した高野長英、渡辺崋山らが処罰される（蛮社の獄）。
一八四〇	天保一一	アヘン戦争（一八四二年まで。香港にイギリスの拠点が成立）。
一八四二	天保一三	天保の薪水給与令。
一八四三	天保一四	阿部正弘、老中就任。

一八四六	弘化三	フランス軍艦、琉球に来航。ビドルに率いられたアメリカ船、浦賀に来航し通商を要求。
一八五一	嘉永四	漂流してアメリカ船に救助された中浜（ジョン）万次郎、アメリカ船で帰国。
一八五三	嘉永六	六月、アメリカ使節ペリーが浦賀に来航。 六月、将軍徳川家慶没。 七月、幕府、水戸前藩主・徳川斉昭に海防の幕政参与を命ずる。 七月、ロシアのプチャーチン、四隻の艦隊を率いて長崎に来航、通商を要求。 一〇月、徳川家定、将軍就任。
一八五四	嘉永七・安政一	一月、ペリーの米艦隊、再来し江戸小柴沖に投錨。 三月、日米和親条約に調印。イギリス（八月）、ロシア（一二月）とも和親条約に調印。 四月、徳川斉昭、日米和親条約調印を不満とし幕政参与を辞任。
一八五五	安政二	八月、幕府、徳川斉昭に再び幕政参与を命ずる。 八月、オランダ、軍艦スームビング（スンビン）号を幕府に寄贈（日本最初の蒸気軍艦、後に「観光丸」と改称）。長崎海軍伝習所開設。
一八五六	安政三	二月、幕府、洋学教育・翻訳・統制機関として蕃書調所を九段下に設置（のちの開成所）。 四月、幕府、講武所を築地に開設。 七月、ハリス、米総領事として下田に到着。翌月、幕府が駐在を許可。 中国と英仏のアロー戦争（第二次アヘン戦争）勃発（一八五八年まで）。
一八五七	安政四	四月、幕府、軍艦教授所（のちに軍艦操練所と改称）を築地講武所内に開設。 一〇月、ハリス、江戸城にて将軍家定に謁見、米大統領親書を渡す。
一八五八	安政五	二月、老中堀田正睦、日米修好通商条約の勅許を求めて上洛。 三月、孝明天皇、条約勅許を拒否。 四月、彦根藩主・井伊直弼、大老に就任。 六月、日米修好通商条約に調印。万延元年四月に批准書交換。 七月、将軍徳川家定没。 七月、オランダ、ロシア、イギリス、フランス（九月）とも修好通商条約調印。 七月、薩摩藩主・島津斉彬没。 九月、京都で尊王攘夷派の逮捕が相次ぎ、安政の大獄が始まる。 一〇月、徳川家茂、将軍就任。 一〇月、福沢諭吉、築地鉄砲洲に蘭学塾を開く。

一八五九	安政六	一月、左大臣・近衛忠熙以下の廷臣、幕府の圧迫により辞官、落飾、謹慎。 六月、神奈川（横浜）、長崎、箱館を開港し、露・仏・英・蘭・米の五ヶ国との通商を許可。 八月、幕府、徳川斉昭に永蟄居。松平慶永、徳川慶勝、徳川（一橋）慶喜に隠居・謹慎を命ずる。山内豊信は謹慎（一〇月）。堀田正睦ら隠居。 一〇月、橋本左内、吉田松陰ら、死罪に（安政の大獄）。
一八六〇	安政七・万延一	一月、幕府の遣米使節、日米修好通商条約批准書交換のため出発。九月帰着。 三月三日、水戸浪士ら大老井伊直弼を暗殺（桜田門外の変）。 閏三月、五品江戸廻令。 六月、岩倉具視、孝明天皇に、王政復古を目標とし、和宮降嫁を許諾するよう上奏。 九月、幕府、徳川慶喜、松平慶永、山内豊信らの謹慎を解除。 一二月、日普（プロイセン）修好通商条約に調印。
一八六一	万延二・文久一	二月、ロシアの艦船ポサドニック、海軍根拠地設置を目的に対馬に来航、滞泊の許可を対馬藩に求め対馬の一部を占拠（対馬事件）。 七〜八月、英東インドシナ艦隊司令官ホープ、老中安藤信行と会談ののち、英艦二隻を率いて対馬へ。露艦ポサドニックに退去を要求し、露艦が対馬を去る（対馬事件の決着）。
一八六二	文久二	一月、老中安藤信正、水戸浪士に襲われ負傷（坂下門外の変）。 二月、皇女和宮と将軍徳川家茂の婚儀。 四月、薩摩藩主の父・島津久光、藩兵一千余を率いて上洛。尊攘派の諸藩有志を弾圧。同月、伏見・寺田屋事件。 五月、幕府使節・竹内保徳、英外相ラッセルとロンドン覚書に調印。江戸・大坂の開市、兵庫・新潟の開港を五年間延期など。 五月、将軍家茂、改革宣言。洋式軍制への改革を開始。 七月、幕府、勅使の要求により、徳川慶喜を将軍後見職に、松平慶永を政事総裁職に任命。 八月、薩摩、イギリス商人を無礼討ち（生麦事件）。 閏八月、幕府、会津藩主・松平容保を初代の京都守護職に任命。 一一月、幕府、前月に朝廷から伝達された攘夷勅旨の遵奉を幕議で決定。
一八六三	文久三	二月、尊攘派浪士ら、京都・等持院の足利将軍三代の木像の首を抜き賀茂河原に晒す。 三月、将軍家茂上洛・参内、庶政委任の勅を受ける。翌月、攘夷期日を五月一〇日と孝明天皇に奉答。 五月、長州藩、関門海峡で米商船、仏艦、蘭艦を砲撃（下関事件）。

		六月、米艦、長州藩砲台を報復攻撃。仏艦二隻も砲台を攻撃、占拠。
		七月、鹿児島湾で薩英戦争。
		八月、公武合体派が宮中クーデタを実行。尊攘派の三条実美ら七卿、長州へ逃れる（八月一八日政変）。
		一一月、天皇、上洛の島津久光に戦争回避と関東委任の意向を表明。
		一二月、幕府、横浜鎖港使節をパリに派遣。
		一二〜一月、天皇、徳川慶喜、松平慶永、山内豊信、伊達宗城、松平容保、島津久光らを朝議参預に任命。
一八六四	文久四・元治一	二〜三月、山内豊信を皮切りに朝議参預が辞任。
		七月、長州藩兵、大坂から京都に向かい、鳥羽・伏見・蛤御門・堺町御門などで交戦（禁門の変）。長州藩追討の朝命が禁裏守衛総督・徳川慶喜に伝達され、幕府は西国二一藩に出兵を命ずる（第一次長州征討）。
		八月、英・米・仏・蘭四国連合艦隊が下関海峡で長州藩砲台と交戦し、砲台を破壊。
		一一月、長州藩、幕府に恭順の意を表し、禁門の変の責任者らに自刃を命ずる。
一八六五	元治二・慶応一	三月、仏公使ロッシュにより横浜仏語伝習所開設。
		九月、英・米・仏・蘭の四ヶ国代表、将軍・朝廷と兵庫先期開港、条約勅許を交渉するため、連合艦隊を率いて兵庫沖に来航。
		一〇月、孝明天皇、条約は勅許するも兵庫先期開港不許可の勅書。
一八六六	慶応二	一月、坂本龍馬の仲介で京都にて薩摩の西郷隆盛、小松帯刀と長州の木戸孝允が会談。倒幕のための薩長同盟成立。
		五月、老中水野忠精、英・米・仏・蘭との改税約書に調印。輸出入税とも従量税五％を原則とし、日本にいっそう不利となる。
		六月、幕府艦船、長州藩領を砲撃、第二次長州征討が始まる。
		七月、将軍徳川家茂没。
		八月、休戦御沙汰書が出る。九月、幕府と長州藩、休戦協定。一〇月、幕府の撤兵完了。
		一二月、徳川慶喜が征夷大将軍に任じられる。
		一二月二五日、孝明天皇崩御。
一八六七	慶応三	一月、明治天皇践祚。関白二条斉敬、摂政となる。
		三月、将軍慶喜、英・仏・蘭の代表と会見し兵庫開港を約する。
		五月、将軍慶喜が参内し長州藩の寛大な処分と兵庫開港を奏請。朝議は紛糾するも勅許と決定。
		一〇月一四日、将軍慶喜の命により大政奉還の上表を朝廷に提出。同二四日、慶喜が征夷大将軍の辞表を

		朝廷に提出。 一二月九日、王政復古の大号令が発せられる。
一八六八	慶応四・明治一	一月、旧幕府軍、薩摩・長州藩兵と戦い敗北（鳥羽・伏見の戦い）。戊辰戦争が起こる。慶喜、大坂より海路で江戸へ戻る。 一月、新政府の外国事務取調掛・東久世通禧、各国公使と会見し王政復古の国書を手交。外国と和親する旨を告げ、二日後に国内に布告。 二月、徳川慶喜、江戸城を出て上野寛永寺に閉居。 三月、新政府の西郷隆盛と旧幕府の勝安房（海舟）、江戸開城を交渉し合意。 三月一四日、明治天皇による五箇条の御誓文。 四月、江戸城無血開城。徳川慶喜は江戸を去り水戸へ。 四月、福沢諭吉、英学塾（蘭学塾改め）を芝に移し慶應義塾と名づける。 五月、奥羽二五藩、同盟条約を決議。長岡など六藩も加わり、奥羽越列藩同盟が成立。新政府軍は上野の彰義隊を攻撃し破る。仙台に逃れた輪王寺宮は奥羽越列藩同盟の盟主となる。 八月二七日、明治天皇、即位の大礼。 九月八日、明治と改元し、一世一元と定める。 九月、会津若松城の松平容保が降伏。 一〇月、天皇、東幸し江戸城（東京城）入城。万機親裁の宣言。 一二月、対馬藩家老・樋口鉄四郎、釜山に赴き新政府成立通告書を提示するも朝鮮は受理せず。
一八六九	明治二	二月二四日、天皇の東京滞在中は太政官を東京に移すと達する（事実上の東京遷都決定）。三月七日、天皇が再び東京に向かい、二八日着。 五月、箱館五稜郭が開城し、榎本武揚らが降伏（戊辰戦争終結）。 六月一七日、版籍奉還。 九月、兵部大輔・大村益次郎、京都で長州藩士に襲撃され、一一月に死亡。 一二月、政府、参議大久保利通に、島津久光、西郷隆盛を上京させるための説得に薩摩への帰藩を命ずる。 一二月、東京・横浜間に電信開通。
一八七〇	明治三	三月、鉄道掛を設置。東京・横浜間の鉄道建設のため測量開始。 九月、藩制改革を布告。
一八七一	明治四	一月、東京・京都・大阪間に郵便を開始することとし、三月に第一便。 四月、戸籍法。

一八七二	明治五	五月、新貨条例。呼称は円・銭・厘。日本初の金本位制。 七月、廃藩置県。 一一月、岩倉使節団（岩倉具視、木戸孝允、大久保利通、伊藤博文ら）出発。 二月頃、福沢諭吉『学問のすゝめ』の初編刊。 二月、土地永代売買の禁を解く。前年に大蔵卿大久保利通らが建議。 五月、天皇、中国・西国巡幸に出発。六月、鹿児島に至る。七月帰京。 六月、大使岩倉具視、米国において対米条約改正交渉の中止を米国務長官に通告。 八月、学制公布。全国を学区に分け、それぞれに大学・中学・小学などを設置し、国民皆学を期する。 九月一二日、新橋・横浜間の鉄道開業式。 一〇月、富岡製糸場、操業開始。 一一月九日、太陰暦を廃して太陽暦を採用する詔書。明治五年一二月三日を明治六年一月一日とする。 一一月、徴兵の詔書。 一一月、国立銀行条例・国立銀行成規を定め、銀行設立を許可。 ＊この年「東京日日新聞」「日新真事誌」「郵便報知新聞」などが発行開始。
一八七三	明治六	一月、徴兵令。 三月、外務卿副島種臣が特命全権として清国に。台湾問題の交渉。四月には日清修好条規批准書交換。 五月二六日、遣欧副使・大久保利通が帰国。 六月、清国大臣、副使柳原前光に台湾生蕃は「化外の民」と発言。 六月、マリア・ルス号事件に関する日本・ペルーの約定が成り、ロシア皇帝に裁決を求めることに合意する。二年後、ロシア皇帝が日本に責任なしと判決。 七月、地租改正条例。 八月、参議西郷隆盛、閣議で征韓を決定すべしとの意見書を、太政大臣三条実美に提出。 八月、森有礼らが明六社結成を決め、翌年二月に発足。 一〇月、征韓論政変。陸軍大将西郷隆盛が参議、近衛都督を辞す。 一一月、内務省を置く。 一二月、秩禄奉還の法を定める。
一八七四	明治七	一月、板垣退助、江藤新平ら、愛国公党を結成。 一月一四日、岩倉具視、赤坂喰違坂で征韓派の不平士族に襲撃され負傷。 一月一七日、板垣、江藤ら八人、民撰議院設立建白書を左院に提出。

二月一日、江藤、島義勇ら士族の暴動（佐賀の乱）に対し、四日、熊本鎮台などに出兵命令。

二月六日、閣議、台湾征討を決定。

二月一四日、佐賀の乱鎮定を委任された参議・内務卿大久保利通、佐賀へ出発。

三月一日、政府軍、佐賀県庁を奪回。江藤は高知で逮捕され四月処刑。

三月、秩禄公債証書発行条例。

四月四日、陸軍中将西郷従道に台湾征討を命じる。九日、兵三六〇〇を従え西郷東京を発つ。

四月、板垣ら、高知に立志社を設立。

四月一八日、参議・文部卿木戸孝允、台湾征討に不満を示し辞表提出。五月免官。

四月一九日、政府、台湾征討中止を決め、長崎の西郷従道に出発延期を命じる。

五月四日、大久保・大隈重信、長崎で西郷従道と会い、西郷の強硬意見を容れ台湾征討実施を決定。一七日、西郷出発。二二日、台湾に上陸。

七月九日、閣議、台湾問題に関し清国との開戦も辞さずと決定。

八月一日、台湾問題交渉のため参議大久保利通を清国に派遣決定。九月一〇日北京着。

一〇月三一日、台湾問題について日清両国間互換条款に北京で調印。大久保は帰路で台湾に寄り西郷従道に会い撤兵を決める。一一月二六日、大久保帰国。

一八七五　明治八

二月、大久保利通、木戸孝允、板垣退助、大阪に会し、政治改革を議論（大阪会議）。

二月、立志社、各地の自由民権結社に呼びかけ、愛国社を結成。

四月、元老院、大審院を置き、地方官会議を設け、漸次立憲政体を樹立するとの詔勅。

五月、ロシアと樺太・千島交換条約に調印。八月批准書交換。

六月、第一回地方官会議（議長・木戸孝允）。

六月、讒謗律・新聞紙条例を定め、反政府運動を取締る。記者の投獄が相次ぐ。

八月、福沢諭吉『文明論之概略』。

九月、家禄・賞典禄を金禄に改正。

九月二〇日、軍艦雲揚、朝鮮西南の江華島守備兵と交戦（江華島事件）。

一二月、参議黒田清隆を特命全権弁理大臣とし江華島事件の談判のため朝鮮に派遣。

一八七六　明治九

二月二六日、黒田清隆・井上馨正副弁理大臣、江華府で朝鮮と日朝修好条規に調印。三月批准書交換。

三月、廃刀令。大礼服着用および軍人・警官・官吏の制服着用の場合を除き、帯刀を禁止。

七月、国安妨害の記事を掲載した新聞・雑誌に対し、内務省が発行停止・禁止の処分を行うと定める。

八月、金禄公債証書発行条例（秩禄処分）。

一八七七	明治一〇	九月六日、天皇、元老院に勅語、憲法起草を命じる。一〇月、第一次草稿。 一〇月、政府、各国公使に小笠原諸島を管治すると通告。 一〇月、神風連の乱、秋月の乱、萩の乱。 一一月、茨城県で農民一揆。 一二月、三重県で農民一揆（伊勢暴動）。 一二月二七日、参議・内務卿大久保利通、農民一揆の多発を受けて地租の減額を建議。 一月四日、地租を減じる詔書。 一月三〇日、鹿児島の私学校生徒、陸軍火薬庫、海軍造船所を占拠し、兵器弾薬を奪う。西南戦争の発端。 二月一五日、陸軍大将西郷隆盛、兵を率い鹿児島を出発。二二日、熊本城を包囲。 三月二〇日、政府軍、西郷軍と激戦の末、田原坂を占領。 四月、東京開成学校と東京医学校を合わせ東京大学と改称。 五月二六日、内閣顧問木戸孝允没。 九月二四日、西郷、鹿児島・城山で自刃。西南戦争終結。
一八七八	明治一一	四月、第二回地方官会議（議長・伊藤博文）。 五月一四日、参議・内務卿大久保利通、刺殺される（享年四九）。 五月一五日、参議伊藤博文、工部卿を免じられ内務卿に就任。 五月一六日、佐々木高行、元田永孚ら侍補、天皇親政の実を挙げるよう奏上。閣議では侍補の政治関与に反対の意見。 六月、元老院国憲取調委員、憲法第二次草案を提出。議長有栖川宮熾仁親王、修正を命じる。 七月、郡区町村編制法。同時制定の府県会規則・地方税規則とともに三新法と呼ばれる。 九月、愛国社再興大会。 一〇月、久米邦武編『特命全権大使 米欧回覧実記』。
一八七九	明治一二	三月、愛国社第二回大会。 四月、琉球藩を廃し、沖縄県を設置（琉球処分）。 七月、米前大統領ユリシーズ・グラント来日。 八月、天皇、侍講元田永孚を通じ教学聖旨を示し、儒教的徳育の強化を促す。公教育方針に対する天皇の干渉の始まり。 八月、福沢諭吉『国会論』。 八月三一日、明宮嘉仁親王（大正天皇）誕生。

九月、伊藤博文、教育議を天皇に提出し、教学聖旨を批判。元田が反論。

九月、教育令を公布。学制を廃止する。

一〇月、侍補制度を廃止。宮中、府中の別を明らかにすることを図る。

一〇月、徴兵令改正。

一一月、愛国社第三回大会。次回までに国会開設の上奏署名を集めると決議。

一二月、各参議に立憲政体に関する意見書の提出を命じる。一八八一年五月までに七参議が提出。

一八八〇　明治一三

二月、第三回地方官会議（議長・河野敏鎌）。

三月、愛国社第四回大会。国会期成同盟を結成。

四月、集会条例を定め、政治集会・結社は警察署の事前の許可を必要とする。臨検警察官に集会解散権を与え、政社相互の連絡などを禁じる。

六月、内務卿松方正義、財政管窺概略を太政官に提出し、紙幣整理意見を明らかにする。

七月、外務卿井上馨、条約改正案を米・清を除く各国の公使に交付。

一一月、工場払下げ概則。

一二月、元老院国憲取調委員、憲法草案（第三次国憲按）を議長に提出。天皇に提出も採択されず、国憲取調局は八一年三月閉鎖に。

一八八一　明治一四

三月、参議大隈重信、国会開設意見書を左大臣有栖川宮熾仁親王に提出。八三年に国会開設、永久中立官のもとの政党内閣制などを唱える。

四月、交詢社が憲法案を発表。矢野文雄、馬場辰猪らが起草。

六月、参議伊藤博文、大隈意見書を借覧。七月、大隈と会見し、君権を人民に放棄する案だと非難。

七月、右大臣岩倉具視、太政大臣・左大臣に憲法起草手続きについて進言。憲法の大綱領（井上毅起草）を送る。

七月、参議・開拓使長官黒田清隆、北海道開拓使官有物の払下げを太政大臣に申請。左大臣有栖川宮、参議大隈らの反対で閣議紛糾も払下げを決定。

九月、福沢諭吉『時事小言』。

一〇月、参議伊藤博文、国会開設期日の決定は人心収攬上急を要すること、明治二三年（一八九〇年）を適当と考えることを右大臣岩倉に進言。

一〇月一一日、御前会議で、立憲政体に関する方針、開拓使官有物払下げ中止、大隈重信の参議罷免などを決定（明治一四年の政変）。

一〇月一二日、明治二三年に国会を開設するとの勅諭。

一八八二 明治一五

一〇月一八日、自由党結成会議。二九日、党首に板垣退助を選出。

一〇月二一日、松方正義を参議・大蔵卿に任命。松方財政が始まる。

一月、軍人勅諭。

二月、中江兆民、「政理叢談」創刊。五月、「欧米政理叢談」と改題。

三月、福沢諭吉、「時事新報」創刊。

三月、参議伊藤博文、憲法調査のため欧州出張、ベルリン、ウィーンなどへ。

四月、立憲改進党結成、党首・大隈重信。

四月、外務卿井上馨、第九回条約改正予議会で、日本の法律・裁判権に服すれば外国人に全国内地を開放すると宣言。

四月、板垣退助、遊説中に襲われ負傷。

五月、福沢諭吉『帝室論』。

六月、集会条例改正。地方長官に一年以内の演説禁止権・解社命令権、内務卿に一般的な結社集会禁止権を与え、政治結社の支社設置禁止などを追加。

六月、日本銀行条例。一〇月、営業開始。

七月、朝鮮の漢城で朝鮮兵反乱、日本公使館を襲撃。公使花房義質ら英測量船で長崎に帰着（壬午事変）。

七月、閣議、朝鮮の仁川・釜山に三軍艦派遣を決定。八月、公使花房、二個中隊を率い漢城に入る。

八月三〇日、公使花房、済物浦条約（壬午事変の犯人処罰、賠償金、公使館駐兵権など）、日朝修好条規続約に調印。

九月、自由党員の一部に板垣退助の外遊資金出所疑惑が広がり外遊反対を決議。

一〇月、大隈重信ら、東京専門学校（早稲田大学の前身）を開校。

一〇月、自由党機関紙「自由新聞」、改進党と三菱会社の関係を攻撃し、偽党撲滅を唱える。

一一月、板垣、後藤象二郎、渡欧。翌年六月帰国。

一八八三 明治一六

四月、自由党大会で改進党攻撃を決議。以後、偽党撲滅演説会を各地で開く。

四月、文部省、東京大学での英語による講義を廃し日本語を用い、またドイツ学術を採用することを上申し、五月に太政官裁可。

七月二〇日、岩倉具視没。

八月、参議伊藤博文、憲法調査の欧州出張より帰国。

一一月、鹿鳴館が麴町に完成。

一二月、山県有朋、内務卿に就任。

一二月、徴兵令改正。

一八八四　明治一七

五月、群馬県の自由党員らが農民数千人を集め、警察署・高利貸などを襲撃（群馬事件）。その後、この年には地方の自由党員による類似の事件が頻発（一〇月秩父事件、一二月飯田事件・名古屋事件）。

七月、華族令。

一〇月、自由党大会で解党、国会開設期限短縮の建白書提出を決議。

一一月一二日、朝鮮駐在公使竹添進一郎、清国勢力を打破するため、朝鮮の親日派を扇動して内乱を起こす案を含め、伊藤博文、井上馨の両参議に請訓。親日派を保護するにとどめるよう訓電を受ける。

一二月四日、朝鮮の漢城で親日派クーデター。公使竹添、日本軍を率いて王宮を占領。六日、清国軍が王宮に進み、日本軍敗退。八日、竹添、済物浦へ退去（甲申事変）。

一二月、立憲改進党の党首・大隈重信と副党首・河野敏鎌、脱党。

一二月二一日、甲申事変処理のため外務卿井上馨を特命全権大使とし朝鮮への派遣を決める。翌年一月、交渉開始。

一八八五　明治一八

一月、特命全権大使井上馨、朝鮮にて甲申事変処理の漢城条約に調印。

二月、閣議、甲申事変後の対清交渉方針を決定、参議伊藤博文を全権大使に任命。

二月、福沢諭吉の論説「朝鮮独立党の処刑」。

三月一六日、福沢諭吉が書いたとされる「脱亜論」が時事新報に掲載される。

四月三日、大使伊藤、天津で李鴻章と甲申事変の善後交渉を始め、日清両軍衝突の責任をめぐり難航するも妥結。一八日、天津条約に調印。

四月、外務卿井上馨、条約改正案新草案を各国公使に送り、条約改正会議の予備交渉を開始。

五月、伊藤博文、政府強化のための官制改革を主張。

一二月、宮中に内大臣、宮中顧問官を設置。太政大臣三条実美を内大臣に任命。

一二月二二日、太政官制を廃し、内閣総理大臣および宮内・外務・内務・大蔵・陸軍・海軍・司法・文部・農商務・逓信の各大臣を置き、宮内以外の大臣で内閣を組織することを定める（内閣制度確立）。伊藤博文、初代内閣総理大臣に。

一八八六　明治一九

三月、帝国大学令を公布。東京大学を帝国大学に改組。

四月、学校令公布。第二次大戦直後までの学校制度の基礎となる。

五月一日、外相井上馨、各国公使と第一回条約改正会議を外務省で開催し、正式に改正条約案を提出。

六月、宮内大臣兼務の伊藤博文、帝室典則案を内大臣三条実美に提出（皇室典範の基礎）。

六月一五日、第六回条約改正会議。英・独の公使、日本案を実行不可能とし、両国合同の条約改正案を提

一八八七　明治二〇

出。六月二九日の第七回会議で英独案に基づき改正交渉を行うと決定。一〇月二〇日、第八回会議より英独案の審議を開始。

一〇月二四日、英船ノルマントン号、紀州沖で沈没。英人乗組員ら二七人はボートで脱出も、日本人乗客全二五人が溺死し、問題化。一二月、英領事裁判が船長ドレークに禁錮三ヶ月を判決し、世論の非難が沸騰（ノルマントン号事件）。

一〇月、星亨、中江兆民らによる大同団結運動が始まる。

四月、第二六回条約改正会議。裁判管轄に関する英独案を修正のうえ議定。

四月、レスラー、憲法私案（独文）を法制局長官井上毅に提出。

五月、中江兆民『三酔人経綸問答』。

五月、法制局長官井上毅、憲法草案甲案を伊藤首相に提出。

六月、伊藤、伊東巳代治、金子堅太郎ら、相州金沢で憲法草案の検討を開始。のち井上毅も参加。夏島の伊藤の別荘に移る。八月、修正憲法草案を作成。

七月、農商務相谷干城、裁判管轄条約案に反対し、条約改正は国会開設後に延期すべしとの意見書を伊藤首相に提出。

七月二九日、井上馨外相、法典編纂の完成まで条約改正会議を無期延期すると各国公使に通告。

九月、外相井上馨辞任。伊藤首相が外相を兼任。

一〇月、東京高輪の伊藤私邸で憲法草案を討議。

一〇月、高知県代表、地租軽減、言論集会の自由、外交失策の挽回を求める三大事件建白書を元老院に提出。

一二月、保安条例を公布・施行。秘密の結社集会の禁止、屋外の集会運動の制限、危険人物への退去命令などが可能に。

一八八八　明治二一

四月、市制・町村制公布。

四月、枢密院設置。伊藤博文、首相を辞し初代議長となる。

一八八九　明治二二

二月一一日、大日本帝国憲法発布。

七月、新橋―神戸間の鉄道が全通し、東海道線全線開通。

一八九〇　明治二三

五月、府県制・郡制公布。

七月、第一回衆議院議員総選挙。

一〇月、教育勅語発布。

一一月、第一回帝国議会。

一八九一	明治二四	五月一一日、大津事件。来日中のロシア皇太子に警備の巡査が斬りつけ負傷させる。
		一二月、衆院議員田中正造が帝国議会で足尾鉱毒事件問題を取り上げる。
一八九二	明治二五	一一月、北里柴三郎、新設の私立伝染病研究所の所長となる。
一八九四	明治二七	七月、日英通商航海条約。
		七月二五日、日清戦争始まる。
一八九五	明治二八	三月三〇日、日清間で休戦条約締結。
		四月一七日、日清講和条約（下関条約）に調印。日本に割譲することとされた遼東半島は、その後の三国干渉により清国への還付が決まったのち、五月八日に批准書交換。
一八九七	明治三〇	七月、労働組合期成会設立。
		一〇月、貨幣法施行。金本位制確立。
一八九九	明治三二	七月一七日、日英通商航海条約ほかの改正条約が発効し法権回復（仏、墺とは八月四日）。
一九〇〇	明治三三	九月、伊藤博文、立憲政友会を結成。
一九〇一	明治三四	二月、八幡製鉄所操業開始。
一九〇二	明治三五	一月、第一次日英同盟が成立。
一九〇四	明治三七	二月八日、日露戦争始まる。
		八月、第一次日韓協約。
一九〇五	明治三八	八月、第二次日英同盟。
		九月五日、日露間に講和が成立。米ポーツマスで条約に署名（ポーツマス条約）。
		一一月、第二次日韓協約。韓国は日本の保護国となり、統監府が置かれた。伊藤博文が初代統監に。
一九〇九	明治四二	一〇月二六日、伊藤博文、ハルビンで安重根により暗殺される。
一九一〇	明治四三	五月、大逆事件。
		八月二九日、日韓併合。
		九月三〇日、日韓併合に伴い、朝鮮統治のため日本が朝鮮総督府を設ける。
一九一一	明治四四	二月二一日、日米が新たな通商航海条約に調印し、日本、関税自主権を回復。条約改正事業の完成を見る。
		七月、第三次日英同盟。対独同盟の性格を強め、日本はこれを根拠に一九一四年、第一次世界大戦に参戦。日英同盟は一九二一年、ワシントン会議で廃棄決定、二三年廃棄。
一九一二	明治四五・大正一	七月二九日、明治天皇崩御。
		七月三〇日、大正に改元。

〔な行〕

〔は行〕

事項・書名索引

人名索引

〔あ〕

〔い〕

〔う〕

新潮選書

明治維新《めいじいしん》の意味《いみ》

著　者……………………北岡伸一《きたおかしんいち》

発　行……………………2020年 9 月 20 日
8　刷……………………2023年 12 月 15 日

発行者……………………佐藤隆信
発行所……………………株式会社新潮社
〒162-8711 東京都新宿区矢来町 71
電話　編集部 03-3266-5611
　　　読者係 03-3266-5111
https://www.shinchosha.co.jp
印刷所……………………株式会社三秀舎
製本所……………………株式会社大進堂

乱丁・落丁本は、ご面倒ですが小社読者係宛お送り下さい。送料小社負担にてお取替えいたします。価格はカバーに表示してあります。

ISBN978-4-10-603853-2 C0331